# 젠더 하기와 타자의 형상화

* 이 학술총서는 정부(교육과학기술부)의 재원으로 한국연구재단의 인문한국지원사업 지원을 받아 발행되었음(NRF-2007-361-AL0015).

탈경계
인문학
학술총서 8

# 젠더 하기와 타자의 형상화

| 이화인문과학원 편 |

이화여자대학교출판부

# 젠더 하기와 타자의 형상화

**펴낸날** 1판 1쇄 2011년 6월 20일
**엮은이** 이화인문과학원
**펴낸이** 최민숙 | **펴낸곳** 이화여자대학교출판부
**주소** 서울특별시 서대문구 이화여대길 52(우 120-750)
**등록** 1954년 7월 6일 제9-61호
**전화** 02) 3277-2965, 362-2966(편집)
02) 3277-3164, 362-6076(영업)
**팩스** 02) 312-4312 | **전자우편** press@ewha.ac.kr
**인터넷서점** www.ewhapress.com
**디자인** 정혜진
**찍은곳** 한영문화사


ISBN 978-89-7300-920-6 94330
ISBN 978-89-7300-834-6(세트)

값 16,000원

## | 발간사 |

〈탈경계인문학 학술총서〉는 이화인문과학원이 수행하고 있는 한국학술진흥재단 인문한국(HK) 지원사업인 '탈경계인문학의 구축과 확산'을 위해 기획된 출판 사업이다. 이화인문과학원은 기존의 인문학이 오늘날의 사회문화적 변화를 해석하고 새로운 비전을 제시하는 데 한계가 있음을 비판적으로 성찰하면서, 새로운 인문학의 방향으로 '탈경계인문학'이라는 개념을 제안했고, 한국학술진흥재단 2007년 선정 인문한국연구소로서 '탈경계인문학'을 구축하고 확산시키는 프로젝트를 수행하고 있다.

오늘날 우리는 그 어느 때보다 문화적 경계들이 빠르게 해체되고 재편되는 변화의 시대를 살고 있다. 국가를 넘나드는 사람들의 언어와 문화 간에는 다양한 교차와 혼종이 이루어지고 있으며, 디지털 기술에 기반을 둔 매체의 발전은 시간과 공간의 제약을 뛰어넘어 새로운 언어와 상상력의 공유를 가능하게 하고 있다. 이런 변화의 주체 역시 '중심'에서 '주변'의 다중성으로 확대됨으로써, 이제 기존의 경계를 넘어서는 탈경계적 문화 변동은 우리 삶의 중요한 근간이 되었다.

탈경계인문학은 이러한 시대적 문화 변동 과정에서 탈경계 문화 현상 속의 인간과 인간의 관계를 탐구하는 학문으로서, 구체적으로는 세계, 인간, 언어의 측면에서 지구지역성glocality, 젠더gender, 다매체multimedia에 대한 연구를 촉진하며 소통 · 공존 · 융합을 추구하는 인문 지식을 생산하고 있다. 방법론적으로는 대립과 갈등을 야기하는 '경계짓기'를 반성적으로 성찰하고, 인문학과 타학문, 학문과 일상을 잇는 모델을 개발하는 것을 목표로 한다.

이를 위해 탈경계인문학은 인문학 내 여러 학문 분과들의 유기성을 강화할 뿐만 아니라 인접 학문들, 즉 사회과학 분야, 예술 분야, 나아가 자연과학 분야의 학문들과도 유기성을 강화해 나가고 있으며, 기존의 인문학 연구 대상을 확장시켜 문화 전반을 연구 대상으로 삼고, 주변자와 소수자의 다양한 시각을 확보하여 탈경계의 지점들을 연구하고 있다. 또한 빠르게 변화하는 매체 환경에 대응하고 인간과 기술의 조화로운 발전 방안을 모색하고 미래 인간학 모형을 개발하고 있으며, 나아가 인문 지식의 현실성과 실용성을 강화하고 대중화와 현장화를 추구함으로써 학문과 삶을 연결해 나가고자 한다.

이러한 목표를 가지고 진행되는 탈경계인문학 연구의 성과를 학술총서로 출간하되, 이 학술총서는 매년 세 권의 책을 10년 동안 출판할 계획이다. 해마다 출판되는 세 권의 책은 각각 탈경계인문학의 핵심 주제인 '지구지역성', '젠더', '다매체'를 주제로 다루며, 각 주제는 10년 동안 연구를 발전시켜 나가면서 10권의 책으로 완성될 것이다.

〈탈경계인문학 학술총서〉가 새로운 인문학의 방향을 제시할 뿐 아니라 창조적이며 미래 지향적인 인문학을 선도하고 학문적 완성도를 발전시켜 나갈 수 있기를 기대하며, 〈탈경계인문학 학술총서〉 출판에 참여해 주신 모든 연구자의 노고에 감사드린다.

2009년 7월

이화인문과학원장 오정화

| 차례 |

| 서문 |

# 젠더 하기와 타자의 형상화

신자유주의의 확산과 초국적 정보 네트워크의 발달로 인해 전 지구적이면서도 지역적인 특수성을 내포한 글로컬 문화 환경이 만들어지고 있다. 그에 따라 국경을 넘나들며 문화적 혼종을 경험하는 트랜스-이주자trans-diaspora가 급증하면서 다양한 삶의 방식이 확산되는 추세다. 이들은 자본주의와 가부장제를 기반으로 한 국가 및 사회 시스템을 위태롭게 만들고, 남성과 여성, 부르주아와 프롤레타리아와 같은 주체와 타자의 존재론적인 사유를 가로지르며, 수많은 존재와의 공존 속에서 나름의 네트워크를 구성하며 다양하고 능동적인 정체성을 만들어 간다.

그렇다면 타자 혹은 타자 담론화는 사라진 것일까? 역설적이게도 글로컬 문화 환경은 초국적 자본 권력과 세밀하게 분절된 계급적 차별을 확산시키고 있다. 그 양상이 전방위적이며 현란하기 때문에 타자들의 고통은 은폐되고, 목소리는 지워져 잠시 사라진 것처럼 보일 뿐이다. 이러한 환경 속에서 젠더 연구가 유효한 이유는 우리 시대의 젠더 담론을 재배치함으로써 숨겨진 '타자'를 소환하고, 타자 정체성의 의의와 가치를 새롭게 부여해야 하기 때문이다.

글로컬 문화 환경 속에서 젠더 연구는 젠더의 존재론적인 설명이나 1차적인 계급적 전복을 넘어서서, '젠더 하기'라는 전략적 변화를 요구하고 있다.

보부아르는 『제2의 성』에서 가부장제 사회 안에서 여성/여성성이 어떻게 개념화되는지를 살펴보고 "우리는 여자로 태어나지 않는다. 여자가 된다."라고 주장하며, 여성이 사회문화적 조건 속에서 '만들어진다'고 보았다. 이에 버틀러는 젠더 정체성과 수행성을 연구하면서 젠더란 선재하는 정체성으로 존재하지 않으며 무대 위에서 배우가 행하는 퍼포먼스와 같이 자신의 행동을 수행하면서 가변적으로 구성된다고 보았다. 이러한 젠더 수행성은 젠더 특성과 젠더 행위, 그리고 그 문화적 의미를 생산한다는 점에서 능동적 젠더론이라고 평할 수 있다. '나'라는 존재가 수행적 행동을 통해 획득한 정체성은 가부장제의 이분법적 젠더 체계를 완전히 벗어난 새로운 정체성인가? 그 사회가 내포하고 있는 가부장제적 담론 체계가 바뀌지 않는 이상(그리고 다른 존재들도 수행적 행동을 하지 않는 이상)은 결국 기존의 체계에 편입될 수밖에 없고 억압될 수밖에 없다. 버틀러의 논의가 급진적이고, 저항적이지만 현실 앞에서는 이상주의에 가깝다.

들뢰즈와 가타리는 『천 개의 고원』에서 '동물 되기'를 설명하면서 '되기'는 존재 사이에서 일어나는, 하나의 존재에서 다른 존재로 '되는' 변화로, 그 변화의 내재성에 주목하고 '되기'를 통해 끊임없이 탈영토화하는 가변적 삶과 그러한 현상을 촉발하는 것에 관심을 가져야 한다고 주장한다. 그의 맥락에서 '되기'는 소수적이며, 모든 되기는 소수화일 수밖에 없기 때문에 범주화되지 않는 타자의 문제를 전제하지 않을 수 없다. 즉 동물 되기는 전략적인 의미에서 젠더 하기의 실천적인 방향과 타자에 대한 윤리적 태도에 활용할 수 있다. '나'라는 존재의 정체성보다는 타자를 지각하고 모방함으로써 정체성의 전도를 경험한다. 그 과정에서 주체와 타자의 이분법적 분절을 극복하고 다양한 타자와의 관계 속에서 서로 이질적이면서도 다원적인 정체성을 만들어낼 수 있다. 이렇듯 젠더 하기의 이론적 시각을 통해 글로컬 문화 환경 속에서 타자와의 소통과 젠더 정체성을 구체화할 수 있는 윤리적 젠더론을 구축할 수 있다.

이러한 문제적 시각을 바탕으로 이 책은 제1부 '젠더 이론과 타자 되기의 전략', 제2부 '전근대 타자의 위치와 젠더 정체성', 제3부 '우리 시대의 타자형상화와 타자 되기의 역설'로 구성해 타자를 위치짓고 형상화하는 다양한 방식과 젠더 하기 전략의 수행적 방법 및 그 가치를 살펴보려고 했다.

먼저 제1부 '젠더 이론과 타자 되기의 전략'에서는 젠더 연구의 계보를 살펴보고, 젠더 하기의 이론화 작업 및 그 의미에 대해 알아보았다.

김애령의 "'여자 되기'에서 '젠더 하기'로: 버틀러의 보부아르 읽기"는 보부아르의 여성론을 비판적으로 읽은 버틀러의 논의를 젠더 하기라는 맥락에서 새롭게 읽고 있다. "여성은 절대적 타자다." 보부아르는 『제2의 성』에서 가부장제 사회 안에서 여성/여성성이 어떻게 개념화되었는지, 즉 여성이 왜 늘 타자로 표상되는지를 분석한다. 이를 통해 보부아르는 여성 타자화의 근원과 이유를 물을 뿐 아니라, 가부장제 사회 내에서 이 타자화 방식이 여성의 삶을 어떻게 소외시키고 인간으로서의 의지와 자유를 박탈하는지, 타자로서 여성의 위치를 어떻게 강화하면서 당연한 것으로 만들어 왔는지 밝히고자 한다. "우리는 여자로 태어나지 않는다. 여자가 된다One is not born, but rather becomes a woman."라는 명제를 통해서 보부아르는 "여자 되기"는 사회적으로 부여된 의미의 체현embodiment이라고 주장한다. 그리고 여자의 사회적 의미를 결정하는 것은 모성으로 조건화된 "몸"이라고 본다. 보부아르에 따르면, 여자는 몸의 내재성을 극복하지 못했기 때문에 자유로운 주체가 되지 못했으며, 늘 "절대적 타자the absolute Other"로 자리매김되어 왔다. 그러나 이 내재성의 한계는 생물학적 숙명이 아닌, 사회 · 역사적 산물이다. 이러한 보부아르의 주장을 버틀러는 한층 급진적으로 발전시킨다. 버틀러는 몸도 젠더 권력에 의해 구성된 것이라고 본다. 버틀러에 따르면, 권력에서 자유로운 몸도, 이분법적 젠더 체계의 매트릭스로부터 자유로운 주체도 없다. 따라서 젠더화된 몸은 이 젠더 체계의 매트릭스 안에서, 수행성performativity, 즉 행동의 양식화된 반복a stylized repetition of acts을 통해 구성된 것이다. 버틀러는 보부아르의 "여자 되기"를 완전히 탈본질화된 "젠더 하기"로 발전시킨다. 이를 통해 섹스/젠더의 이분법적 체계를 해체하고, 담론이 하나의 젠더나 주체를 구성하는 매트릭스를 계보학적으로 읽어낸다는 점에서 의의가 있다.

제2부 '전근대 타자의 위치와 젠더 정체성'은 근대 이전의 타자 양상과 젠더 정체성을 구체화하고 있다.

박경의 "조선 전기 기처棄妻 규제 정책의 영향과 한계"는 조선 전기 기처 규제 정책에 대한 분석을 통해 여성이 가부장제 질서에 예속되는 과정을 논하며, 기처 규제 정책의 성격과 함께 이 시기 여성의 타자화가 어떠한 형태로 진행되었는지를 살펴보고 있다. 조선 시대 혼인 관계 해소는 주로 남편이 처를 버리는 형태로 이루어졌다. 그런데 조선 정부에서는 이러한 기처 행위를 규제하고 처벌했다. 그렇다면 기처 규제 정책의 시행으로 과연 처가 보호될 수 있었을까? 조선의 기처 행위에 대한 규제가 애초에 지배층의 도덕성 확보와 인륜의 근본인 부부 관계를 보호하겠다는 명분이 우선시된 정책이었기 때문에 실제 처의 지위 보호에는 취약했던 것이 사실이다. 이 정책은 처를 보호하기보다는 당시 사람들이 원하지 않는 혼인 관계를 지속시키도록 강요하는 결과를 초래함으로써 여성이 가부장적 질서에 더욱 예속되는 결과를 가져왔다.

김경미의 "타자의 서사, 타자화의 서사, 〈홍길동전〉"은 타자의 관점에서 〈홍길동전〉을 읽고, 양반 가정의 타자로 태어난 홍길동이 자신의 주변성, 타자성을 극복하는 과정과 그 이후 외부의 존재들을 타자화하면서 왕이 되는 과정 사이에는 단절이 존재한다고 보았다. 〈홍길동전〉은 타자의 서사에서 출발해서 또 다른 타자를 만들어내는 서사다. 율도국을 정벌하는 부분이 후대에 들어갔다는 추정을 받아들인다면 현전 〈홍길동전〉은 조선 후기인들의 외부에 대한 상상이 정복의 욕망과 함께 섞여 있는 텍스트인 것이다. 간단하게 말해 제국주의를 자신의 소유가 아닌, 다른 사람들이 소유하고 살고 있는 머나먼 땅을 조종하고 정착하는 것으로 생각한다면, 〈홍길동전〉은 우리 안에 있는 조선중화주의에서 더 나아가 제국주의적 인식소를 들여다보게 하는 텍스트이며, 조선의 타자에 대한 인식을 이중적으로 보여 주는 텍스트라 하지 않을 수 없다.

강소영의 "남성의 틈새에서 새어나온 여성의 목소리"는 1920년대 대표적인 여성 잡지 『신여성』을 대상으로 여성과 관련된 은유 표현을 찾아내고, 이를 남성과 여성 작가별로 분류, 당시 남성 지식인 사회가 가졌던 여성의 타자화 방식을 드러내었다. 20세기 초 서구 문물의 유입은 여성의 해방에 힘을 더했고 여성은 가정 내에서 밖으로 활동 범위를 넓혀 이전과는 다른 삶을 살게 되었다. 그러나 사회는 여전히 여성을 전통적인 여인상으로 되돌리려는 노력을 거듭하고 있어서, 자신의 자유와 사회적 위치를 찾으려는 신여성은 좌절을 경험할 수밖에 없었다. 신여성은 그들 스스로 경계짓기를 해두었던 기생과 동일한 은유 체계 속에 재현되면서, 근대화의 주축이 될 존재가 아니라 상거래의 매매 대상, 노예에서 벗어나지 못하는 처지에 있었다. 또한 이러한 시각은 사회주의나 탈식민주의와 같은 이념을 공유한 남성 지식인들이 표현했던 여성 관련 은유 표현과도 동일하다. 근대화의 지향과 추구라는 프로젝트를 수행해 나가는 과정에서 여성 지식인 집단을 원하는 남성 지식인의 목소리는 허구였으며, 근대의 출범에서부터 여성은 배제되었던 것이다.

김진희의 "타자의 윤리와 시학詩學: 1930년대 백석 시를 중심으로"는 백석의 시가 '음식'과 '함께 먹는다'는 상상을 통해 나와 다른 타자에 대한 환대의 중요성을 일깨우고 연대 의식을 환기시키고 있음을 고찰하고 있다. 시인의 음식 상상력을 통해 부단히 소외된 타자들을 밥상으로 불러 함께 음식을 나눔으로써 그들의 가난과 결핍을 메우고, 공존과 연대의 가능성을 보임으로써 새로운 공동체를 상상하도록 한다. 이와 같은 상상력은 궁극적으로 타자와 음식의 나눔과 공유를 통해 타자의 윤리를 실천하는 주체의 책임의 윤리를 지향하는 것이며, 나아가 소통 공동체의 폐쇄성을 극복하는 개방성을 확보하는 것이기도 하다.

제3부 '우리 시대 타자형상화와 타자 되기의 역설'은 우리 시대 새로운 타자 유형을 제시하고 젠더 하기의 다양한 양상을 대중 문화 텍스트를 통해 구체화했다.

먼저 김영숙의 "영화 〈화혼畵魂〉 속의 '타자', 그 기능과 의의"는 중국 여성주의 감독 황수친의 영화 〈화혼〉을 타자의 시각에서 고찰한 것이다. 〈화혼〉은 20세기 초 비천한 신분인 기생에서 세계적인 화가가 된 판위량의 삶과 예술 인생을 묘사한다. 이 영화는 타자 이미지로 묘사된 여성과 서양 근대 문화에 주목함으로써, 이들을 타자로 규정하고 억압, 배제한 주체가 민국 시기 사회 주류 의식 형태인 남성중심주의와 중국 전통 문화 관념이라는 것을 드러내고 있다. 영화에서 표현된 타자 형상을 영화 생산의 장에 놓고 창작자인 감독의 생활 경력과 당시의 중국 사회문화 환경과 연결시켰을 때, 영화가 표현한 타자 기호가 민국 시기 중국 주류 의식 형태를 비판하는 것인 동시에 1949년 이후 및 1980년 이래 중국 당대 주류 의식 형태의 잔혹성을 폭로하고 그것을 비판한다는 사실을 확인할 수 있다.

이경란의 "노년은 타자이기만 한 것인가: 여성 노년소설의 노년과 성숙"은 현대 미국 여성 작품들 중 백인 작가인 메이 사튼May Sarton의 『지금의 우리*As We Are Now*』(1973)와 흑인 여성 작가인 폴리 마셜Paule Marshall의 『과부를 위한 찬가*Praisesong for the Widow*』(1983)의 인종적, 문화적, 계층적으로 서로 다른 두 노년 여성 주인공의 서사를 중심으로 여성 노년기 타자화의 양상들을 분석하면서 동시에 다양한 양상으로 나타나는 노년기 여성들의 성장과 성숙에 대한 열망과 전망을 분석하고 있다. 이러한 논의를 통해 많은 여성 노년에 대한 연구서와 여러 문학 작품이 쇠락하는 혹은 타자화되는 노년의 부정적인 면들에서 결코 눈을 돌리지 않으면서도 노년의 삶에도 발전이 지속될 수 있다는 긍정적인 나이듦의 패러다임을 모색하려는 노력 역시 결코 멈추지 않는다는 사실을 발견할 수 있다.

오윤호의 "외국인 이주자의 형상화와 우리 안의 타자 담론"은 외국인 이주자를 형상화한 소설을 대상으로, 외국인 이주자들이 겪는 다문화 경험의 핵심에 놓여 있는 '경제적 측면', '문화적 측면', '법적 측면'을 구체적으로 살펴봄으로써 외국인 이주자의 정체성이 형상화되는 방식과 우리 안의 타자 담론화 방식을 살펴보았다. 내부 타자와의 동일시, 이국 문화의 신비화, 법의 역설적 환대 등은 외국인 이주자를 타자화하는 전략이면서도, 그 내면화된 담론 체계를 분석하다 보면 바로 우리 자신을 타자화하는 전략이라는 것을 확인할 수 있다. 이 과정에서 외국인 이주자에 대한 우리 시대의 문학적 상상력을 통해 트랜스내셔널리즘 문학의 가능성과 가치를 생각해 볼 수 있었다.

이수안의 "스킨 서핑 : 성적 타자로서 결혼 이주여성 이미지"는 최근 이주의 여성화feminization of migration 현상을 분석하면서, 여성의 이주가 갖는 복잡한 의미가 타자 논의와 주변인 논의 속으로 포섭되어 가는 젠더 연구의 양상을 연구하고 있다. 우리 시대에 이주로 인해 나타나는 다양한 사회 현상과 그 문제점을 실증적으로 분석하는 작업이 특히 사회과학 분야에서 활발하게 이루어지고 있다. 이에 더해 이주 여성이 재현되는 방식을 통해 이 재현 속의 상징과 이미지, 그리고 담론들이 투영하는 타자성과 대상화를 중심으로 이루어지는 인문학적 연구를 병행함으로써 이주 여성의 타자성과 그 너머의 새로운 탈경계적 문화의 형성을 살펴보고 있다.

이상의 연구들은 타자와 그 형상화의 다양성을 잘 보여 주고 있으며, 주체와 타자라는 이분법적인 존재론을 넘어서며, 글로컬 문화 환경 속 경계 위에 선 타자에 대한 우리 시대의 현상과 새로운 이론적 시각을 확장하고 있다고 자부한다.

2011년 5월

저자들을 대표하여

오윤호 씀

# 제1부

# 젠더 이론과 타자 되기의 전략

'여자 되기'에서 '젠더 하기'로: 버틀러의 보부아르 읽기 _ 김애령

# '여자 되기'에서 '젠더 하기'로:

## 버틀러의 보부아르 읽기*

김애령

### 1. 들어가는 말

"여성은 절대적 타자다." 시몬 드 보부아르Simone de Beauvoir는 『제2의 성』에서 가부장제 사회 안에서 여성/여성성이 어떻게 개념화되었는지, 즉 여성이 왜 늘 타자로 표상되는지를 분석한다. 이를 통해 보부아르는 여성 타자화의 근원과 이유를 물을 뿐 아니라, 가부장제 사회 내에서 이 타자화 방식이 여성의 삶을 어떻게 소외시키고 인간으로서 의지와 자유를 박탈하는지, 타자로서 여성의 위치를 어떻게 강화하면서 당연한 것으로 만들어 왔는지 밝히고자 한다.

생물학적 조건은 여성성을 자연화하는 데 가장 흔히 도입되는 근거다. 보부아르는 여성이 자신의 육체를 우연성보다는 사실성으로 경험하도록,

* 이 글은 『한국여성철학』 제13집(2010년 6월)에 게재된 논문을 수정 · 보완한 것이다.

즉 부가적인 요인이 아니라 가장 극복하기 어려운 본질적인 요소로 받아들이도록 강제되어 왔다고 본다. 그러나 여성이 자기 육체와 맺는 관계는 문화적으로 생산된다. 이 문화적 회로를 통해 여성에게 부여된 것이 여성성/여성다움의 원천으로 자연화된다. 그런 상황에서 여성은 스스로를 타자화된 시선으로 바라보게 된다. 보부아르는 '타자'로 구성된 여성의 위치가 결코 생물학적으로도, 역사적으로도 정당화될 수 없음을 보이기 위해, 어떻게 특정한 인간이 여자가 되는지, 그 '여자 되기'의 과정을 분석한다.

"우리는 여자로 태어나지 않는다. 여자가 된다." 보부아르의 이 유명한 명제는 '암컷female으로 태어남'과 '여자woman 됨'이 서로 다르다고 주장한다. 이에 따르면, '여자'는 고정된 '존재being'가 아니라, 과정적 '생성becoming'과 연관된다. '여자가 된다'는 것은 한 개인이 사회적으로 요청받는 '성 역할'을 적절히 수행하도록 훈육되고 사회화된다는 뜻으로 해석된다.

서구 페미니즘 제2의 물결은 보부아르의 이 명제에 힘입어, 양성의 신체적 · 정신적 속성을 생물학적 본질주의로 해석하여 차별적이고 불평등한 취급을 정당화해 온 전통적 사유 틀을 분쇄하고자 했다. 나아가 전통적으로 서구 사회에서 '여성의 고유성'이라고 믿어져 온 속성들이 '해부학적 숙명'이 아닌, 사회 · 역사적으로 변화 가능한 우연적인 것이라고 주장했다. 그리고 그것을 분석하기 위해 '젠더gender' 개념을 도입했다. 문법 용어[1]였던 '젠더'는, 생물학적 섹스와 달리 양성을 사회문화적으로 범주화하는 용어로 그 의미가 확대 전용되었다(해러웨이, 2002 참조).

젠더 개념의 도입 이후 확인된 바는, 생물학적 섹스와 사회적 젠더를

1 젠더gender는 원래 전통적으로 유럽어 문법에서 명사의 분류 체계에서 '남성형masculine', '여성형feminine', '중성형neuter'을 가리키는 말이다.

구분하는 일은 유용하지만, 용이하지는 않다는 사실이다.[2] 여자로 태어나는 것과 여자가 되는 것이 다르다면, 무엇이 여자가 되는가? 사람이면서 이미 여자나 남자가 아닌 사람이 있는가? 여자가 되는 그 사람은 어떤 사람인가? "어느 시점이 되어야 젠더로 만들어진, 그 어떤 인간이 되는 것인가? 젠더로 만들어지기 전에는 젠더가 아니라고 가정하는 것이 정당한가? 사람은 어떻게 어떤 젠더로 '만들어지는' 것인가?"(버틀러, 2008: 293). 젠더는 그 정의定義에 따르면 섹스와 지시적 대응 관계를 갖지 않는다. 하지만 우리들의 언어 사용에서 섹스와 젠더는 일종의 '모방적' 관계를 맺고 있는 것처럼 보인다. "일상 대화에서 섹스와 젠더는 반대말로 쓰이는 만큼이나 자주 동의어로 사용된다. 때로는 '젠더'가 단순히 '섹스'의 예의바른 완곡어법인 것처럼 보이기까지 한다"(스콧, 2002: 212).

젠더 개념을 페미니즘의 유용한 도구로 사용하기 위해서는, 젠더는 섹스와 다른 것이어야 한다. 그러나 젠더는 섹스와 쉽게 단절하지 못한다. 왜냐하면 젠더가 사회문화적 범주라고는 해도, 몸에 작용하고 몸을 해석하는 범주이기 때문이다. 보부아르는 "해부학이 숙명"이라는 지그문트 프로이트Sigmund Freud의 주장에 반대하여, "해부학은 숙명이 아니다"라고 선언했다. 여성성femininity은 자연적 소여所與가 아니라, 사회적 범주다. 그러나 보부아르의 이론 안에서, '여자 되기'를 결정짓는 가장 중요한 조건은 몸이다. 보부아르의 분석에서 여자를 '제2의 성', '절대적 타자', '내재성'에 묶어둘 수 있었던 '역사, 신화, 체험'[3]의 토대는 몸이다.

2 "이 [생물학적 섹스와 사회적 젠더라는] 구분은 유용하지만, 반드시 지켜지는 것은 아니어서 모든 수준에서 상당히 많은 용례의 변이가 나타나고 있다"(『아메리칸 헤리티지 영어사전*American Heritage Dictionary of the English Language*』(3판, 1992), 조운 W. 스콧, 2001: 211-212에서 재인용).

3 "여자란 무엇인가"라는 질문에서 출발해, 여성의 사회적 '되기'의 전 과정을 분석하는 『제2의 성』은 전체 2권으로 이루어져 있다. 제1권의 부제는 '사실과 신화'이고 제2권의 부제는 '체험'이다. 역사와 신화, 현실에서의 여성의 체험에 대한 분석을 통해 "이 책은 전체적으로 여성성이 어떻게 개념화되었고, 가부장제 사회 안에서 여성이 어떻게 상대적인 존재가 '되는가'에 초점을 둔다"(티

이 글은 젠더와 섹스, 그리고 몸에 대한 보부아르의 논의와 그것을 재해석한 버틀러의 이론을 재구성하여, 몸을 '자연 또는 문화' 중 어느 한 쪽으로 보는 해석 틀의 한계를 짚어보고자 한다. 몸은 주어진 것the given으로 고정되어 있는 것도, 자의적 구성에 완전히 열려 있는 것도 아니다. 자연과 문화 사이에 놓인 '성별화된 몸'의 의미를 생각해 보기 위해, 우선 보부아르가 주장하는 '여자 되기'의 의미를 그녀의 철학 체계 안에서 정리할 것이다. 그리고 이 주장에 대한 주디스 버틀러Judith Butler의 급진적인 독해를 살펴보고자 한다. 버틀러는 보부아르를 읽으면서, 젠더와 섹스를 철저히 탈본질화한다. 특히 『젠더 트러블』 이전에 발표한 세 편의 논문은,[4] 버틀러에게 보부아르 읽기가 '젠더 하기doing gender'라는 독창적 주장에 도달하기까지 얼마나 중요한 착안점을 주었는지 보여 준다.[5]

보부아르를 경유하여 버틀러를 읽는 이 작업은, 버틀러의 젠더 이론을 그 문제 제기의 단초로부터 추적함으로써, 그에 대한 이해를 심화하는 작업이 될 것이다. "버틀러의 이론을 오해하는 이유 중 하나는, 많은 이가 그것을 단순화 혹은 탈맥락화시켜 이론적으로 '축소'해 버린 데 있다"(살리, 2007: 84). 버틀러를 보부아르의 현상학적 체현體現, embodiment 이론과 연결하여 그 문제 의식의 출발점으로부터 점검하는 이 글은, 버틀러 이론에서 몸의 문제를 "이론적으로 축소"시키는 전형적인 질문들을[6] 다르

드, 2007: 100).

4 "Sex and Gender in Simone de Beauvoir's *Second Sex*"(1986); "Variations on Sex and Gender: Beauvoir, Wittig, Foucault"(1987); "Performative Acts and Gender Constitution: An Essay in Phenomenology and Feminist Theory"(1988).

5 자데르만Paule Zajdermann 감독의 기록 영화 〈주디스 버틀러: 제3의 철학(Judith Butler: Philosophie en tout genre)〉(2006)에서, 버틀러는 보부아르의 『제2의 성』을 읽으면서 『젠더 트러블』에 포함된 기본적인 아이디어들을 완성했다고 이야기한 바 있다.

6 '퀴어 이론가,' 포스트모던 후기구조주의 젠더 이론가로 알려져 있는 버틀러에게 던져지는 가장 전형적인 비판은, 그녀의 이론이 언어 문제에 지나치게 집중한 나머지 물질적이고 정치적인 것들을 간과한다는 것이다. 버틀러는 허무주의적 권력 이론, 저항적 주체와 행위성의 파괴자로 비난을

게 생각해 볼 가능성을 제공할 것이다. 보부아르와 버틀러의 이론 작업을 재구성하는 이 글은 더 나아가 하나의 젠더로 구성된 '여성'의 타자화가 결국 몸에 각인되는 사회적 권력의 소산이라는 사실, 그리고 젠더를 통한 타자 구성의 원리는 다른 사회적 타자를 구성하는 과정에도 동형적으로 작동함을 보여 줄 수 있을 것이다.

## 2. 보부아르에게서 '여자 되기'의 의미

보부아르의 『제2의 성』은 "여자란 무엇인가"라는 질문에서 시작한다. 이 질문에 대해 생물학적 근거로 설명하는 답은 불충분하다. '인류의 암컷'이라는 이유로 '여자 되기'가 면제되지는 않기 때문이다. 인류의 암컷이라고 해서 반드시 여자는 아닌 것이다." 때때로 등장하는 '여자다움의 위기'라는 세론世論은 "여자로 존재하시오, 어디까지나 여자로 남으시오, 여자가 되시오"라는 격려를 지속한다(보부아르, 2002: 10). 이미 여자라면, 여자가 되라는 명령은 불필요하다. 그렇다면 사회적으로나 관습적으로나 여자는 되어야 하는 무엇이다. 그것이 정확히 무엇인지를 확정할 수 있을 만큼 실재적이지는 않지만 '여자다움'은 사회적 규범으로 작용한다.[7]

보부아르는 "여자란 무엇인가"가 결코 "남자란 무엇인가"와 동등한 질문이 아니라고 지적한다. "남자는 그들이 차지하고 있는 특이한 상황에

받는다(Nussbaum, 1999 참조). 그러나 다른 한편에서는 그녀의 이론에서 자유로운 정체성 구성과 전복의 긍정적 가능성을 발견하는데, 이 경우에는 버틀러의 젠더 수행성을 놀이, 연극, 가면 쓰기와 같이 입었다 벗었다 할 수 있는 의상이나 역할처럼 묘사하고 받아들인다.

7 "오늘날 일정한 여자다움이 더는 없다고 하면, 그것은 처음부터 없었던 것이다. 그렇다면 '여자'란 말은 어떠한 내용도 갖지 않았다는 것을 의미하는 것인가?"(보부아르, 2002: 10).

대해 책을 쓸 생각조차 안 할 것이다. [반면 여성인] 내가 나 자신을 규정하려면, 우선 '나는 여자다'라고 선언하지 않으면 안 된다"(보부아르, 2002: 12). 남자라면 자신의 위치를 정할 때, 자신이 어떤 성性에 속하는지 밝히는 것에서 시작하지 않는다. '남자임'은 하나의 특수한 상황이 아니기 때문이다. '남자임'은 그대로 '인간임'의 보편성과 일치한다. 반면 "여자란 무엇인가"라는 질문에, "여자도 인간이다"라고 답하는 것은 불충분하다. 여자는 인간이면서도, 그것에 그치지 않고 '여자'여야 하기 때문이다. 이러한 분석을 통해 다음과 같은 사실이 확인된다. "남자는 남자라는 것으로서 정당한 지위에 놓여 있는 것이다. 잘못된 것은 여자다"(보부아르, 2002: 12). 따라서 해명되어야 할 것도 '여자'이고, '여성성'이다.

"여자란 무엇인가"를 해명하는 첫 자리에서, 보부아르는 "여자는 타자"라는 사실을 밝혀낸다. "남성이 인간의 절대적 전형"인 한, "여자는 우발적 존재다. 여자는 본질적인 것에 대해 비본질적인 것이다. 남자는 '주체'다. 남자는 '절대'다. 그러나 여자는 '타자'다"(보부아르, 2002: 14).

의식 철학에서 주체와 타자의 관계는 의식을 구성하는 기본적인 요소다. "타자의 범주는 의식意識 자체와 마찬가지로 근본적이다"(보부아르, 2002: 14). "어떠한 집단도 '타자'와 직접 대립하지 않고는 자기 자신을 '주체'로서 파악하지 못"한다(보부아르, 2002: 15). 주체가 주체로 확립되기 위해서는 "그 주체를 제한하고 부정하는 타자"가 있어야 한다. "주체는 자기 아닌 이 [타자라는] 실재를 통해서만 자기에 도달할 수 있다"(보부아르, 2002: 215). 그리고 진정한 '타자성'은, 내 밖의 대상적 사물의 존재와 같은 것이 아니라, 나의 의식과는 별개인, 그러면서도 나의 의식과 마찬가지로 의식인 타자성이다. "각자를 그 내재성에서 떼어내서, 그 인간이 그의 참된 존재를 완성하고, 초월로서, 목적으로 향하는 탈출로서, 투기投企로서 자기 완성을 가능케 하는 것은 다른 인간의 실존이다"

(보부아르, 2002: 216).[8] 따라서 여자는 남자인 주체에게 가장 탁월한 '타자'다.

인류 역사에서 여자의 문제는 여자의 타자성이 의식 철학에서의 주체와 타자의 상대적인 자리, 즉 상호적이며 교환 가능한 위치가 아니라는 점이다. 여자는 '절대적 타자'다. 보부아르는 역사적으로 남자는 늘 주체였던 반면, 여자는 한 번도 주체가 되지 못한 절대적 타자의 자리에 놓여 있어 왔다고 보았다. 여자는 왜 주체가 되지 못하고, 절대적 타자로 머물고 있는가?

보부아르에 따르면, 여자가 주체가 되지 못하고 늘 비본질적 존재로 내재성에 묶여 있는 이유는, '육체성' 때문이다. 인간의 본질은 자신에게 주어진 현실적 한계를 뛰어넘어 자신의 자유 의지를 실현하는 존재라는 데 있다. 인간이 현실에 매이어 초월로서의 의식이 되지 못할 때, 그는 내재성에 묶인 비본질적 존재가 된다. 그런데 여자의 경우, 몸이 초월을 방해한다는 것이다. 보부아르에 따르면, 아이를 낳고 기르는 일에서 여자는 "자기 실존의 강력한 주장의 동기를 발견하지 못한다. 여자는 피동적으로 생물학적 숙명을 받아들인다"(보부아르, 2002: 101). 역사적 성별 분업은 단순히 성에 따른 역할의 배분이 아니다. 여자가 헌신하는 가사와 모성 노동은 여자를 반복과 내재에 가둔다. 남자와 달리, 월경, 임신, 출산, 수유, 양육 등의 경험은 여자에게 늘 몸을 의식하게 한다. 그리고 여자는

8 보부아르의 주장은 장 폴 사르트르Jean-Paul Sartre의 철학과 공명한다. 사르트르는 "인간의 고유한 존재 방식을 대자존재對自存在, l'être-pour-soi로서 규정하고 인간 이외의 사물존재를 지시하는 즉자존재卽自存在, l'être-en-soi와 대립시킨다." "사르트르의 대자존재는 세계 안에 던져진 자기의 현실을 의식하고 받아들이면서, 동시에 자기의 의도와 목표 설정에 맞추어 세계를 스스로 구성하는 세계 구성적 초월적 의식 존재다." "인간은 대자존재로서는 현실적 조건에 그대로 머무르지 않고 부단히 현실 부정과 현실 초월을 감행하는 절대적으로 자유로운 주체성이다." 이 절대적 주체성의 자유를 실현하지 못할 때, 인간은 하나의 사물, 대상화된 객체, 현실의 한계와 사실성facticity에 매이어 있는 존재로 전락하게 된다. 사르트르의 구도 속에서 주체는 스스로 전락하지 않고 초월적 본질을 유지하면서 자유를 실현하기 위해, 타자와 갈등하고 투쟁해야 한다(신옥희, 1987: 10).

스스로 자기 몸을 통제할 수 없다는 의식을 갖게 된다. "여자도 남자와 마찬가지로 바로 그 육체다. 그러나 여자의 육체는 그녀 자신과는 별개의 것이다"(보부아르, 2002: 61). 보부아르에 따르면, 이런 소외가 여자를 몸이라는 내재성에 묶어둔다. 재생산과 모성을 통해 여자는 생명을 영속시키지만, 창조하지는 않는다. "여자는 언제나 내재성에 바쳐지고 있다"(보부아르, 2002: 114). 이는 남자의 경우와 근본적으로 다르다. 보부아르는 남자의 일을 "유지하기 위해 창조하는 것", "현재의 테두리를 넘어서 미래를 개척"하는 것으로 평가한다(보부아르, 2002: 101). 바깥에서의 노동은 위험에 스스로를 노출시키면서 생존의 내재성을 뛰어넘어 창조하고 개척하는 과정이라는 것이다. "남자는 거기에서 자기의 인간성을 확인한다"(보부아르, 2002: 101). 남자는 소유와 정복을 위한 위험한 투쟁의 경험을 수단화했다. 그러면서 "역사는 우리에게 남자들이 항상 모든 실권을 장악해 왔다는 것을 보여 주었다"는 것이다(보부아르, 2002: 215).

보부아르에게, '여자 되기'의 가장 큰 문제는 그것이 곧 투기投企하고 초월을 향해 나아가는 실존 주체가 아닌, '절대적 타자'이자 대상화된 즉자존재가 '되는 것'을 의미한다는 데 있다. 그리고 여성이 내재성, 자연, 육체라는 계열체 안에서 절대적 타자로 머물게 되는 이유는 여자가 모성인 몸에 묶여 있기 때문이라는 것이다.

보부아르의 이러한 주장은 1980년대 이후 많은 페미니스트에게 남근중심적 관점이라고 비판받았다.[9] 보부아르는 "남성적 초월의 왕국에 들어

9 보부아르의 『제2의 성』은 페미니즘 제2의 물결의 성전聖典이었다. "그러나 1970년대 후반부터 프랑스에서의 후기 구조주의적 전회 그리고 여성적 글쓰기의 발전과 더불어, 보부아르는 점차 남성과 동일시되는 남근 중심적인 '계몽' 사상가로 내몰렸다. 이와 같은 적대감은 전권적인 어머니에 대항하는 딸들의 반항이라는 오이디푸스적 용어로 설명해야 할 만큼 집요했다"(크룩스, 2005: 115). 『제2의 성』을 둘러싼 페미니스트들의 비판을 조앤 필라르디Jo-Ann Pilardi는 다음의 여섯 주제로 정리한다. ① 사르트르 실존주의와의 관계, ② 초월과 내재에 대한 보부아르의 이분법과 그녀의 남성적인 철학적 경향, ③ 모성의 가치를 평가 절하하는 문제, ④ 보부아르의 여성 섹슈얼리

간 여성을 해방된 여성으로 보는 시각을 가지고", "여성적 특성들을 가치 평가하는 데 실패"했을 뿐 아니라, "이분법과 여성 육체에 대한 적대감"을 표현하고 있다고 비판받았다(크룩스, 2005: 115). 예를 들어, 진 레이턴Jean Leighton은 보부아르가 초월과 내재라는 사르트르의 이분법을 사용한 점을 지적했다. "레이턴은 이것이 그녀를 '모성 전체를 파괴하는 데'로 이끌었을 뿐 아니라, 소위 초월이라는 남성적 세계에 특권을 부여하게 했다고 주장했다"(Pilardi, 1995: 32). 모이라 게이튼스Moira Gatens도 『제2의 성』이 자연과 문화를 구분하는 가장 정통적인 철학적 이분법을 포함하고 있으며, 여성의 '열등성'의 근거를 암컷이라는 생물학적 사실에 두고 비판했다(Pilardi, 1995: 33).[10] 보부아르가 스스로를 남성 철학자들과 동일시하면서, 자연/문화, 몸/정신, 내재/초월의 이분법을 각기 여성/남성 이분법과 연결하는 철학 전통을 비판하지 않았다는 지적은, 그녀의 모성에 대한 언급에서도 그 근거를 찾는다. 보부아르는 모성을 여자를 내재성에 묶어 두는 한계이자 족쇄로 읽었다. 메리 오브라이언Mary O'Brien과 애드리엔 리치Adrienne Rich는 보부아르가 모성을 근본적으로 부정적으로 규정함으로써, 모성의 가치나 힘을 제대로 평가하지 못했다고 지적한다(Pilardi, 1995: 34-5).[11]

이 비판은 모두 보부아르가 여자의 몸이 내재성의 조건이라고 본 점을

티에 대한 언급들, ⑤ 보부아르 페미니즘과 사회주의와의 관계, ⑥ 보부아르의 이론이 유럽의 백인 중산층 이성애 여성을 중심으로 한 유럽 중심주의라는 비판 등이 그것이다(Pilardi, 1995).

10 맹렬한 '오이디푸스적' 거부의 시기를 지나 1990년대 중반에 이르러, 보부아르를 재해석하려는 시도들이 페미니즘 철학의 진영에서 새롭게 시작되었다. 특히 1992년 페미니스트 학술지 *Signs*는 보부아르 논쟁을 특집을 실었는데, 여기에 글을 실은 소냐 크룩스Sonia Kruks, 린다 체릴리Linda M. G. Zerilli, 마거릿 시몬스Margaret A. Simons는 보부아르의 철학을 적극적으로 재해석한다. 체릴리는 여성의 몸에 대한 혐오로 읽힐 수 있을 보부아르의 지나친 표현들을, 현실의 문제를 각성하게 하기 위해 충격적인 묘사를 선택해 표현하는 '수사 전략'으로 읽을 것을 제안한다(Zerilli, 1992).

11 이러한 비판에 대해 보부아르가 모성을 미화하는 전통에 맞서 비판적으로 분석함으로써, 모성성, 모성 본능 등에 대해 새로운 토론의 가능성을 열었다는 반론도 있다(Pilardi, 1995: 35).

지적한다. 여자가 절대적 타자가 되는 그 출발점과 과정은 '몸'을 중심으로 그려진다. 그렇다면 보부아르는 비판자들이 말하는 것처럼, 정신과 초월을 우위에 두고 '여자의 몸'에 대한 혐오를 표현하고 있는가? 보부아르의 사유는 그보다 훨씬 미묘한 움직임 안에 있다.

보부아르에 따르면, 여자도 '인간으로서' 자유를 추구하는 존재다. 만일 여자가 절대적 타자, 즉자존재, 내재성에 머물고 있다면, 그것은 여자가 스스로를 주체로 확립하지 못하고 있다는 뜻이다. 여자는 절대적 타자로 규정된 현실에 책임이 있다. 그 책임은 다른 누구에게도, 어떠한 조건에도 돌려질 수 없다.[12] 이것은 곧 여성의 생리적 특성이나 몸의 구조적 한계, 문화적으로 강요된 육체의 존재 방식이 여성을 부자유한 삶에 얽매이게 하는 것이 사실이라 하더라도, 그것으로 여자의 타자성을 정당화하거나 근거짓지 못한다는 것이다. 이를 정당화하는 보부아르의 주장은 현상학적 실존주의에 의거한다. 몸은 사물이 아니라 하나의 상황이고, 자연과 역사의 복합체다. "여자는 응고된 현실이 아니라 하나의 생성"이다(보부아르, 2002: 67).[13] 그러므로 여자를 내재성에 묶어 두는 것은 몸 그 자체가 아니다. 그러나 여자는 남성 주체들에 의해 절대적 타자로 살도록 강제된 세계에서 스스로를 발견한다. 그리고 이 특수성이 여자의 몸으로 체현된다.

12 "무한히 열려 있는 미래를 향해 자기 신장을 도모하는 외에는 목전의 실존을 정당화하는 길은 없다. 초월이 내재로 떨어질 때마다 실존은 '즉자존재'로 타락하고, 자유는 사실성으로 타락한다. 이런 전락은 만약 그것이 주체에 의하여 동의된다면 하나의 도덕적 과실이다"(보부아르, 2002: 30).

13 보부아르에게 더 중요한 것은 자연이 아닌 역사, 조건이 아닌 선택이다. "인류에게 남녀의 비교는 오로지 인간적인 전망에서만 가능하다. 인간은 주어진 것이 아니라 스스로 자기를 만들어 존재하게 하는 것이다. 이것이 인간의 정의다"(보부아르, 2002: 67).

## 3. 버틀러의 보부아르 읽기: 탈본질주의의 완성

"우리는 여자로 태어나지 않는다. 여자가 된다." 이 명제에 대한 버틀러의 해석은 보부아르가 밝혀냈으나 끝까지 추적하지는 않은 물음들로부터 출발한다. 그 출발점을 보여 주는 버틀러의 초기 논문에서,[14] 다음의 두 가지 사실을 확인할 수 있다. 첫째, 버틀러 젠더 이론은 미셸 푸코Michel Foucault와 자크 데리다Jacques Derrida의 '포스트모던' 철학 못지않게, 몸과 체현embodiment에 대한 현상학적 논의에 기대고 있다. 둘째, 버틀러는 보부아르 자신이 인식하고 있는 것보다, 그리고 많은 2세대 페미니스트들이 해석하는 것보다 훨씬 더 급진적인 반본질주의를 보부아르의 이론이 함축하고 있다고 본다. 버틀러는 자신의 젠더 해체를 보부아르 해석과의 연속선 위에 둔다.

특히 「시몬 드 보부아르의 『제2의 성』에서 섹스와 젠더Sex and Gender in Simone de Beauvoir's *Second Sex*」(1986)는 보부아르의 "여자 되기"가 의미하는 바를 추적한다. 이 추적의 끝에서 버틀러는 젠더 개념을 통한 여성성의 탈본질화를 섹스의 탈자연화로 확장한다.

보부아르의 '여자 되기'는 '암컷임'과 무관하다. 보부아르에게 섹스는 해부학적으로 결정되어 있는 것인 반면, 젠더는 사회적 의미이자 몸의 형식form, 사회화이기 때문에 변화 가능한 양식이다. "젠더는 그 정의상, 비자연적인 것이다"(Butler, 1986: 35). 젠더가 비자연적인 것이라면, "섹스와 젠더 사이의 인과적 또는 모방적 관계라는 추정은 약화된다." 즉 '여자임'이 '암컷임'과 인과적 · 모방적 관계를 갖지 않는다면, 암컷이 아닌 몸이 여자가 되거나, 암컷인 몸이 여자가 되지 않을, "몸이 다른 젠더

**14** "Sex and Gender in Simone de Beauvoir's *Second Sex*"(1986); "Variations on Sex and Gender: Beauvoir, Wittig, Foucault"(1987).

구성의 장소가 될" 가능성을 차단할 근거는 없다. 버틀러는 이 논리적 관계를 따라, "섹스와 젠더의 구분은 자연적인 몸과 구성적 젠더의 급진적 이질성을 함축한다"고 주장한다. 즉 암컷 '임'과 여자 '임'은 "완전히 다른 두 개의 존재 방식"이라는 것이다(Butler, 1986: 35).

그렇다면 몸의 존재 방식은, 젠더의 사회적 존재 방식과 달리 완전히 자연적인가? 버틀러는 그렇지 않다고 답한다. 보부아르에게 젠더 구성의 장소가 되는 몸은 이미 섹스에 의해 일정한 방향으로 '타자화된' 몸이다. 역사, 신화, 체험 안에서 이미 모성으로 해석된 몸은, 여자를 절대적 타자의 자리에 묶어 두고 있다고 보부아르는 분석했다. 그렇다면, 보부아르에게 몸으로서 존재는 무엇을 의미하는가? 버틀러는 보부아르가 자연적인 몸이 아닌, '사회화된 몸'으로 보았음을 논증한다. 버틀러에 따르면, 그것은 보부아르의 『제2의 성』에서의 몸 이론과 장 폴 사르트르Jean-Paul Sartre의 '자유의 체현embodiment'이라는 관념의 연관성을 통해 드러난다(Bulter, 1986: 38). 사르트르에게 몸은 개인 정체성과 공존하는 것["나는 내 몸이다."]이지만, 동시에 의식과는 다른 것이다. 이 의식과 몸의 이중성이 인간 현실의 고유성을 구성한다. 버틀러는 사르트르에게 몸이 고정된 현상이 아니라, 지향성의 양식이자, 일정한 방향을 가지고 있는 힘이며 욕망의 양태라는 사실을 지적한다. 사르트르에게 "몸은 모든 인간의 분투의 매체이자 맥락으로서, 체험되고lived 경험된다"(Butler, 1986: 38). 결국 몸은 생명이 없는 물체가 아니라, 생성의 양태다. 따라서 "우리는 결코 우리 자신을 순수하고 단순한 몸 또는 섹스로 경험하거나 알지 못한다. 왜냐하면 우리는 젠더로 표현된 것 바깥에 있는 섹스를 결코 알 수 없기 때문이다. 체험되거나lived 경험된 '섹스'는 언제나 이미 젠더화되어 있다"(Butler, 1986: 39). 버틀러의 해석에 따르면, 보부아르는 사르트르의 몸에 대한 관점을 공유하면서, "자연적인 몸에서 사회화된 몸으로 이동한다." 몸이 이미 '되기'의 한 양태라면, '여자 되기'에서 '되기'는 자연에서 체현으로의 이동이 아니라, "한 체현 방식에서 다른 체현 방식으로의 이동"으로 읽어야 한다. 버틀러에 따르면, "섹스에서 젠더로의 이동은 체현된 삶의 내부에 있다"(Butler, 1986: 39).

버틀러는 보부아르의 '되기'의 필연적 모호성을 포착한다. 보부아르에게 젠더는 문화적 구성물이다. 따라서 젠더는 문화적으로 '구성된 것 constructed', 문화의 수동적 산물이다. 그러나 '되기'는 또한 체현의 한 방식, '기획project'과 무관하지 않다.[15] 보부아르가 젠더를 수동성과 능동성, 답습과 변화가 함께 벌어질 수 있는 육체에 일정한 형식을 부여하는 개념으로 보았다고 버틀러는 해석한다. 보부아르가 젠더를 단지 수동적인 수용 체계가 아닌 혁신적 가능성으로 보았다는 것을, 버틀러는 그녀의 실존주의 독트린의 관점에서 이해한다. 실존주의 독트린에 따라, 젠더 '선택하기'는 완전히 자유로운 조건에서의 선택이 아니라, 깊숙이 파묻혀 있는 문화적 규범들의 교직 안에서 가능성을 체현하는 것이다(Butler, 1986: 37). 따라서 "젠더를 선택하는 것은 받아들여진 젠더 규범을 새롭게 조직화하는 방식 안에서 해석하는 것이다. 젠더는 급격한 창조의 행동이라기보다는, 우리의 문화적 역사를 우리 자신의 용어로 새롭게 쓰는 전략적인 기획이다" (Butler, 1986: 41). 버틀러는 이런 맥락에서, 이미 주어져 있는 젠더 테두리에서 벗어나는 것은 형이상학적인 의미의 '급진적 전위轉位, dislocation'라고 본다.[16]

보부아르는 직접적으로 젠더 선택의 자유를 지적하지는 않았다. 그러나 그녀가 실존의 본질을 '초월'로 보고, 여자인 실존의 해방적 지향을 비본

15 버틀러는 보부아르의 젠더 '되기' 주장이 '기획'과 '구성' 양자를 내포하는 젠더의 내적 모호성을 조화시키고 있다고 보았다. 젠더는 선택 가능성을 차단 당하지 않는다.

16 "만일 실존이 언제나 젠더화된 실존이라면, 확립되어 있는 젠더 밖으로 벗어나는 것은, 어떤 의미에서는 그 자신의 실존 자체를 물음으로 던져 넣는 것이다"(Butler, 1986: 41-42).

질적 타자의 자리에서 벗어나 주체로서 스스로의 자유로 자리매김하는 것으로 보는 이상, 젠더 선택의 가능성은 열려 있어야 한다. 보부아르의 이러한 철학적 구도는 '후기 구조주의적 전회' 이후에 두 가지 물음을 남긴다. 그 하나가 보부아르는 체현으로서의 몸 배후에 의식으로서의 주체를 상정하고 있는가라는 물음이고, 다른 하나는 보부아르가 말하는 초월은 남성적인 기획인가라는 물음이다.[17]

버틀러는 이 물음들에 직면하여, 보부아르의 몸과 의식의 관계에 대한 주장은 억압받는 몸과 초월 활동인 의식의 양자택일을 넘어서 더 많은 것을 말하고 있다고 해석했다. 버틀러가 보기에 보부아르는 "타자에 대한 토론에서 남성적인 탈육체화의 기획을 비판한다"는 것이다. "보부아르에게 탈육체화된 남성적 기획은 자기 기만이다"(Butler, 1986: 43). 그것은 몸과 의식 사이의 관계를 헤겔의 주인과 노예의 변증법으로 읽는 과정에서 드러난다. 그 과정은 다음과 같은 순환 속에 있다. 남자의 자기 주장은 타자와의 위계적 대립을 요구한다. 타자는 모든 경우에 그 자신의 소외된 자아다. 이 헤겔적 진리는 탈육체화된 남자와 육체적으로 고정된 여자의 본질적인 상호 의존을 확립한다. 남자의 탈육체화는 오로지 여자들이 몸으로 머물 때만 가능하다. 즉 "만일 여성이 그들의 몸이라면, 만일 여성이 오로지 그들의 몸이기만 하다면, 만일 그들의 의식과 자유는 단지 육체적 필요와 필연성의 치환이기만 하다면, 여성은 결과적으로 육체적인 영역을 독점할 것이다"(Butler, 1986: 43-4).[18] 보부아르는 여성이 주체

17 앞서 언급한 바처럼, 보부아르는 그녀의 철학과 해방의 관점이 남성적 가치와 규범에 근거하고 있다고 페미니스트들로부터 비판받았다. "여성의 성격을 수동적이고, 유순하고, 보편내재적이라고 불평한 보부아르는 남성의 성격을 적극적이고, 지배적이며, 초월적이라고 찬양한다"고 평가받았다(크룩스, 2005: 115). 진 레이턴Jean Leighton뿐 아니라 도로시 카우프만 맥콜Dorothy Kaufmann McCall도 보부아르의 사고가 '남성과 동일시'하는, '남근 중심적'인 것이라고 비판했다(Pilardi, 1995: 33).

18 이 동일한 도식을 로지 브라이도티Rosi Braidotti는 이렇게 정리한다. "시몬 드 보부아르는 남성들

가 되어야 한다고 주장하기 때문에 남성적인 추상적 보편성이라는 관점에 경도되었다고 비판받고 있지만, 버틀러는 보부아르의 입장에는 "추상적인 남성 인식론 주체의 비체현disembodiment(탈육체화) 자체에 대한 근원적인 비판이 암시되어 있기도 하다"고 평가한다(버틀러, 2008: 105). 버틀러가 보기에, 보부아르는 남성적 탈육체화와 여성적 과잉 육체화라는 극단적 젠더 이분화의 대안으로 '상황으로서 몸body as situation'을 제시한다.

보부아르에게 "자연적 사실로서의 몸은 결코 인간의 경험 안에서 존재한 적이 없다"(Butler, 1986: 46). 이 주장은 버틀러에 따르면 두 가지 의미를 지닌다. 그 하나는 몸이 문화적 해석의 장소이자 물질적 현실이라는 것이다(Butler, 1986: 45). 다른 한편, "몸은 문화와 선택의 기이한 연합"이다. 누군가의 몸으로 존재한다는 것은, 개인적인 방식으로 기존의 젠더 규범을 받아들이고 재해석하는 것이다.[19] 이러한 보부아르 읽기를 통해 버틀러는 다음과 같은 결론에 도달한다. 몸 해석의 틀이 젠더인 한, 젠더화되어 있지 않은 몸은 있을 수 없다. 보부아르의 몸에 대한 접근을 구성과 기획, 문화적 수용과 재해석의 장으로 읽으면서, 버틀러는 결국 자연으로서의 몸은 없으며, 이미 해석된 몸이 드러나고 있음을 강조한다. 이러한 추론 과정을 거쳐, "섹스는 이미 젠더"라고 말할 수 있게 된다.

버틀러는 보부아르를 읽으면서, 젠더와 섹스의 탈본질화를 완수한다.

이 보편적인 것을 대변하고자 치르는 대가가 체현을 상실하는 것이며 다른 한편 여성들이 치르는 대가는 주체성의 상실과 육체로의 감금이라는 것을 이미 50년 전에 관찰한 바 있다. 전자는 육체로부터 분리되고 이 과정을 통해서 초월성과 주체성에 대한 권리를 얻는다. 후자는 과잉 체현되고 그럼으로써 내재성으로 위임된다"(브라이도티, 2004: 242).

19 "만일 우리가 [보부아르를 따라] 몸을 하나의 문화적 상황으로 이해한다면, 자연적인 몸, 자연적 '섹스'라는 생각은 점차 의심스러운 것이 될 것이다. 만일 젠더가 누군가의 몸이 존재하는 방식이라면, 그리고 누군가의 몸이 "상황"이며, 수용된 것과 재해석하는 것 사이에 있는 문화적 가능성의 장이라면, 젠더는 문화적 사건일 것이다"(Butler, 1986: 45).

그러나 버틀러의 주장은 한 가지 지점에서 보부아르의 그것과 갈라진다. 「시몬 드 보부아르의 『제2의 성』에서의 섹스와 젠더」에서 버틀러는, 보부아르가 '상황으로서 몸'을 개념화하여 의식과 몸의 합명제synthese를 구성하려 했다고 보고, 이 시도가 어느 정도 성공했다고 평가했었다. 그러나 『젠더 트러블』에서는 이러한 평가를 철회한다.[20] 버틀러는 보부아르가 몸과 영혼(의식, 정신)을 존재론적으로 구분하고 있음을 부인할 수 없다고 본다.[21] 보부아르가 이런 이분법적 존재론을 극복하지 못하는 한, 정신/몸 이분법에서 남성성/여성성을 연상시키는 문화적 관성을 답습하고 있다는 비판을 피할 수 없다. "정신/몸을 구분하는 모든 무비판적 재현을 그 구분이 관습적으로 생산하고 유지하고 합리화했던 암묵적 젠더 위계 때문에 재고되어야 한다"(버틀러, 2008: 107). 버틀러는 보부아르의 이러한 약점을 지적한다. "보부아르가 말하는 '몸'의 담론적 구성과 '자유'의 분리는, 젠더의 축을 따라 젠더 불균형의 지속을 설명해 주게끔 되어 있는 바로 그 정신-몸의 구분 자체를 명시하는 데 실패한다"는 것이다(버틀러, 2008: 107). 버틀러는 보부아르와 달리 배후의 정신과 체현으로서의 몸의 분리를 거부하면서, '여자 되기'의 육체적 구성 과정에 대한 논의를 '젠더 하기'로 옮겨간다.

20 "보부아르는 여성의 몸이 여성의 자유를 위한 상황이자 도구가 되어야 하며 규정되었거나 제한된 어떤 본질이어서는 안 된다고 주장한다. 보부아르 분석의 특징인 체현에 대한 논의는 분명 자유와 몸에 대한 데카르트 식 구분법을 무비판적으로 재생산했기 때문에 제한받는다. **그 반대의 주장을 하려 했던 나의 예전 논의들에도 불구하고** 보부아르의 주장은 정신/몸의 이분법을 주장하는 것처럼 보인다[필자의 강조]"(버틀러, 2008: 106).

21 "보부아르에게 젠더는 '구성된' 것이지만 그녀의 공식에는 어떤 행위 주체agent, 즉 어떤 젠더를 걸치거나 전유할 수 있고 원칙적으로 다른 젠더도 걸칠 수 있는 코기토cogito가 암시되어 있다"(버틀러, 2008: 99).

## 4. 버틀러의 '젠더 하기': 수행성의 의미

버틀러는 보부아르의 이론이 "그녀 자신은 향유하지 못한" "급진적인 결과"를 함축하고 있다고 보았다(버틀러, 2008: 294). 버틀러는 보부아르를 해석하며, "섹스/젠더 구분의 급진적인 형성은 성별화된 몸이 수많은 다른 젠더의 사례가 될 수 있으며, 더 나아가 젠더 자체가 통상 두 가지로 제한될 필요는 없다"는 결론에 도달한다. "섹스가 젠더를 제한하지 않는다면, 섹스의 분명한 이분법으로 규제받지 않는 젠더, 즉 성별화된 몸에 대한 [다른] 문화적 해석 방식들이 가능할 것"이다(버틀러, 2008: 294). 그런데 왜 우리는 여전히 사회적으로 구성된 젠더도 두 개로 한정해서 생각할 수밖에 없는가? 버틀러는 이 '두 개의 젠더'라는 고정된 관념의 틀을 계보학적으로 분석한다.

버틀러의 젠더 이론은 보부아르의 '여자 되기'를 푸코의 권력 이론의 관점으로 해석한 결과다(Jagger, 2008: 3). 몸과 주체성을 권력과 규범화의 효과로 보는 푸코의 권력 이론을 근거로, 섹스와 젠더도 권력의 산물이라는 사실을 밝힌다. 그리고 이러한 추적 작업을 버틀러는 '페미니즘 계보학feminist genealogy'이라고 부른다(버틀러, 2008: 93). 푸코에게 계보학은 "현재의 우리를 구성하는 사회적 실천, 제도 및 권력 관계를 역사적으로 추적하는 비판적 방법"이다(이진우, 2000: 151).[22] 버틀러는 푸코의 계보학을 젠더 체계를 해체하는 방법으로 받아들인다. 버틀러는 계

22 푸코는 니체의 계보학적 방법을 계승한다. 니체는 형이상학적 진리가 권력 의지의 산물임을 폭로하는 자신의 작업을 '계보학'이라고 불렀다. 니체에게 계보학은 초역사적인 진리로 여겨진 형이상학적 개념들의 역사를 비판적으로 재구성하는 '이성의 역사화'다. 계보학을 통해 진리는 권력 의지의 역사적 산물임이 드러난다. 이러한 니체의 계보학을 푸코는 '권력의 계보학'으로 활성화한다. 이진우는 니체와 푸코의 초점이 완전히 일치한다고 볼 수는 없다고 주장한다. "니체가 전통 형이상학의 해체에 초점을 맞춘다면, 푸코는 우리의 삶을 구성하는 제도와 권력 체계의 생성의 구체적이고 실천적인 역사적 전제 조건들에 주목한다"(이진우, 2000: 146).

보학적 방법을 통해 "여성이 존재론적으로 주어진 것이라는 생각이 어떻게 그토록 광범위하게 받아들여지는지를 조사함으로써 '여성'이라는 범주가 권력 구조에 의해 생산되고 제한되는 방식을 분석"하고자 한다(살리, 2007: 91). 푸코가 섹슈얼리티 담론의 역사를 계보학적으로 추적하여 근대 권력이 몸과 욕망을 구성하는 방식을 드러낸 것처럼,[23] 버틀러는 젠더의 계보학적 탐구를 통해 여성성과 남성성이라는 두 개의 젠더 체계가 일정한 권력의 산물이라는 사실을 밝혀내고자 한다.

버틀러의 페미니즘 계보학은 이분법적 젠더 체계에 의문을 제기한다. 젠더로서 '여성/남성'의 구분이 그토록 당연하게 여겨지는 이유는 무엇인가? 젠더가 사회적 해석의 범주임에도 불구하고, 단 두 개의 항으로 고정될 수밖에 없는 이유는 무엇인가? 이분법적 젠더 체계가 섹스를 모방한다는 생각, 젠더가 섹스를 반영한다는 생각, 젠더가 섹스에 의해 한정된다는 생각은, 젠더 개념의 정의와 부합하지 않는다. 그럼에도 불구하고 섹스를 젠더 해석의 토대로 여기게 되는 근거를 버틀러는 추적한다.[24]

버틀러는 앞서 정리한 대로, 보부아르를 읽으면서 몸은 자연이 아니고, 섹스는 이미 젠더라는 결론에 도달했다. 그런데, '섹스가 이미 젠더'라면, '젠더' 개념이 지닌 특별한 개념적 의의는 어디에 있는가?[25] 섹스가 젠더

23 "푸코의 계보학적 탐구는 겉보기엔 '원인' 같아 보이는 것이 '결과'임을 폭로한다. 또한 분명한 성의 범주는 섹슈얼리티에 관한 모든 담론적 설명 안의 근본적이고 인과론적 작용이라고 선언함으로써 '원인' 같아 보이는 것이 실은 성적 경험을 규제하고자 하는 당대의 섹슈얼리티 체제의 생산물임을 폭로한다"(버틀러, 2008: 129).

24 "섹스/젠더의 의미가 어떻게 주어졌는지 묻지 않고서 '주어진' 섹스나 '주어진' 젠더를 지칭할 수 있는가? 그렇다면 어쨌든 '섹스'는 무엇인가? 그것은 자연적인 것인가, 해부학적인 것인가, 염색체인가, 호르몬인가? 페미니즘 비평가는 그런 '사실들'을 우리에게 확인시키려는 과학 담론을 어떻게 평가할 것인가? 섹스에는 역사가 있는가? [……] 성의 이원성이 어떻게 확립되었는지에 대한 역사는 있는가? 그 이분법적 항목이 변화무쌍한 구성물임을 폭로할 수 있는 계보학이 있는가? 겉보기에 자연스러운 성적 사실들이 다른 정치적이고 사회적인 이해 관계를 추구하면서 여러 과학 담론으로 생산된 것인가?"(버틀러, 2008: 96-97).

25 스콧은 섹스와 젠더가 날카롭게 구분되지 못하는 이유는, 젠더를 그 생물학적 근거인 성기와 연관

라면, 이 둘을 구분할 수 있는 자연 대 문화의 이분법이 더 이상 유효한 것이 아니라면, 여전히 젠더 개념을 고집해야 하는 이유는 무엇인가? 여러 골칫거리trouble에도 불구하고 젠더 개념을 다루어야 하는 이유는 무엇인가? 버틀러에게 젠더란 무엇인가?

버틀러에게 젠더는 몸을 구성하고 해석하는 권력이자, 권력의 매개체이고, 권력의 표현이다. 먼저 버틀러는 젠더를 현상학적 전통에서 '구성적 행위'의 독트린으로 해석한다.[26] 버틀러에 따르면 "젠더는 결코 고정적인 정체성이거나 다양한 행동이 그것으로부터 진행되는 행위자의 장소locus가 아니다. 젠더는 시간 안에서 점차적으로 구성된 정체성, 즉 **행동의 양식화된 반복**a stylized repetition of acts을 통해 도입된 정체성이다[원저자의 강조]"(Butler, 1988: 519).

'행동의 양식화된 반복'이라는 젠더에 대한 정식화formulation는 '행동', '시간성' 그리고 '양식style'이라는 특징을 포함한다. 이 정식화는 '젠더' 정체성을 실체substance로 보는 모델에서 떼어내, 시간 안에서 사회적 구성 과정으로 이해하는 모델로 이동시킨 것이다(Butler, 1988: 520). 이 정식화에 따르면, 젠더는 일정하게 양식화되어 있는 행동들을 반복함으로써 체현된다. 결국 젠더는 '하기doing'다. "젠더를 표현하거나 외화하는 '본질'이나 젠더가 나타내는 객관적 이상은 없기 때문에, 그리고 젠더는 사실이 아니기 때문에, [바로] 젠더의 다양한 행동이 젠더의 이념idea을 만들어낸다. 그리고 이러한 행동이 없이는 젠더 그 자체가 있

짓는 그 '모방적' 관계에만 있는 것이 아니라고 주장한다. "개념적 혼동 혹은 용어법상의 혼동으로 나타나는 것은 사실 섹스와 젠더 사이에 날카롭게 구분되는 그 무엇이 존재하지 않음을 정확히 재현하고 있는 것"이라고 본다. 왜냐하면 섹스 또한 젠더와 마찬가지로 '지식의 한 형태'의 산물이며, '역사를 가진 개념'이기 때문이다. 따라서 스콧에 따르면, 섹스와 젠더를 구분하는 것이 오히려 사태를 왜곡할 수 있다(스콧, 2001: 213).

**26** "Performative Acts and Gender Constitution: An Essay in Phenomenology and Feminist Theory"(1988).

을 수 없다"(Butler, 1988: 522). 이러한 통찰은 버틀러가 현상학적 체현 이론으로부터 받은 것이다. 모리스 메를로퐁티Maurice Merleau-Ponty가 "몸은 자연적 종이라기보다는 역사적 이념idea"이라고 말하거나, 보부아르가 "여자는 자연적 사실이라기보다는 역사적 상황"이라고 말할 때, 그 체현으로서의 몸은 일련의 전략, '존재의 양식'(사르트르), 또는 '실존의 양식론a stylistics of existence'(푸코)이라고 할 수 있고, 이와 유사한 양식화가 젠더 구성에도 나타난다는 것이다(Butler, 1988: 521; 버틀러, 2008: 346).

그러나 양식은 전적으로 개인적인 '자기만의 양식'일 수 없다. "살아 있는 양식은 역사를 갖는다. 그리고 역사는 가능성을 조건짓고, 한계짓는다"(Butler, 1988: 521). 버틀러는, '젠더 하기'가 주어진 역사적 조건에서 젠더 규범과 동일시하는 과정이라는 사실을 지적한다. 보부아르가 '여자 되기' 과정을 통해 되어야 하는 그 '여자'가 실재가 아닌 당위의 표현이라고 지적했던 것처럼,[27] 버틀러는 '젠더 하기'가 현실에서 경험할 수 있는 여성성/남성성을 뛰어넘어 늘 도달해야 하는 이상으로 작용하고 있다는 사실을 지적한다(버틀러, 2008: 341).

버틀러가 말하는 '젠더 하기'는 '어떤 공적인 행동'이다(버틀러, 2008: 348). '젠더 하기'는 특정한 문화적 의미화의 행위다. "확실히 여기에는 누군가의 젠더를 하는 개인적인 방식이 있다. 그러나 젠더 하기 그리고 특정한 금지와 제약에 따라 젠더 하기는, 완전히 개인적인 문제가 아니다"(Butler, 1988: 525). 젠더 수행은 물론 개인적인, 개인의 몸으

**27** 보부아르는 여자는 역사적 이념이지 자연적 사실이 아니라고 주장한다. 이 구분에 따르면 "여자 되기"는 "몸을 '여자'의 역사적 이념idea에 맞게 강요하는 것이며, 몸이 문화적 기호가 되도록 유도하는 것, 그 자신을 역사적으로 한정된 가능성에 복종하도록 물질화하는 것, 그리고 지속적이고 반복적인 육체적 기획으로서 이것을 하는 것이다"(Butler, 1988: 522).

로 '하기'이지만, 결코 자의적일 수 없다. '젠더 하기'는 사회적 법을 명백히 표현한다. "생존 전략으로서 젠더는 명확히 가혹한 결과를 낳는 수행이다"(Butler, 1988: 522). 젠더는 폭력적인 단속을 받는다. 젠더 규범은 그 바깥을 허용하지 않는다. 젠더 규범의 밖에 놓인 개인은 " '삶'이라는 이름을 갖지 못하며, 그런 삶의 유폐 상태는 삶의 중지나 유예된 사형 선고를 의미한다"(버틀러, 2008: 63, 개정판 서문). 따라서 '젠더 하기'는 자연적 토대나 실체론적 본질을 가지고 있는 실천은 아니지만, 사회적 법의 강요에 의한 수행이다.[28]

## 5. 젠더 수행성과 물질화된 몸

젠더가 주어진 정체성이 아닌, 규범적 이상에 따른 실천이라는 버틀러의 분석은, 젠더가 끊임없는 체현을 통한 구성임을 보여 준다. 이러한 버틀러의 몸에 대한 이해는 현상학적 체현 이론과 그 이해를 공유한다. 그러나 버틀러는 젠더화된 몸의 상황을 초월할 수 있는 자유로운 주체, '행위 뒤의 행위자doer behind deed'를 상정하지 않는다. 버틀러는 행동에 선행하는 젠더화된 자아를 받아들이는 연극적, 현상학적 모델에 반대한다(Butler, 1988: 520). 버틀러에게 젠더는 언제나 행위다. 그러나 "그 행위에 앞서 존재하는 것으로 여겨지는 주체"는 상정되지 않는다. 버틀러는 니체를 따라 행위 배후의 행위자를 폐기한다.[29] 버틀러에 따르면 "젠더

28 어떤 인간도 여자 아니면 남자로서의 '몸'을 가져야만 하고, 어떤 인간도 여자 아니면 남자로 행동해야 한다. 정체성은 가장 일차적으로 '젠더 정체성'으로 확인된다. 모든 인간은 이분법적인 섹스/젠더에 속하는 존재로서만 정당성을 갖는다.

29 버틀러는 니체의 『도덕의 계보』를 인용한다. "행위, 수행, 과정 뒤에는 어떤 '존재'도 없다. '행위자'는 그 행위에 부가된 허구에 불과하다. 행위만이 전부다"(버틀러, 2008: 181).

표현물 뒤에는 어떠한 젠더 정체성도 없다. 정체성은 결과라고 알려진 바로 그 '표현물' 때문에 수행적으로 구성된다"(버틀러, 2008: 181). 그뿐 아니라, 체현적 주체 이론과 인간 행위 이론이 몸 그 자체를 의미와 정체성의 원천으로 보는 데 반해(Jagger, 2008: 23), 버틀러에게 몸은 '하기'를 통해 구성된다. 어떤 몸이 되는가, 어떤 몸으로 해석되는가는 바로 '하기'의 결과라는 것이다. "젠더적 실재reality는 수행적이다. 수행된 것으로 외화될 때에만 젠더는 현실이다"(Butler, 1988: 527).

버틀러의 '젠더 하기'가 전제하는 몸과 젠더 수행, 또는 행위자와 행위의 관계는 역전되어 있는 것처럼 보인다. 이 구도에서는 몸이 젠더 수행의 토대가 아니라 젠더 수행이 몸을 구성하며, 행위자는 행위의 원인이 아닌 결과로 위치지어진다. 이러한 버틀러의 주장은 두 가지 반론을 야기해 왔다. 그 하나는 물리적 실재로서 몸의 존재에 대한 버틀러의 부정이 의미하는 바가 무엇인가라는 물음과 연관되고, 다른 하나는 '행위자'를 상정할 수 없는 버틀러의 이론에서, 저항과 전복의 가능성은 있는가라는 물음과 연관된다.

먼저 첫 번째 반론은 다음의 물음들로 구체화된다. 모든 것이 문화적 해석이라면, 모든 것이 권력의 구성물이라면, 몸은 어떠한가? 모든 것이 구성이라면 섹스와 젠더의 구분은 무의미해진다. 또한 모든 것이 구성이라면 오직 언어만이 존재할 뿐, 어떠한 세계 연관도 찾을 수 없는 것이 아닌가? 토대로서의 몸은 과연 부정될 수 있는가?[30] 버틀러는 이러한 반론들에 직면하여, 젠더 수행성과 몸 구성의 상관성에 대한 자신의 사유를 설명하고자 한다. 그러면서 "성의 규제적 규범들이 수행적 작용 방식에 따

30 "우리가 새나 공룡이나 사자의 몸을 가질 수도 있었을 테지만, 우리는 그렇지 않다. 그리고 이 사실이 우리의 선택을 특징짓는다. 문화는 우리의 육체적 실존을 어떠한 측면에서 형성하고 재형성할 수 있다. 그러나 문화가 우리 몸의 모든 측면들을 형성하지는 않는다. [……] 이것은 페미니즘에도 중요한 사실이다"(Nussbaum, 1999: 8).

라 육체의 물질성을 구성하고, 좀 더 특수하게 육체의 성을 물질화하게 되며, 결국 이성애적인 정언명령의 공고화를 통해 성적 차이를 물질화시키게 된다[필자의 강조]"고 주장한다(버틀러, 2003: 23). 그러나 이 주장은 충분한 답이 되지 못하는 듯하다. 어떻게 규범이 물질화되는가? '물질화'란 무엇인가? 몸이 물질화의 결과라고 하는 버틀러의 주장이 의미하는 바가 충분히 밝혀지지 않는 한, 버틀러의 젠더 이론은 모든 것을 언어나 담론으로 환원하는 주장으로 보일 뿐이다. "모든 것이 담론이라면 과연 육체에는 어떤 일이 일어날 것인가? 모든 것이 텍스트라고 한다면 폭력 및 육체의 손상의 경우는 어떠할 것인가?"(버틀러, 2003: 65).

버틀러가 섹스의 물질성을 부정하는 것은 아니다. 섹스 자체는 그것의 물질성 속에서 이해될 수 있으며, 그렇게 이해되어야만 할 때도 있다. 단지 버틀러는 "육체의 물질성은 그것의 규제적 규범의 물질화와 분리된 채 생각될 수 없다"고 주장하는 것이다. 버틀러의 '규제적 규범의 물질화'는 다음의 두 가지 의미로 읽힌다. 그 하나는 규제적 범주가 특정한 실재를 구성한다는 관점이다. 즉 두 개의 섹스라는 범주는 실재하는 모든 다양한 섹스들과 그들의 차이를 '두 개의 범주'로 포획한다. 의미 이전의 물질들을 일정한 의미화와 표상 체계에 맞추어 일정한 형태로 해석한다. 그 과정을 거쳐, 결국 각각의 섹스는 그 둘 중 하나에 속하는 것으로서만 파악된다. 두 개의 섹스라는 규제적 범주는 이제 몸의 다양성들을 두 개의 범주 안에서만 실재하는 것으로 만든다. 그 범주의 밖에 놓이는 모든 '다름들'은 비실재로 폐기되거나 억제되거나 은폐된다. '규범의 물질화'가 함축하는 또 다른 하나의 관점은, 주어진 범주에 맞는 물질이 되도록 주조한다는 것이다. 물질은 의미화의 체계와 구성적 권력에 맞추어 변형의 과정을 거친다. 그 변형의 역사 이후에, 원래 '주어진 것'으로서의 물질성은 더 이상 찾을 수 없다.[31] 결국 물질성은, 푸코의 개념으로 재해석한다면, 규범과 규제적인 법 안에서, 규율 권력을 통해 '형태화'된다. 그런데 이 형태화는 과정적인 것이다. 몸의 구성은 반복적 행위들 안에서, 규준에, 통념에, 관습적 표상에 근접해 가며, 거기에 머무르고자 하는 과정 안에 있다. 젠더 규범이 실재가 아닌 이상ideal을 물질화하는 것인 한, 이 과정은 완수될 수 없는 끊임없는 일상적 추구 행위의 반복을 의미한다.

버틀러는 두 개의 젠더라는 규제적 법이 몸을 물질화하는 과정을 젠더 수행성이라는 개념으로 설명한다. 버틀러에게 젠더 수행성은 반복적이고 의례적인ritual 행위, 문화적으로 유지된 시간적 지속성의 행위이자, '몸의 자연화'로 드러나는 행위다. 이 과정을 거치면서 몸은 자연적으로 '주어진 것'이라는 담론이 지배적인 힘을 발휘하게 된다. 그리고 몸이 자연이 되면, 그것은 섹스와 젠더 체계를 공고화하는 가장 강력한 토대로 힘을 발휘하게 된다. 그러나 몸의 자연화 그리고 규범의 물질화는 반복적이고 의례적이면서 일상적인 수행성의 효과다. 그 구성은 시간 속에서 일어나는 과정적 사건이다. 이 설명은 두 개의 섹스, 두 개의 젠더가 본질의 표현이 아닌, 반복적 인용과 행위의 축적 효과라는 사실을 보여 준다. 또한 이 반복적 인용과 수행은 이상화된 젠더 규범을 따르는 실행이라는 사실도 드러낸다.

버틀러의 젠더 수행성 이론에 대한 두 번째 반론은, 행위자 주체의 존재적 독립성을 부정하는 버틀러에게 주어진 젠더 체계의 전복은 가능한가라는 질문으로 제기된다. 버틀러에게 이 강제된 이분법적 젠더 질서는 어떠한 권력인가? 우리는 모두 그 결과물일 뿐이고, 행위자는 행위의 결

31 버틀러는 '물질성' 개념도 하나의 역사, 또는 하나 이상의 역사를 가지고 있다는 사실로부터, 물질성이 단순히 주어진 것이 아님을 보여 주고자 한다. 「의미를 체현하는 육체」라는 글에서 버틀러는 물질 개념을 해체하기 위해 고대 철학에서부터 물질 개념이 어떻게 자리매김되어 왔는지를 개념 사적으로 읽는다. 그 결과 담론으로부터 자유로운 독자적 물질성은 있을 수 없음을 보여 준다(버틀러, 2003: 63-116).

과로만 인정되는 것이라면, 버틀러의 주장은 어떠한 전복적 힘도 가질 수 없는 것이 아닌가? 그러나 전복이 불가능해 보이는 구조에서도, 버틀러는 젠더 전복의 가능성을 강변한다(버틀러, 2008: 326-350).[32] 버틀러는 젠더 수행을 젠더 입고 벗기, 가면 쓰기와 같이 쉽게 탈부착할 수 있는 것으로 보지 않는다. 여자 또는 남자를 연기하고, 여자 또는 남자의 가면을 쓸 수 있지만, 이 연기나 가면 쓰기가 규제적 법에서 완전히 자유로울 수는 없기 때문이다. 젠더 체계는 강한 권력이고, 그로부터 완전히 독립적인 구성 이전의 행위자는 없다. 그러나 버틀러는 수행성의 '반복성'과 '시간성'에서, 강제된 규제적 법의 균열 가능성을 발견한다. 버틀러는 데리다(Derrida, 1988)가 재해석한 언어 행위 이론을 근거로,[33] 반복이 완전한 동일성에 도달할 수 없는, 차이를 만들어내는 차이화의 공간이라는 사실을 지적한다.[34] 수행성은 버틀러에게 행위자인 주체의 관점에서 선택할 수 있는 자의성의 공간이 아니다(Jagger, 2008: 33). 그러나 버틀러는 반복과 인용의 열려 있는 과정이 전복적 수행의 가능성과 행위성을 지켜준다고 주장한다. 비록 이 수행성의 차원에서 주체는 담론적 관습과 분리

32 버틀러는 드랙drag의 젠더 교차적 수행이 젠더 체계의 전복 가능성을 보여 주는 예라고 주장한다. 이 주장은 버틀러가 애써 강하게 주장한 규범의 강제성에 대한 분석과는 '다른' 체계를 보여준다.

33 재거는 버틀러가 데리다의 해체적 관점을 통해 푸코 권력 이론의 한계를 넘어 저항 가능성을 되살리고 있다고 본다(Jagger, 2008: 44-45).

34 버틀러는 수행성 개념을 '연극 모델'에서 '언어 행위 이론 모델'로 옮긴다. 초기 논문인 "Performative Acts and Gender Constitution"과 『젠더 트러블』에서는 버틀러가 확실히 '연극 모델'로 수행성을 형상화하려고 했다. "젠더는 예행 연습을 해오고 있는 행동이다. 또한 특정한 연기자가 사용하는 각본이 살아 있다. 그러나 그것이 현실화되고 현실로 다시 재생산되기 위해서 개인 연기자를 요구한다. [……] 각본이 다양한 방식으로 연기되어야 하는 것처럼, 그리고 연극이 텍스트와 해석 모두를 요구하는 것처럼, 젠더화된 몸도 문화적으로 한정된 육체적 공간 안에서 행동하고, 이미 존재하는 지시에 따라 해석들을 연기한다"(Bulter, 1988: 526). 반면, 『의미를 체현하는 육체』 이후에는 언어 행위 이론의 수행성performativity을 근거로 젠더를 설명하려고 한다. 그것은 버틀러의 수행성 이론이, 가벼운 역할 바꾸기나 가면 쓰기로 읽히는 것에 대한 부담에서 벗어나, 규제적 규범과 연기 또는 수행의 관계를 좀 더 명확히 설정하기 위한 시도로 읽힌다.

될 수 없고 주체가 그것에 의해 구성되는 것이라 할지라도 그것에 반대하고 그것을 고칠 가능성은 있다고 보는 것이다(Jagger, 2008: 36). 버틀러에게 행위자의 행위성은 행위의 배후에 있는 독립적이고 고정된 주체가 아니라, 반복적 수행을 통해 구성되지만, 그것의 반복 안에서 그리고 그것의 반복을 통해 균열을 만드는, 그 행위의 효과다. 그런 의미에서 "버틀러의 수행성 이론은 보편적이고 초월적인 주체 그리고 그것이 기반을 두고 있는 젠더 위계를 거부하면서, 역사와 문화 안에서 주체의 형식화를 위치 짓는 방식으로 주체성을 이론화하고자 한다"(Jagger, 2008: 36).

## 6. 나오는 말

버틀러의 목적은 젠더화된 삶에 배어 있는 습관적이고 폭력적인 전제들, 그로 인해 배제되는 가능성들을 계보학적으로 탐구하는 것이다. 버틀러는 젠더/섹스/섹슈얼리티 체계의 공속성을 밝히면서, 강제적 이성애 규범이 이 공속 관계를 작동시키고, 강화 · 재강화하면서 자연화한다는 사실을 밝혀낸다. 버틀러는 이러한 탐구를 "우리는 여자로 태어나는 것이 아니라, 여자가 된다"는 보부아르의 명제에서 시작한다.

'여자 되기'가 '태어나는 것'으로서의 자연이 아닌, '되어야만 하는' 규범으로서의 사회적 강제라는 사실을 밝힌 보부아르의 명제가, 여성과 남성을 탈자연화하는 데 성공했다면, 그것을 더 급진화시킨 버틀러의 논의는 자연과 문화, 몸과 관습, 섹스와 젠더라는 구분 자체를 포함하여, 이 모든 이분법적 체계를 구성하는 것이 담론적 권력, 규제적 규범의 효과라는 사실을 밝혀내고자 한다.[35]

버틀러의 '젠더 하기'를, 보부아르 읽기를 포함한 현상학적 체현 이론으로부터 추적하는 작업은, 버틀러에게 덧씌워지는 몇 가지 날카로운 의심의 방향을 바꾸어 줄 계기가 될 수 있다. 그 하나는 버틀러를 '담론 환원론'으로 보는 관점이다. 버틀러는 몸의 존재나 토대로서의 물질을 부정하지 않는다. 현상학자들에 동의하면서, 버틀러는 몸이 체현으로 실재함을 의심하지 않는다. 단지 버틀러에게는 몸이 체현의 범주나 규범을 정향할 수 있는 '이전에 있는 것'이 아니라는 사실이 중요한다. 몸의 체현을 가능하게 하는 것은 이미 담론이며 권력이기 때문이다. 다른 하나는 버틀러의 '수행성' 개념과 연관된 의심이다. 버틀러의 수행성은 쉽사리 '연극 모델'로 환원되어, 쉽게 탈피할 수 있거나 바꿀 수 있는 것으로 표상된다. 그러나 버틀러의 수행성은 완전한 동일성으로 환원되는 불변의 원리나 본질은 아니지만, 강제적 힘과 법에 의해 강요되는 양식이다. 설령 다른 양식을 선택한다 하더라도, 그 양식은 완전히 개인적인 것일 수 없다. 버틀러가 가능성의 장으로 가져오는 것은, 섹스/젠더 체계의 전면적인 전복이 아닌, 균열이다.

버틀러는 현상학적 체현 이론에서 출발해, 섹스/젠더 체계를 해체하고자 한다. 버틀러는 자신의 논의를 여전히 구성주의 대 본질주의의 논쟁지대로 끌어들이려는 반론들은, 자신이 시도하고 있는 해체의 핵심을 파악하지 못한 것이라고 지적한다. 버틀러에게 해체적 작업의 핵심은 모든 것이 구성되어 있다고 주장하는 것이 아니라, "담론에 의해 구성된 것의

35 페미니즘 젠더 이론에서 젠더 범주는 두 가지 의미 층위를 갖는다. 젠더는 우선 생물학적 섹스와 구분되는 사회적 여성성과 남성성을 의미한다. 사회적으로 만들어진 '여성성, 남성성'이 젠더라는 것이다. 다른 한편 젠더는 이 사회적 '여성성, 남성성'을 만드는 권력 체계를 의미한다. 이때 젠더는 '여성성, 남성성'이 아니라, '여성성, 남성성'이라는 구분을 만들어내는 힘이고 이 힘을 분석하는 관점이다(Scott, 1996). 버틀러에게 젠더의 의미도 이 두 층위를 오간다. '젠더 하기'를 말할 때, 버틀러는 전자의 의미로 젠더 개념을 사용한다. 한편 더 포괄적으로는 후자의 의미에서 젠더를 규제적 규범으로, 사법적 법으로, 규율 권력으로 이해하기도 한다. 그러나 권력으로서 젠더는 수행으로서 젠더를 통해서만 현실화된다.

'외부'가 존재하기는 하지만, 이러한 외부는 담론의 경계를 넘어서거나 이러한 것들에 대립되는 존재론적 현존재도 아니며, 절대적인 '외부'도 아니라는 사실"을 드러내는 데 있다. 버틀러의 해체는 담론이 하나의 젠더나 주체-타자의 관계를 구성하는 '매트릭스'를 읽는 작업이다.

## 참고 문헌


니콜슨, 린다, 「젠더」, 『여성주의 철학 1』, 앨리슨 M. 재거 · 아이리스 마리온 영 편, 한국여성철학회 옮김, 서광사, 2005.

버틀러, 주디스, 『의미를 체현하는 육체 : "성"의 담론적 한계들에 대하여』, 김윤상 옮김, 인간사랑, 2003.

_____, 『젠더 트러블』, 조현준 옮김, 문학동네, 2008.

보부아르, 시몬 드, 『제2의 성 상(上)』, 조홍식 옮김, 을유문화사, 2002.

_____, 『제2의 성 하(下)』, 조홍식 옮김, 을유문화사, 2005.

브라이도티, 로지, 『유목적 주체 : 우리 시대 페미니즘 이론에서 체현과 성차의 문제』, 박미선 옮김, 여이연, 2004.

살리, 사라, 『주디스 버틀러의 철학과 우울』, 김정경 옮김, 2007.

스콧, 조운 W., 「젠더와 정치에 대한 몇 가지 성찰」, 『여성과 사회』 제13권, 한국여성연구소, 2001.

신옥희, 「여성 · 실존 · 타자 : 실존철학의 타자 개념과 현대 여성학」, 『여성학논집』, 제4권, 이화여자대학교 한국여성연구원, 1987.

_____, 「타자에서 주체로 : 시몬 드 보부아르의 여성 해방 사상과 현대 페미니즘」, 『한국여성철학』, 제11권, 한국여성철학회, 2009.

이진우, 「계보학의 철학적 방법론: 니체와 푸코를 중심으로」, 『철학연구』 제73집, 대한철학회, 2000

크룩스, 소냐, 「실존주의와 현상학」, 『여성주의 철학 1』, 앨리슨 M. 재거 · 아이리스 마리온 영 편, 한국여성철학회 옮김, 서광사, 2005.

티드, 우르술라, 『시몬 드 보부아르, 익숙한 타자』, 우수진 옮김, 앨피, 2007.

해러웨이, 다나 J., 『유인원, 사이보그, 그리고 여자: 자연의 재발명』, 민경숙 옮김, 동문선, 2002.

Butler, Judith, "Sex and Gender in Simone de Beauvoir's *Second Sex*," *Yale French Studies*, No. 72, 1986.

_____, "Variations on Sex and Gender: Beauvoir, Wittig, Foucault," *The Judith Butler Reader*, ed. by Sara Salih, Oxford: Blackwell Publishing, 1987.

_____, "Performative Acts and Gender Constitution: An Essay in Phenomenology and Feminist Theory," *Theatre Journal*, Vol. 40, No. 4, 1988.

Derrida, Jacques, "Signatur Ereignis Kontext," *Randgänge der Philosophie*, Wien: Passagen Verlag, 1988.

Foucault, Michel, "Nietzsche, die Genealogie, die Historie," *100 Jahre philosophische Nietzsche-Rezeption*, hg von Alfredo Guzzoni, F/M: Verlag Anton Hain Meisenheim, 1991.

Jagger, Gill, *Judith Butler: Sexual Politics, Social Change and the Power of the Performative*, London and New York: Routledge, 2008.

Nicholson, Linda, "Interpreting Gender," *Signs*, Vol. 20, No. 1, 1994.

Nussbaum, Martha(1999), "The Professor of Parody," The New Republic Online http://www.tnr.com/index.mhtml.

Pilardi, Jo-Ann, "Feminists Read *The Second Sex*," *Feminist Interpretations of Simone de Beauvoir*, ed. by Margaret A. Simons, University Park: The Pennsylvania State University Press, 1995.

Scott, Joan W., "Gender: Eine nützliche Kategorie der historischen Analyse," *Texte zur Literaturtheorie der Gegenwart*, hg. von Dorothee Kimmich u. a., Stuttgart: Reclam, 1996.

Zerilli, Linda M. G., "A Process without a Subject: Simone de Beauvoir and Julia Kristeva on Maternity," *Signs*, 1992.

# 제2부

# 전근대 타자의 위치와 젠더 정체성

# 조선 전기 기처棄妻 규제 정책의 영향과 한계*

박경

## 1. 들어가는 말

조선 시대에 혼인 관계 해소는 주로 사사로이 행해졌으며, 이는 사료상에 '(처를) 버리다[棄]', '(처를) 내쫓다[黜 혹은 出]' 등으로 표기되었다. 그런데 한편으로 조선 정부에서는 양반들이 처를 버리거나 내쫓는 행위를 거의 승인해 주지 않았으며, 이유 없이 처를 버린 남편은 처벌 대상이 되었다. 그렇다면 표면상으로 부처 관계에서 상대적 약자인 처를 보호하는 정책으로 보이는 이러한 기처 규제 정책의 시행으로 과연 처가 보호될 수 있었을까? 이 문제를 비판적으로 검토함으로써 기처 규제 정책의 성격과 함께 이 시기 여성의 타자화가 어떠한 형태로 진행되었는지를 살펴

* 이 글은 『사학연구』 98호(2010)에 수록된 「조선 전기 기처棄妻 규제 정책의 영향과 한계」를 이 책의 기획 의도에 따라 수정·보완한 것이다.

보고자 한다.

조선 시대에 혼인은 삼강三綱의 근본으로 매우 중요하게 인식되었다. 따라서 조선 초부터 위정자들은 유교적 명분에 부합하는 혼인 의례와 부부 관계를 정착시키기 위한 정책들을 추진해 나갔다. 중혼重婚을 금지하고 친영례親迎禮를 장려하는 등 조선 초 일련의 정책들은 이러한 배경에서 이루어졌다. 조선 시대에 혼인 정책은 유교적 사회 질서 확립을 추구하던 조선의 위정자들이 중요하게 여기던 부분이었다.

또한 전근대 시대에 관직 생활을 통해 자신의 입지를 넓히는 것이 불가능했던 여성은 가족 내에서의 위상에 따라 그 생활이 크게 달라졌다. 따라서 전근대 시대 정부의 가족 정책은 여성의 삶에 지대한 영향을 미칠 수밖에 없었다. 특히 혼인은 가족 형성의 계기가 되는 시점이라는 점에서 중요하다. 따라서 혼인 형태, 이혼, 재혼에 관한 기준을 제시한 혼인 정책은 여성의 위상을 설명할 때 간과할 수 없는 중요한 부분이다.

이 때문에 그동안 혼인은 가족 연구와 여성사 연구의 주요 주제가 되어왔다. 특히 친영례의 장려, 중혼의 금지, 재가再嫁 규제 등은 조선 전기 혼인 연구의 주요 논점이 되었다.[1] 이 글에서 살펴보고자 하는 이혼에 관해서는 초창기에는 가족 연구나 혼인 연구의 일부로 다루어졌으나 최근에는 이혼을 주제로 한 연구도 행해지고 있다(김두헌, 1969: 482-531; 장병인, 1997: 225-283; 장병인, 1999).

그동안 조선 시대 이혼 연구에서는 주로 조선 정부의 이혼 규제의 실상

1 이에 대한 주요 연구 성과를 살펴보면 다음과 같다.
김두헌, 『한국가족제도연구』, 서울대학교출판부, 1969; 김일미, 「조선의 혼속 변천과 그 사회적 성격: 이조 전기를 중심으로」, 『이화사학연구』 4, 1969; 장병인, 「조선 전기의 혼인제도와 여성의 지위」 『역사비평』 25, 1994; 이순구, 「조선 초기 종법의 수용과 여성 지위의 변화」, 한국정신문화연구원 박사학위 논문, 1994; 장병인, 『조선 전기 혼인제와 성차별』, 일지사, 1997; 장병인, 「조선 전기 국왕의 혼례 형태: '가관친영례'의 시행을 중심으로」, 『한국사연구』 140, 2008.

에 초점이 맞추어져 있었다. 그 중에서도 『대명률』에서 칠출七出로 규정된 칠거지악七去之惡이 조선에서도 그 영향력을 발휘했는지가 주요 관심사였다. 이 연구들에서는 칠출 중 일부만 이혼 사유가 되었다는 사실을 밝혔다. 칠출 중 음행淫行이 가장 주요한 이혼 사유가 되었으며, 시부모에 대한 불효 역시 이혼 사유가 되기도 했다는 점은 공통적으로 지적된 사항이다. 또한 조선 정부에서 엄격하게 이혼을 제한했다는 사실을 지적해 왔다(김두헌, 1969: 491-497; 장병인, 1997: 249-260; 장병인, 1999; 박경, 2000: 187-190). 그런데 최근 조선 후기 연구에서 정부에서는 이혼 승인을 극도로 억제했지만 사적으로 처를 버리거나 내쫓는 일이 이루어졌다는 점이 지적되기도 했다(정해은, 2010).

조선 정부에서 이혼 승인을 엄격하게 제한했다는 사실과 이러한 정부 정책과 별도로 현실에서는 사적으로 처를 버리거나 내쫓는 형태의 혼인 관계 해소가 이루어졌다는 사실은 모두 사료상에 나타나는 사실이다. 그런데 조선 시대에 정부에서 이혼을 엄격하게 제한했다는 연구는 당시의 혼인 관계 해소의 형태가 반드시 사법적 · 행정적 절차를 거쳐야 하는 현재의 이혼과 다르다는 사실을 전제하지 않은 상태에서 행해졌다. 그리고 본문에서 구체적으로 살펴보겠지만 조선 정부의 이혼 승인 여부의 판단은 처를 버린 사실이 있었을 때 이루어졌다. 따라서 이혼을 엄격하게 제한했다는 사실은 남편에 의한 사적인 혼인 관계 해소와의 연관성 속에서 이해되어야 할 필요성이 있다. 또한 정부의 이혼 승인의 사례만을 분석한 기존 이혼 연구의 한계를 인식하고 이혼을 극도로 제한하는 정부의 정책과 사적인 혼인 관계 해소가 함께 존재했다는 사실을 지적한 연구에서도 이 두 가지가 어떠한 방식으로 공존하고 있었는지에 대해서는 검토하지 않았다.

이러한 판단에 따라 필자는 불법적 혼인 등에 대해 관이 주도하여 이혼

시키는 형태를 제외한 조선 시대 혼인 관계 해소를 남편이 처를 버린 행위에 대한 정부의 개입이라는 차원에서 이해하고, 남편에 의한 사적인 혼인 관계 해소에 대한 정부의 규제의 정도를 검토했다. 이러한 작업을 통해 과연 조선 시대 기처 규제 정책이 당시 혼인 관계 해소 시 처를 보호하는 기능을 어느 정도 수행했는지에 대해 재검토하는 계기를 마련하고자 했다. 이는 당시 기처 규제 정책의 성격과 여성의 처지를 규명하는 데 일정한 역할을 담당할 수 있으리라고 생각된다. 시기는 조선의 혼인 관련 정책의 기반이 마련된 15세기를 중심으로 살펴보았다.

이를 위해 2절에서는 남편이 처를 버리는 행위에 대해 당시 사회에서 혼인 관계가 해소된 것으로 인식했는지, 그리고 기처棄妻 행위 후 관에 신고 혹은 허락을 받는 절차가 있었는지에 대해 검증하고자 한다. 그리고 3절에서는 15세기의 기처 규제의 실상과 그 영향에 대해 살펴보도록 하겠다. 마지막으로 4절에서는 2, 3절의 논의를 바탕으로 기처 규제 정책이 실제로 처의 지위를 보호하는 기능을 어느 정도 수행했는지를 검토하고자 한다.

## 2. 기처의 실태

### 혼인 관계 해소에 관한 용어

기처에 대해 살펴보기 전에 우선 조선 시대 혼인 관계 해소를 지칭한 용어에 대해 간단하게 검토해 보고자 한다. 이는 이 글의 논의 전개의 편의를 위한 것이고 이에 대해 심도 있게 논의하고자 하는 것은 아니다. 이에 대해서는 장병인의 연구가 있는데, 그는 이혼 용어를 이이離異, 출처出

妻, 휴기休棄, 기별棄別, 기처棄妻, 이혼離婚으로 나누어 설명했다(장병인, 1997: 229-237). 이 설명에 대해서는 별 이의가 없지만 여기에서는 이 글의 논의 전개에 유용한 방식으로 재구성하여 기술하고자 한다.

이 용어들은 우선 혼인 관계 해소를 주도한 주체가 관인지 남편인지에 따라 분류할 수 있다. 관에 의해 행해진 혼인 관계 해소는 이이, 이혼이고, 이 밖에는 남편에 의해 행해진 사적인 혼인 관계 해소를 지칭하는 용어다. 불법으로 혼인이 이루어졌거나 의절義絶해야 할 사안이 있을 때 관에서 혼인 관계를 해소시키기도 했는데, 이를 '이이離異'라고 했다. '이혼離婚'도 이이와 비슷한 의미로 사용되었지만 그 용례가 극히 드물다. 관에서 혼인 관계를 해소시키는 것을 의미하는 법적 용어가 '이이'인데다 실록에도 거의 대부분 '이이'라고 기록되어 있다는 점을 고려해 볼 때 관에서 혼인 관계를 해소시키는 것을 '이이'와 등치시킨다고 해도 무방할 것이다.[2]

나머지는 이 글에서 주로 다루고자 하는 사적인 혼인 관계 해소를 지칭한다. 실록에서는 사사로이 행해진 혼인 관계 해소에 대해 주로 '버리다[棄]'나 '내쫓다[黜 혹은 出]'라는 동사를 사용했다. 장병인이 분류한 이혼 용어의 '기처', '출처'가 이에 해당한다. '기'와 '출'은 행위이고, 처는 대상이다. 즉, 버려지거나 내쫓긴 대상은 처였다. 사료상에서는 처 자리에 조강지처糟糠之妻, 적처嫡妻, 정처正妻, 그 자식이 있는 정처[其有子正妻] 등이 기재되어 있기도 하며, 처의 성, 혹은 처를 대명사 지之로 받기도 하는 등의 형태로 나타난다. 버림받거나 내쫓김을 당하는 대상이 처라는 점에서 '기처'와 '출처'는 이 모두를 대표할 수 있는 용어라 할 수 있다. 따라서 이를 용어로 사용하는 것이 가능하다. 그러나 당시에는 '기처', '출

2 조선에서는 『대명률』을 포괄적으로 수용하여 조선의 형률로 이용했는데, 『대명률』의 혼인 관계 규정을 살펴보면 관에서 혼인 관계를 해소시키는 것을 '이이'라고 지칭했음을 확인할 수 있다.

처'가 용어로 사용되기보다는 동사(기, 출)와 목적어(처)로 사용되었고, '기'와 '출' 자체가 혼인 관계 해소를 의미했다. 따라서 이 글에서 사료를 인용하거나 사료에 기재된 사실을 서술할 때에는 '버리다', '내쫓다' 등으로 원문의 의미를 살려 기술했다.

필자가 이에 대한 용례를 뽑아본 결과 가장 많이, 그리고 광범위하게 사용된 용어는 '버리다'의 의미를 지닌 '기棄'였다.[3] '기棄' 다음으로 많이 사용된 용어는 '출[黜 혹은 出]'이었으며, '출出'보다는 '출黜'이 더 많이 사용되었다. 이 밖에 '거去', '병屛'이 소수 사용되었다. 따라서 이 글에서 사사로이 혼인 관계를 해소한 사례를 대표하여 지칭할 때에는 '버리다'를 사용했다. 그리고 사료 인용이나 사료의 내용에 대한 서술이 아닐 때에는 처를 버리는 행위를 기처 행위라고도 기술하여 문장의 간결함을 추구하기도 했다.

'기'가 가장 많이 사용되었던 용어인 만큼 사료상에는 '기'에서 파생된 '휴기休棄', '기거棄去', '기별棄別', '기절棄絶'과 같은 다양한 용어가 나타난다. '휴기'와 '기거'는 '기'와 그 의미가 다르게 사용되지는 않았다. 그런데 '기별'은 버리다는 뜻을 지닌 '기棄'에 헤어지다는 뜻을 지닌 '별別'이 합성된 용어로 남편이 처를 버리는 행위에 의해 헤어졌다는 것을 분명히 할 때 사용되었던 것으로 판단된다.[4]

이에 대한 이해를 돕기 위해 '기'와 '기별'이 함께 사용된 다음 용례를

3 '기棄'는 부부 관계에 사용될 때 '버리다'라는 의미로, 일반적으로 남편이 처를 버려 이혼 관계가 해소되는 것을 의미했지만 소수 '버려두다'라고 해석되는 경우도 있는데, 이 경우 '기'는 소박을 의미했다(『세종실록』 권99, 세종 25년 2월 25일 신해). 한편 '소기疎棄' 역시 주로 '소홀히 하여 버려두다'라는 의미로 소박을 지칭하는 경우가 많았다.

4 장병인은 '기별'의 여러 용례를 소개하며 정식으로 이혼한 관계를 지칭하는 경우에 많이 사용되었고, 그렇지 않은 경우에라도 혼인 관계를 사실상 청산한 경우에 많이 쓰였다고 했다. 본문에서 이 용어에 대한 필자의 용어 설명도 이에 크게 벗어나지 않으며, 장병인이 여러 용례를 소개하여 설명했기 때문에 자세히 해설하지 않고 의미 중심으로 간단하게 언급했다.

살펴보도록 하겠다.

> 처부모 전지田地를 체수遞受한 후 처를 버렸는데[棄], 그 처가 소訴를 제기하기를, "기별棄別한 남편이 내 부모의 전지를 받아먹는 것은 사정事情에 합당하지 않습니다. …[생략]…"[5]

이 기사에서는 처를 버린 사실은 '기棄'로 표기했다. 그리고 그 버린 처가 올린 소에서는 '기별棄別'이라는 용어가 사용되었다. 남편과 헤어졌다는 것을 부각시킴으로써 전 남편이 자기 부모의 과전科田을 체수하는 것이 온당치 않다고 주장했던 것이다. 다른 사례에서도 '기별'은 남편이 처를 버렸다는 사실 외에 헤어졌다는 의미를 부가하여 혼인 관계가 해소되었다는 사실을 분명히 할 때 사용되었던 것으로 파악된다. 이 밖에 '기절'이라는 용어도 15세기에 한 차례 사용되었는데, 용례가 많지 않아 그 의미를 명확하게 파악할 수는 없다. '처를 버려 부부 관계를 단절시켰다' 정도의 의미로 사용된 것으로 보인다.[6]

### 기처의 사회적 함의와 혼인 관계 해소의 절차

사료상의 단순 용례 수를 비교해 보면 관에서 혼인 관계를 해소시켰던 이이에 비해 처를 버리거나 쫓아내었다고 기록된 사례가 압도적으로 많다. 이이는 불법적 혼인이나 의절義絶의 정황과 같은 특수한 상황에서 이루어졌기 때문에 제한적일 수밖에 없었다. 반면에 처를 버리는 행위는 제

5 『태종실록』 권14, 태종 7년 12월 12일 신묘.
6 『세종실록』 권20, 세종 20년 정월 21일 병오.

한된 상황에서 발생하는 것이 아니라는 점에서 주된 혼인 관계 해소의 형태였다. 그렇다면 이렇게 사사로이 행해진 혼인 관계 해소에 관에서 어느 정도 개입했는지를 살펴보도록 하겠다. 이를 위한 첫 단계로 우선 당시에 처를 버린 것만으로 혼인 관계가 해소된 것으로 인식되고 있었는지에 대해 구체적으로 논증하고자 한다. 그리고 처를 버린 후 관에 신고하거나 허락을 받는 절차를 거쳐야 했는지에 대해 살펴보고자 한다.

15세기의 실록 기사를 살펴보면 처를 '버렸다[棄]', '내쫓았다[黜 혹은 出]'라고 한 후 남편의 재취 사실이 기록되어 있는 사례가 상당히 많이 나타난다. 그러나 남편이 처를 버린 후 재취했다는 사실만으로 당시에 혼인 관계가 해소된 것으로 인식되었다고 단정짓기에는 불충분하다. 반면 남편에게 버림을 받은 처가 재가한 사례는 남편이 재취한 사례보다 더 유의미한 사례라 할 수 있다. 남편의 처에 대한 의무보다 처의 남편에 대한 의무가 훨씬 무거웠던 당시에 처가 남편을 배반하는 행위는 무겁게 처벌되었기 때문이다. 특히 세종대 이후에는 혼인 관계가 해소되지 않은 상태에서 여성이 다른 사람과 혼인을 하여 발각되면 교형에 처해졌다. 따라서 처가 버림받은 후 재가한 사례를 상세히 검토함으로써 당시에 기처만으로 혼인 관계가 해소된 것으로 인식되었는지 여부를 살펴보도록 하겠다.

먼저 남편에게 버림받은 처가 재가한 몇몇 사례를 살펴보자.

(가) 변처후邊處厚는 성품이 경박했다. 이원계李元桂의 딸을 맞아들였는데, 본래 홍로洪魯의 버린 처[棄妻]였다. 처의 세력에 의지하여 등용되기를 희망하고 직임에 부지런하지 않으니 사람들이 모두 비웃었다(태종 14년, 1414).[7]

(나) 양원충楊元忠이 그 처를 버리니[棄其妻], 칙금則金이 (그를) 아내로 삼았다(예종 원년, 1469).[8]

(다) 어세공魚世恭은 성품이 경박하고 골계滑稽를 좋아했다. 후에 심정원沈

貞源의 버린 처[棄妻]를 맞이하여 처로 삼았는데, 그 집이 부유했기 때문으로 당시의 평판에 이를 그르게 여겼다(성종 5년, 1474).[9]

이 사례들을 통해 당시에 버림을 당한 처가 재가했다는 사실을 확인할 수 있다. 또한 (가), (다)의 경우 사관들이 버림받은 처의 재가 사실을 서술하면서 후부後夫 성품의 경박함만을 문제삼았음을 알 수 있다. 이를 통해 당시 사람들이 처가 남편에게 버림을 당했다는 사실만으로 혼인 관계가 해소된 것으로 인식했으며, 따라서 이 경우 재가를 하는 것이 문제가 되지 않았음을 알 수 있다.

다음으로 왕과 관료들의 공적인 제안이나 의사 표명을 통해 이들이 남편에게 버림받은 처가 재가하는 것을 어떻게 인식했는지 살펴보자.

태종 6년(1406) 대사헌大司憲 허응許應이 올린 시무 7조 중에는 사대부의 정처로 세 남편에게 시집간 자를 자녀안恣女案에 기록하도록 하자는 항목이 있다.[10] 이 항목에서 그는 "지금 사대부의 정처正妻로 남편이 사망하거나 버림받은 경우[見棄者]에 혹 부모가 뜻을 빼앗기도 하고 혹 몸단장을 하고 스스로 중매하기도 하여 그 남편을 얻는 것이 두 번, 세 번에 이르러 절개를 잃고도 부끄러워하지 않으니 풍속에 누가 됩니다"라고 했다. 이 내용을 살펴보면 당시에 그는 남편이 사망한 것과 마찬가지로 남편에게 버림을 받은 것도 남편과의 관계가 끊어진 것으로 파악했음을 알 수 있다. 허응은 처가 남편에게 버림을 받으면 부부 관계가 끊어진다는 것을 인정한 상태에서 처가 남편에 대해 절개를 지켜야 한다고 주장했던 것이다.

세조 9년(1463) 영의정領議政 신숙주申叔舟 등은 전 순안현감順安縣監 강

7 『태종실록』 권28, 태종 14년 윤9월 1일 신축.
8 『예종실록』 권3 예종 원년 정월 24일 기묘.
9 『성종실록』 권5, 성종 5년 4월 28일 임오.
10 『태종실록』 권11, 태종 6년 6월 9일 정묘.

복康輻이 처를 두 번씩이나 버린 사건에 대해 검토하여 의논한 후 논의 결과를 왕에게 계문했다. 강복의 기처를 조사한데서 시작한 사안이지만 조사 도중에 강복의 처가 남편에게 자신을 버리도록 침핍侵逼했다는 사실이 문제가 되었다. 신숙주 등이 계문한 내용을 정리하면, 강복의 처가 남편에게 자신을 버리도록 침핍하고 시어머니의 상복을 벗고 길복吉服을 입고 상경하여 이준생李俊生에게 시집갔다며, 지아비를 배반하여 삼강을 훼손시킨 일이니 끝까지 조사하여 처벌해야 한다는 내용이었다.[11] 강복의 기처 사안에 대해 조사하다가 그 처의 죄를 청하게 되었던 것이다. 이 사안을 의금부에서 추핵하던 중 세조는 "강복의 처는 이미 기별의 글[棄別之文]을 받았고 그 어머니가 이준생에게 시집보냈으니 진실로 남편을 배반한 것이 아니다. 내버려두고 묻지 않는 것이 가하다."라고 전교했다.[12] 강복의 처가 처벌 대상으로 조사를 받게 된 것은 남편을 핍박하여 자신을 버리도록 했다는 이유에서였다. 세조는 이 사건의 정황은 제쳐두고 강복의 처가 남편이 보낸 기별 문서를 받은 후에 재가했다는 사실만을 강조하며 그가 처벌받지 않는 방향으로 사건을 처리하고자 했다. 세조는 물론 관료들도 기별한 후에 재가하는 것은 문제가 되지 않는다고 인식하고 있었기 때문에 이러한 전교를 내릴 수 있었던 것이다.

이렇게 일반인, 관료, 왕에 이르기까지 기처만으로 혼인 관계가 해소된 것으로 인식했기 때문에 그 후 처가 개가하는 것이 문제가 되지 않았던 것으로 보인다. 기처 후 남편이 재취한 사례가 많이 나타나는 것도 같은 차원에서 설명될 수 있다.

당시에 기처만으로 혼인 관계가 해소된 것으로 인식했다는 것은 법 제

11 『세조실록』 권30, 세조 9년 4월 25일 갑신.
12 『세조실록』 권30, 세조 9년 4월 29일 무자.

정에서도 드러난다. 태종 7년(1407) 처부모 전지를 체수한 후 처를 버린 경우에 관에서 회수하도록 하는 규정이 제정되었고, 세조대에도 이 규정 준수를 위한 부가 규정들이 제정되었다.[13] 기처를 혼인 관계 해소로 인정한 상태에서 법을 제정했던 것이다.

이렇게 15세기에는 사회 인식 차원에서나 법적 차원에서 기처 사실만으로 혼인 관계가 해소되었다고 보았다. 그렇다면 이번에는 기처 후 관에 신고하거나 허락을 받는 절차가 마련되어 있었는지의 여부를 살펴보도록 하겠다. 이는 성종 20년(1489) 경연 석상에서 대사간大司諫 안호安瑚가 관에 사유를 갖추어 고한 후에 기별하도록 하는 법을 세우자고 아뢰었으나 가납되지 않았던 사례를 통해 확인할 수 있다.[14] 15세기 조선에서는 관에 신고하거나 허락을 받는 절차 없이 기처 자체만으로 혼인 관계가 해소되었던 것이다.

그런데 사료상에는 조사와 논의 과정을 거쳐 왕이 최종적으로 기처에 대한 형량이나 이혼 여부를 결정했던 사례들이 나타난다. 그렇다면 이 경우 관에서 어떠한 과정을 거쳐 기처 사실을 인지했는지를 살펴보자.

첫째, 처를 버리거나 쫓아낸 남편 측에서 기처를 정식으로 인정받기 위해 관에 장고狀告하기도 했다. 남편 측에서 기처를 승인받기 위해 관에 고한 사례로는 이헌李憲이 기처 후에 사헌부에 그 사실을 고한 사례를 들 수 있다. 세조 3년(1457) 장천군長川君 이승평李昇平은 아들 이헌의 처 유씨柳氏가 지아비에게 불순하고 부행婦行이 없고 자신에게 욕을 하고 불효하므로 내쫓고 이헌으로 하여금 사유를 갖추어 사헌부에 고하게 했는데, 사헌부에서 수리하지 않고 도리어 이헌이 아무 이유 없이 처를 버렸다고 추

13 『태종실록』 권14, 태종 7년 12월 12일 신묘; 『세조실록』 권28, 세조 8년 5월 27일 신유; 『세조실록』 권37, 세조 11년 12월 16일 기축.

14 『성종실록』 권225, 성종 20년 2월 23일 신해.

국했다는 내용의 상언을 올렸다.[15] 이를 살펴보면, 이 사건의 발단은 이헌이 처를 버린 후 사유를 갖추어 사헌부에 고했던 데서 시작되었음을 알 수 있다. 이헌이 굳이 사헌부에 고했던 이유는 사헌부의 승인을 받아놓는 것이 뒤에 처를 버린 사실이 알려지는 것보다 유리할 것이라고 판단했기 때문인 것 같다. 뒤에 기처 사실이 알려져 이유 없이 처를 버렸다는 죄목으로 처벌되거나, 관직 제수 시에 서경署經을 받지 못하는 등의 불이익을 받을 가능성을 사전에 방지하고자 한 것이다. 실제로 이헌은 처를 버린 후 바로 사헌부에 고함으로써 원종공신이자 고관인 아버지의 도움을 받을 수 있었다. 아버지 이승평이 며느리가 불효 불순하고 부행婦行이 없어 내쫓고 자신이 아들로 하여금 사헌부에 고하게 했다고 세조에게 상언함으로써 세조의 이혼 승인을 받을 수 있었던 것이다.

둘째, 처 측에서 관에 기처가 부당하다는 사실을 호소하기 위해 사헌부에 고하기도 했다. 그 한 예를 살펴보면 성종 원년(1470) 구영안丘永安이 처 신씨申氏를 실행失行했다 하여 버렸는데, 이에 대해 처가에서 사헌부에 장고했다.[16] 결국 사면령 전의 일이라 하여 구영안은 처벌은 면제받고 처와 다시 완취完聚하도록 하는 처분을 받았다.[17]

셋째, 다른 소송 중에 기처 사실이 드러나는 경우도 있었다. 세종 20년(1438) 송반宋盤은 재산 소송 시에 서로 상대방을 비난하는 과정에서 그의 기처 사실이 사헌부에 알려져 처벌받게 되었다.[18]

그리고 마지막으로 처를 버리는 행위에 대한 조사와 양형을 관장했던 사헌부가 감찰 기관인만큼 제보를 받아 조사하는 경우도 있었을 것이다.

15 『세조실록』 권7, 세조 3년 3월 26일 기축.
16 『성종실록』 권5, 성종 원년 5월 5일 임오.
17 『성종실록』 권7, 성종 원년 8월 3일 무신.
18 『세종실록』 권80, 세종 20년 정월 21일 병오.

이렇게 15세기 조선에서는 관에 신고하거나 허락을 받는 절차 없이 기처 자체만으로 혼인 관계가 해소된 것으로 인식되었다. 다만 이유 없이 처를 버리는 행위는 처벌 대상이었기 때문에 남편 측, 혹은 처 측의 장고가 있거나 어떤 사유로 사헌부에서 사족의 기처 사실을 인지했을 경우에는 이 사안에 대한 조사가 이루어졌다. 이 조사 결과와 사헌부의 양형을 바탕으로 최종적으로 왕이 기처에 대한 형량과 이혼 승인 여부 등을 결정했던 것이다.

## 3. 기처 규제의 양상

### 사적 혼인 관계 해소에 대한 규제

2절에서 조선 시대에 혼인 관계 해소는 주로 사사로이 이루어졌으며, 이는 사료상에 '(처를) 버리다' '(처를) 내쫓다' 등으로 표기되었다는 점을 언급했다. 그리고 사법적 · 행정적 절차를 거치지 않고도 처를 버린 것만으로 혼인 관계가 해소된 것으로 인정되었다는 점을 밝혔다. 그러나 부부 관계가 인륜의 근본이라는 인식에 따라 유교적 가족 질서를 정착시켜 나갔던 조선의 위정자들에게 배필을 쉽게 저버리는 행위는 규제되어야 할 대상이었다.

당시에는 처가 남편을 버리는 행위는 용납되지 않았기 때문에 버림받는 대상은 처로 나타났다. 만약 그 반대의 경우에는 무거운 처벌이 뒤따랐다. 『대명률』에서는 처가 남편을 배반하고 도망하면 장 100에 처하고, 도망하여 개가하면 교형絞刑에 처하도록 했다.[19] 『대명률』을 포괄적으로 수용하여 형률로 이용했던 조선에서도 이 율이 적용되었는데, 세종 5년

(1423) 남편을 배반하고 개가했다 하여 전의판관典醫判官 황순지黃順之의 처 세은가이世隱加伊를 교형에 처한 사례가 그 첫 번째 적용 사례였다.[20] 이후로도 왕이 감형해 주지 않는 한 남편에게서 도망하여 개가한 여성은 교형에 처해졌다.

이러한 이유 때문에 남편과 헤어지고자 했던 여성들은 남편으로부터 기별 문서를 받기도 했다. 남편과 혼인 관계를 해소하자는 합의를 하지 않은 상태에서 처가 자신의 의지로 남편을 떠나는 경우 무거운 처벌을 받았다. 따라서 남편과 헤어지고자 했던 여성은 남편에게 버려졌다는 내용의 문서를 받아야 했던 것이다. 세종대 환관 한세보韓世甫의 처 박씨朴氏, 길주 사람인 김가물金加勿의 처, 세조대 양녀良女 분경分京의 사례가 남편과 헤어지고자 하여 남편을 핍박하여 기별 문서를 받았던 사례로 기록되어 있다.[21] 이 중 한세보의 처는 불응위사리율不應爲事理律의 적용을 받아 장 80에 처해졌다. 그리고 분경은 장 100에 처해졌는데 남편을 배반하고 도망한 율을 적용한 듯하다. 김가물의 처는 김가물의 방화 사건 때문에 기록에 남게 된 사례로 처벌 여부는 알 수 없다. 이렇게 기별 문서를 받아 표면상으로는 남편에게 버려진 형식을 취했더라도 이것이 처의 의사에 의해 행해졌다는 것이 발각되면 처벌되었다. 그리고 이를 살펴보면 사대부 처뿐 아니라 일반 양인도 처벌 대상이 되었음을 알 수 있다. 그만큼 처가 남편을 배반하는 행위는 신분에 관계없이 엄격하게 처벌되었던 것이다.

남편이 처를 버린 경우에도 처벌되었다. 이유 없이 처를 버린 경우에는 『대명률』 출처율出妻律을 적용했다. 『대명률』 출처조에서는 "처에게 마

19 『대명률』 권6, 호율, 혼인, 출처出妻.

20 『세종실록』 권22, 세종 5년 11월 1일 무인.

21 『세종실록』 권33, 세종 8년 9월 11일 신축; 『세종실록』 권58, 세종 14년 10월 29일 갑인; 『세조실록』 권3, 세조 2년 정월 11일 신사.

땅히 내쫓아야 할 정상이나 의절義絶의 정상이 없는데 내쫓으면 장 80에 처한다"라고 했다. 그리고 남편을 처벌한 후 내쫓긴 처와 완취完聚하도록 했다.[22] 이 조항에서 마땅히 내쫓아야 할 정상은 칠출七出, 즉 아들이 없는 것, 음란함, 시부모를 잘 모시지 않는 것, 말이 많은 것, 절도, 투기, 악질惡疾에 해당하는 경우를 의미한다.[23] 한편, 칠출에 해당하더라도 삼불거三不去에 해당하면 2등을 감하여 장 60에 처하도록 했다.

『대명률』에서는 칠출에 해당하면 처를 쫓아내는 것이 용인되었다. 이에 따르면 칠출에 해당하면 처를 쫓아내는 권한은 남편 측에서 가지게 된다. 그러나 조선에서는 처의 실행이나 신분이 문제가 되는 경우를 제외하고 이를 모두 용인하지는 않았다(김두헌, 1969: 496-497; 장병인, 1999: 49-55; 박경, 2000: 188-190 참조). 실행이 문제가 된 경우는 그 실행 여부를 조사하여 사실일 경우에는 그 여성을 처벌했고, 무고일 경우에는 남편을 무고율誣告律로 처벌했다. 그리고 시부모에게 불효한 경우 기처를 용인해 주기도 했지만 그 적용이 일률적이지 않았다(장병인, 1999: 50-51 참조). 이 밖의 항목은 거의 고려 대상이 되지 않았다고 해도 과언이 아닐 정도로 인정되지 않았다. 조선에서 이혼 허용 여부를 최종적으로 결정하는 것은 왕이었는데, 이때 조선의 왕들은 처가 간음한 경우 외에는 일반적으로 기존 혼인 관계를 지속시키는 방향으로 결정했다.

### 기처 행위에 대한 처벌 양상

그렇다면 처를 버린 자에 대한 처벌 실태를 살펴보도록 하겠다. 처벌

22 『대명률』 卷6, 호율, 혼인, 출처.
23 『대명률강해』 권6, 호율, 혼인, 출처出妻.

양상은 태종 이전과 세종대 이후에 다르게 나타난다. 우선 태종대 이전의 처벌 양상을 살펴보면 〈표 1〉과 같다.

태종대 이전까지의 처벌 실태를 살펴보면 다음 두 가지 특징을 발견할 수 있다.

첫째, 순수하게 처를 버렸다는 이유만으로 처벌된 사례가 없다는 점이다. 김우와 정복주는 처를 버리고 첩을 처와 같이 대우하거나 처로 삼았다.[24] 굳이 형률을 논하지 않더라도 첩을 처로 삼기 위해 처를 내쫓았다는 것은 신분 관념상으로나 명분상으로 다른 사대부들에게 배척당하는 사유

〈표 1〉 태종대 이전의 기처 행위에 대한 처벌

| 연번 | 처벌 연도 | 기처 행위자 〈관직〉 | 내용 | 양형 시 고려 사항 | 양형 〈담당 관사〉 | 최종 판결 (왕명) |
|---|---|---|---|---|---|---|
| 1 | 태조 4 (1395) | 김우金宇 〈장군〉 | 처를 버리고, 첩을 짝함 | | 기재되지 않음 〈사헌부〉 | 파직 |
| 2 | 태종 6 (1406) | 정복주鄭復周 〈전 첨절제사〉 | 옛 처를 버리고, 장사길張思吉의 기첩녀妓妾女를 맞이함 | 벼슬이 3품에 이르렀으니 혼인의 예를 알지 못하는 것이 아닐텐데 마음대로 행동하여 사풍士風에 누를 끼침 | 직첩을 거두고 율에 따라 논죄 〈사헌부〉 | 삭직削職하여 민民으로 삼음 |
| 3 | 태종 11 (1411) | 조말생趙末生 〈사헌부 집의〉 | 조강지처를 버리고 부잣집 딸을 다시 맞아들임 | 풍속을 어지럽혔으므로 사헌부 관원들이 그와 동료가 되려고 하지 않음 | 없음 | 면직 |
| 4 | 태종 13 (1413) | 곽운郭惲 〈장흥고사〉 | 자식이 있는 정처를 버리고 정용수鄭龍壽가 사망한 지 100일이 되기 전에 그 첩녀妾女를 첩으로 삼음 | | 죄의 과단科斷을 청함 〈사헌부〉 | 속장贖杖 60. 정처와 완취完聚 |

가 될 수 있었다. 곽운은 아버지가 상을 당하고 100일도 되지 않은 여성을 첩으로 삼았다.[25] 부모 상중의 여성을 첩으로 삼았다는 것은 예로 보나 형률로 보나 무겁게 처벌되어야 할 사안이었다. 조말생의 사례는 면직이 되었기 때문에 〈표 1〉에 포함시키기는 했으나 엄밀히 말하면 처벌 사례는 아니다. 도덕성이 담보되어야 하는 사헌부 관원에 적합하지 않아 면직된 사례일 뿐이다.[26]

둘째, 『대명률』 출처조에 의해 처벌된 사례가 없다는 점이다. 이는 순수하게 처를 버렸다는 이유로 처벌된 사례가 없다는 점과도 관련이 있다. 만나고 헤어지는 것이 좀 더 자유로웠던 고려 시대의 풍속이 잔존하는 상황에서 처를 버리는 것만으로는 도덕적으로 큰 문제로 인식되지 않았던 시대 상황이 반영된 것으로 판단된다.

그런데 세종대에 들어오면 그 양상이 달라졌다. 이를 살펴보기 위해 〈표 2〉에 세종대 기처 행위에 대한 처벌 양상을 정리했다.

〈표 2〉를 살펴보면, 우선 처벌 대상이 모두 관원이나 관원의 아들이었음을 알 수 있다. 그리고 기처의 이유로 처의 실행 여부가 거론된 8, 11을 제외하고는 사헌부에서 조사와 조율을 담당했다. 이는 처를 버리는 행위에 대한 처벌이 지배층의 도덕성 확보를 위해 행해졌음을 알려 주는 것이다. 남편을 떠난 처의 경우 양인 이하 계층을 처벌한 사례가 나타나는 것과 비교된다.

다음으로 세종 5년(1423) 이후에는 순수하게 처를 버린 행위에 대해 처벌하기 시작했다는 것을 알 수 있다. 그리고 법사에서의 양형을 살펴보면 12사례 중에 1~5, 9, 10의 7사례는 출처율로 과단科斷했다. 그리고 7

24 『태조실록』 권7, 태조 4년 6월 28일 경인; 『태종실록』 권12, 태종 6년 12월 19일 갑진.
25 『태종실록』 권12, 태종 6년 12월 19일 갑진.
26 『태종실록』 권21, 태종 11년 정월 7일 무진.

〈표 2〉 세종대 기처 행위에 대한 처벌

| 연번 | 처벌 연도 | 기처 행위자 〈관직〉 | 내용 | 양형 시 고려 사항 | 양형 〈담당 관사〉 | 최종 판결 (왕명) |
|---|---|---|---|---|---|---|
| 1 | 세종 5 (1423) | 김사신金士信 〈호군〉 | 이유 없이 자식이 있는 조강지처를 버리고 역적의 아들 박의손朴義孫의 처를 다시 맞아들임 | 풍속을 더럽혀 훼손시킴 | 장 80. 후처와 이이. 전처와 다시 완취完聚하게 함 〈사헌부〉 | 계문한대로 하되 직첩을 회수하지 말도록 함 |
| 2 | 세종 5 (1423) | 전의全義 〈판관〉 | 이유 없이 처를 버리고 다른 처를 다시 맞아들임 | | 장 80. 다시 완취하게 함 〈사헌부〉 | 따름 |
| 3 | 세종 5 (1423) | 홍수洪綏 〈부사정〉 | 기첩妓妾에 빠져서 가벼이 적처를 버림 | | 결장 80. 다시 완취하게 함 〈사헌부〉 | 따름 |
| 4 | 세종 5 (1423) | 이양李穰 〈호군〉 | 모호한 허물로 가벼이 정처를 버림 | | 장 80. 〈사헌부〉 | 공신의 아들이라고 하여 파직만 시킴 |
| 5 | 세종 5 (1423) | 김숙자金淑滋 〈성균 직학〉 | 자식이 있는 조강지처를 서얼이라 망령되이 칭하여 이유 없이 기별함 | | 장 80. 다시 완취하게 함 〈사헌부〉 | 따름 |
| 6 | 세종 5 (1423) | 손유孫紉 〈전 만호〉 | 기첩에 빠져서 허물이 없는 정처를 쫓아냄 | | 장 90 〈사헌부〉 | 따름 |
| 7 | 세종 7 (1425) | 이미李敉 〈성균 사성〉 | 처를 버리고 개취改娶함 | 비록 자식이 없더라도 아버지 상 3년을 함께 치렀으니 의리상 버릴 수 없음 / 죄가 사면령 전에 있었기 때문에 추핵할 수 없음 | 율문에 의해 다시 완취하게 함 〈사헌부〉 | 따름 |
| 8 | 세종 10 (1428) | 방구달房九達 〈군자 부정〉 | 혼인한 지 수일 만에 처녀가 아니라고 거짓으로 말하고 버림 | | 장 60 도 1년. 다시 완취하게 함 〈의금부〉 | 따름 |

| 연번 | 처벌 연도 | 기처 행위자 〈관직〉 | 내용 | 양형 시 고려 사항 | 양형 〈담당 관사〉 | 최종 판결 (왕명) |
|---|---|---|---|---|---|---|
| 9 | 세종 12 (1430) | 오척吳倜 〈부사직〉 | 천첩 중덕重德을 사랑하여 그 처 박씨朴氏를 버리고, 첩을 말에 태워 부채로 얼굴을 가리게 하여 양반 부녀자에 비기게 함 | | 장 80. 중덕은 본래 정역定役에 종사하게 함 〈사헌부〉 | 계한대로 하도록 함. 오척은 황친皇親이니 논하지 말도록 함 |
| 10 | 세종 26 (1444) | 김확金確 〈성균 주부〉 | 처의 허물을 주어모아 내쫓음 | | 장 80. 다시 완취하게 함 〈사헌부〉 | 따름 |
| 11 | 세종 27 (1445) | 박자형朴自荊 〈행 사정 박연朴堧의 아들〉 | 실행失行했다고 칭탁하고 처를 버림 | | 장 60 도 1년. 다시 완취하게 함 〈의금부〉 | |

은 사면령 전의 일이므로 양형은 하지 않고 처와 다시 합하도록 했다. 이밖에 6은 처첩실서율妻妾失序律로, 8, 11은 무고율誣告律로 과단했다. 8, 11의 경우 처녀가 아니라거나 실행했다고 하며 처를 버렸기 때문에 조사와 조율을 의금부에서 담당했다. 결국 남편 측의 주장이 사실이 아니라고 판명되어 무고율, 즉 화간和奸의 형량인 장 80에 3등을 더하여 장 60 도 1년으로 양형했다.

이러한 법사의 양형에 대해 세종은 세 사례에서 공신의 아들, 황친이라는 등의 이유로 형을 면제하거나 직첩을 거두지 말도록 명했고, 나머지 경우에는 법사의 의견을 따랐다. 이를 통해 세종대에 이르면 이유 없이 처를 버린 경우에 『대명률』에 의해 처벌되는 체제가 정착되었음을 알 수 있다. 이혼 승인 여부가 논란의 대상이 되었을 때에도 결국 이혼을 허락하지 않는 방향으로 결정되는 것이 일반적이었다는 것은 앞에서도 언급한 바 있다.

그러나 당시에 처를 버린 후 관에 신고하는 절차가 마련되어 있지 않았기 때문에 기처 행위에 대한 처벌 체제가 정착되었다고 해서 모든 기처 행위가 조사 대상이 되었다거나 이유 없이 처를 버린 모든 사례가 처벌 대상이 되었다고 볼 수 없다. 기처 후 남편 측, 혹은 처 측에서 기처 사실을 장고하거나 어떤 이유로 그 사실이 발각되거나 하면 사헌부에서 조사에 착수했다. 그 결과 이유 없이 처를 버렸다고 판정되면 조율하여 왕에게 형량을 계문했다. 그리고 만약 처를 버린 이유가 타당하다고 판단되면 기각되었을 것이다. 한편, 왕에 의해 형량, 이혼 승인 및 전처와의 복합 여부 등이 최종적으로 결정된 후라도 불리한 판정을 받은 쪽에서 불복하여 다시 장고하기도 했고,[27] 사헌부의 추국 과정에서 유리한 판결을 받기 위해 왕에게 상언한 사례들이 나타난다.[28]

이유 없이 처를 버렸다 하여 처벌을 받게 되기까지는 사헌부에서 그 사건에 대한 조사에 착수해야 했고, 조사 결과 이유 없이 처를 버렸다고 판정되는 과정을 거쳐야 했다. 사헌부에서 기처 사실을 인지하지 못했거나 기처의 사유가 있다고 판단한 사건들은 왕에게 계문되지도 않았으므로 기록되지도 않았을 것이다. 즉, 관에서 인지하지 못했다거나 담당 관사에서 기각되어 실록에 기록되지 않은 많은 기처 행위가 있었을 것임을 짐작할 수 있다.

이를 고려한다면 정부에서 실행 이외에는 이혼을 거의 승인하지 않았다 하더라도 기처가 강력하게 규제되었다고 할 수 없다. 다만 앞서 언급했던 이헌의 사례, 즉 이헌의 아버지가 불효 · 불순 등으로 자신의 처를

**27** 이는 세조대 홍흥조洪興祚의 사례를 통해 확인할 수 있다(『세조실록』 권31, 세조 9년 9월 11일 정묘; 『세조실록』 권33, 세조 10년 7월 16일 정묘).

**28** 이는 앞서 언급했던 세조대 이승평의 상언 사례를 통해 확인할 수 있다(『세조실록』 권7, 세조 3년 3월 26일 기축).

내쫓았다고 사헌부에 고했을 때 사헌부에서 이유 없이 처를 버렸다고 추국했다는 등의 사실을 통해 판단하건대 사헌부에서 외부에서 명확하게 파악할 수 없는 사안에 대해 남편 측의 일방적인 주장을 그대로 수용하지는 않았음을 알 수 있다. 이러한 점에서 모든 기처 행위가 조사 대상이 되지는 않았을지라도 기처에 대한 처벌 체제가 마련됨에 따라 함부로 처를 버리는 행위를 일정 정도 규제하는 효과가 있었으리라고 판단된다.

## 4. 기처 규제 정책의 한계

모든 기처 행위가 규제 대상이 되지는 않았다는 사실은 정부의 기처 규제 정책의 효과가 완전하지 못했으리라는 것을 시사한다. 그렇다면 우선 사례를 통해 이를 구체적으로 살펴보자.

처를 버렸으나 실록에 처벌 대상으로 거론되지 않은 사례 중에는 왕이 이혼 승인 여부를 판결했더라면 인정되지 않았을 가능성이 많은 기처 사유가 나타난다.

(가) 합천의 전前 장흥고부사長興庫副使 장우량張友良 처 한씨韓氏는 나이 25세에 자식이 없다 하여 버림을 당했는데, 수절하고 개가하지 않았고, 시부모가 사망함에 6년 동안 행상行喪하고 기일忌日에는 제사를 지냅니다.[29]

(나) 평안도 곽산군민 김마언金麽彦의 처가 전광질顚狂疾을 얻자 마언이 그를 버렸다.[30]

29 『세종실록』 권7, 세종 2년 정월 21일 경신.
30 『세종실록』 권16, 세종 4년 6월 27일 임자.

(가)의 한씨는 세종 2년(1420) 절부節婦로 거론된 인물이다. (나)의 김마언의 딸은 아버지에게 버림받은 어머니의 병을 고쳐 세종 4년(1422) 효녀로 정표旌表되었다. 그런데 이러한 기처 사례들까지 모두 관에서 조사했을지, 조사하는 것이 가능했을지에 대해서는 생각해 볼 여지가 있다. 물론 (가)의 기처는 태종 이전 시기에 있었던 일이고, (나)도 세종 치세 초반 이전의 일로 기처 규제 정책이 상대적으로 미약했던 시기라는 점 역시 고려해야 할 것이다. 또한 (나)는 양반의 사례가 아니라는 점도 감안해야 할 필요가 있다. 그렇지만 당시에 모든 기처 행위를 단속할 수 없었다는 것을 고려한다면 사료상에는 나타나지 않더라도 처벌되지 않은 기처 사례가 존재했을 것이라는 가능성을 염두에 둘 필요는 있다고 본다.

성종 6년(1475)에 황효원黃孝源의 처 신씨申氏와 임씨林氏의 적첩 분간 문제가 대두된 바 있다.[31] 이는 황효원이 전처 신씨와 기별한 후 임씨와 혼인한 것인지 중혼을 한 것인지의 여부에 대한 논란이었다. 그런데 이것이 문제된 시기가 임씨의 아들인 황석경黃碩卿의 과거 응시 때였다. 그것도 사관四館에서 황석경이 첩자妾子일 거라고 판단하여 녹명錄名을 허락하지 않자 황효원이 예조에 장고하여 이에 대한 조사가 시작되었다. 중혼과 기처가 모두 처벌 대상임에도 불구하고 후처의 아들이 과거에 응시할 때까지 관에서 이를 파악하지 못하고 있었던 것이다. 홍윤성洪允成의 경우도 이와 비슷한 사례로 홍윤성 사후에야 전처 남씨南氏와 기별하고 김씨金氏와 혼인했는지 중혼이었는지의 여부가 논의 대상이 되었다.[32]

앞서 실록에서 이유 없이 처를 버렸다고 하여 처벌 대상이 되거나 이혼 승인 여부가 논의된 사례들은 한정된 사례라는 점을 논증했다. 여기에 이

31 『성종실록』 권53, 성종 6년 3월 5일 갑인.

32 『성종실록』 권66, 성종 7년 4월 4일 정축; 『성종실록』 권66, 성종 7년 4월 5일 무인; 『성종실록』 권66, 성종 7년 4월 7일 경진; 『성종실록』 권66, 성종 7년 4월 8일 기유.

를 뒷받침하는 사례들이 나타난다는 점을 고려해 볼 때 관에서 이유 없이 처를 버리는 행위를 처벌했다 하더라도 이 정책의 규제를 받지 않는 기처 사례가 상당히 있었을 것이라고 판단할 수 있다. 기처 규제의 대상이 되었던 양반층에서도 남편의 자의적 기처가 가능했던 것이다.

다음으로 기처 행위 규제 정책 운영의 한계에 대해 살펴보도록 하겠다.

첫째, 조선의 위정자들이 이혼을 승인할지의 여부를 결정할 때 일반적으로 혼인 관계를 지속시키는 방향을 지향했음에도 불구하고 이러한 방향성이 지켜지지 않은 사례들도 나타난다. 특히 이혼 승인 여부를 왕이 결정했던 만큼 공신이나 측근 대신들의 청을 거절하지 못하는 상황이 발생하기도 했다. 앞서 언급한 이헌의 경우도 그러한 사례라 할 수 있다. 이밖에 세조 9년(1463) 정숭조鄭崇祖와 심정원沈貞源이 이유 없이 처를 버렸다 하여 사헌부의 조사를 받았는데, 이들은 '부모가 부도婦道에 합당하지 않다 하여 내쫓았다'고 그 이유를 설명했다.[33] 세조는 처음에는 사헌부의 추핵을 허락했지만 그날 다시 한 집의 다스림은 아버지가 오로지 하는 것이라고 하고, 아버지가 며느리를 불가하다 하여 내쫓았으니 아들의 죄가 아니라며 사헌부에 추국하지 말도록 명했다. 정숭조의 아버지 정인지鄭麟趾는 세조의 즉위를 도와 정난공신靖難功臣, 좌익공신佐翼功臣에 책훈된 공신이자 세조 즉위 후 영의정까지 역임한 바 있는 인물이고, 심정원의 아버지 심결沈決은 세조의 외숙부였다. 세조는 이렇게 정숭조와 심정원을 추핵하지 말도록 명함으로써 기처를 승인했다. 왕의 측근이나 공신 및 고위 관료의 집안에서는 시부모가 부도에 합당하지 않다고 하여 며느리를 쫓아냈다는 것이 기처 규제의 법망에서 벗어날 수 있는 명분이 되기도 했던 것이다.

33 『세조실록』 卷30, 세조 9년 4월 18일 정축.

둘째, 조선 정부에서는 이유 없이 처를 버린 경우 남편을 처벌하고 버린 처와 완취하도록 했으나 실제로는 완취하는 경우가 매우 적었다는 점이 15세기의 위정자들에 의해 언급되었음을 확인할 수 있다.[34]

이렇게 관에서 모든 기처 행위를 파악하지 못하는 상황에서 기처 규제는 태생적으로 한계가 있었다. 더구나 운영면에서도 공신이나 왕의 측근과 같은 권력자들의 기처 행위를 제대로 규제하지 못했으며, 버린 처와 다시 합하도록 하는 법이 실제로 큰 효력을 발휘하지 못했다. 이에 따라 여성이 남편이나 시가에서 부당하게 버림을 받거나 내쫓겼다 하더라도 감수해야 하는 상황이 발생하기도 했다. 기처 행위에 대한 처벌은 지배층의 도덕성을 확보하고 인륜의 근본인 부부 관계를 보호하겠다는 명분이 우선했던 정책으로 실제 처의 지위 보호에는 취약한 면을 보이기도 했던 것이다.

## 5. 나오는 말

이 글에서는 15세기에 남편이 일방적으로 처를 버리거나 내쫓는 형태로 표기된 사적인 혼인 관계 해소의 실상을 기처 규제 정책과의 연관성 속에서 살펴봄으로써 당시 기처 규제 정책의 성격을 파악해 보고자 했다.

이를 위해 우선 남편에 의해 행해진 사적인 혼인 관계 해소에 대한 당시의 인식을 살펴보았다. 그 결과 일반인이나 위정자들 모두 기처만으로 혼인 관계가 해소된 것으로 파악했으며, 법제에도 이러한 인식이 반영되어 있었다는 것을 확인할 수 있었다. 그 다음 단계로 기처 행위 후 관에

34 『세종실록』 巻100, 세종 25년 4월 29일 갑인; 『예종실록』 권6, 예종 원년 6월 11일 계해.

신고하거나 관의 승인을 받는 행정 절차가 있었는지의 여부에 대해 검토하여 이러한 절차가 마련되어 있지 않았음을 확인했다. 이는 관에서 모든 기처 사안을 파악하고 있지 않았다는 것을 의미한다. 다만 기처 후 남편 측에서 이를 승인받기를 원하거나 처 측에서 기처가 부당하다는 사실을 고하기 위해 사헌부에 장고했을 경우 그 사안에 대한 조사가 이루어졌다. 이 밖에 사헌부에서 어떤 다른 경로로 이유 없이 처를 버렸다는 사실을 인지했을 때 이에 대한 조사가 시작되기도 했다. 최종적으로 왕은 이 조사 결과를 바탕으로 처를 버린 자의 처벌과 이혼 승인 여부를 결정했다.

이렇게 사법적 · 행정적 절차를 거치지 않고도 기처만으로 혼인 관계가 해소되었다는 것은 남편이나 부가夫家에 의한 자의적 기처가 행해질 수 있는 가능성이 많았다는 것을 의미한다. 더구나 처가 남편을 버리는 행위는 용납되지 않았기 때문에 사적인 혼인 관계 해소에 의한 피해자는 처가 될 가능성이 많았다. 그러나 부부 관계를 인륜의 근본으로 인식하고 있었던 조선의 위정자들은 처가 남편에게서 도망하여 혼인하거나 남편에게 기처를 강요하는 행위뿐 아니라 남편이 처를 버리는 행위도 처벌했다.

그 처벌 양상을 살펴보면 태종대 이전까지는 처를 버려 처벌받는 사례들이 나타나기는 하지만 순수하게 처를 버렸다는 이유만으로 처벌되지는 않았다는 것을 알 수 있다. 이는 만나고 헤어지는 것이 좀 더 자유로웠던 고려 시대 풍속이 잔존하는 상황에서 처를 버리는 것만으로는 도덕적으로 큰 문제가 되지 않았기 때문인 것으로 판단된다. 그러나 세종대에 이르면 이유 없이 처를 버린 사람은 『대명률』 출처조에 의해 장 80에 처해지고 버린 처와 완취해야 하는 체제가 정착되었다. 또한 15세기의 위정자들은 이혼 승인 여부가 논란의 대상이 되었을 때에도 이혼을 허락하지 않는 방향으로 결정하는 경우가 많았다.

그러나 모든 기처 사안을 관에서 파악하고 있지 못했을 뿐 아니라 사헌부 조사시 기처의 사유가 있다고 판단된 사안들은 왕에게 계문되지도, 기록되지도 않았을 것이기 때문에 정부의 기처 규제 정책과 현실 간에는 괴리가 있었을 것으로 판단된다. 다만 남편 측의 일방적인 주장만을 그대로 수용하지 않았던 사헌부의 조사 행태를 감안한다면 기처 행위에 대한 처벌 체제의 정착은 가급적 기처 승인을 제한했던 정책 방향과 함께 함부로 처를 버리는 행위를 규제하는 역할을 일정 정도는 담당했을 것으로 판단된다.

이렇게 관에서 모든 기처 행위를 파악하지 못하는 상황에서 정부의 기처 규제 정책은 태생적으로 한계가 있었다. 더구나 운영면에서도 권력자들의 기처 행위를 제대로 규제하지 못하기도 했고, 버린 처와 다시 합하도록 하는 판결이 내려졌다 하더라도 제대로 이행되지 않는 경우가 많았다. 이에 따라 여성이 남편이나 부가夫家에서 부당하게 버림을 받거나 내쫓겼다 하더라도 감수해야 하는 상황이 발생하기도 했다. 조선에서 기처 행위에 대한 규제와 처벌은 애초에 지배층의 도덕성 확보와 인륜의 근본인 부부 관계를 보호하겠다는 명분이 우선시되었던 정책이었기 때문에 실제 처의 지위 보호에는 취약한 부분을 노출시킬 수밖에 없었다.

기처 규제 정책이 태생적으로, 그리고 운영면에서 한계를 노출하고 있었음에도 불구하고 이 정책은 지배층의 도덕성 확보와 인륜의 근본인 부부 관계 보호라는 명분을 지키기 위해 조선 시대 내내 유지되었다. 이러한 상황에서 조선 시대의 양반들은 기처, 소박 등의 형태로 사실상 부부 관계가 단절되었다 해도 공적으로는 그 관계가 유지되는 것처럼 보여야 했다. 이는 이들이 명분이 지배하는 사회에서 원하지 않는 혼인 관계를 명목상으로나마 지속해야 했다는 것을 의미한다. 이러한 상황은 배우자에 대한 의무나 정절 관념의 요구가 성별에 따라 다르게 부과되는 사회상 속에서 남성보다는 여성에게 더 큰 굴레로 작용할 수밖에 없었다. 즉, 여성에게 극단적으로 정절과 일부종사一夫從事를 요구하는 사회상과 맞물리면서 여성의 생활 범위와 삶의 형태는 상당히 축소되고 고정되어 갔던 것이다. 더구나 조선 후기로 갈수록 부계 중심의 가족 질서가 형성되고 강화되어 가면서 여성은 가부장적 질서에 더욱 예속된 존재가 되어 갔다.

## 참고 문헌

### 1. 자료

『대명률강해』

『대명률직해』

『태종실록』

『세종실록』

『세조실록』

『예종실록』

『성종실록』

### 2. 논저

김두헌, 『한국가족제도연구』, 서울대학교출판부, 1969.

김일미, 「조선의 혼속 변천과 그 사회적 성격 : 이조 전기를 중심으로」, 『이화사학연구』 4, 1969.

박 경, 「조선 전기 처첩 질서 확립에 대한 고찰」, 『이화사학연구』 25, 2000.

이순구, 「조선 초기 종법의 수용과 여성 지위의 변화」, 한국정신문화연구원 박사학위 논문, 1994.

장병인, 「조선 전기의 혼인제도와 여성의 지위」, 『역사비평』 25, 1994.

_____, 『조선 전기 혼인제와 성차별』, 일지사, 1997.

_____, 「조선시대 이혼에 대한 규제와 그 실상」, 『민속학연구』 6, 1999.

_____, 「조선 전기 국왕의 혼례 형태 : '가관친영례'의 시행을 중심으로」, 『한국사연구』 140, 2008.

정해은, 「조선 후기 이혼의 실상과 『대명률』의 적용」, 『역사와 현실』 75, 2010.

# 타자의 서사, 타자화의 서사, 〈홍길동전〉*

김경미

## 1. 들어가는 말

한국을 대표하는 고전 소설인 〈홍길동전〉은 서얼이라는, 조선 사회가 낳은 타자의 문제에 대해 전면적으로 문제를 제기하고, 그 문제를 가정에서 사회로 확대시키고, 새로운 공간을 제시해 조선의 외부를 상상하게 했다는 점에서 일찍부터 주목받아 왔다. 지금까지의 연구도 이러한 측면들에 주목해 서사 구조상의 불통일성이 드러나기는 하지만 〈홍길동전〉이 조선 사회가 안고 있던 신분 문제를 가정에서 사회로까지 확대했다는 점에서 그 의미를 중요하게 평가했다. 〈홍길동전〉에는 분명히 이런 문제 의식이 깊이 내장되어 있다. 작품 서두에서부터 홍길동이라는 서자가 태어나는 과정이 서술되고, 종의 몸에서 태어난 '근본 천생' 길동은 어려서부

* 이 글은 『고소설연구』 30집(2010.12.)에 게재된 논문을 수정 · 보완한 것이다.

터 자신의 위치에 대해 계속 고민하고 질문한다. 그 고민의 강도는 심각한 것이어서 '심장이 터질' 지경이고 '밤이면 잠을 이루지 못할' 정도다. 길동의 문제는 서자인 길동 개인 차원에서 그치는 것이 아니라 가정 내 문제로 늘 잠복되어 있어서 결국은 가정 내 살인 사건으로까지 이어진다. 그 결과 집을 나간 길동은 적서 차별의 문제를 사회 문제로 확대시켜 임금, 국가로부터 판서 벼슬을 받기에 이른다. 이처럼 적서 차별 문제에 대한 〈홍길동전〉의 문제 제기는 병조판서를 제수받기까지 일관되게 이루어진다.

그런데 이러한 문제 해결은 홍씨 가문의 가부장적 구조나 사회 구조를 근본적으로 바꾸면서 이루어진 것이 아니라 홍길동이라는 한 탁월한 인물을 인정하는 데에 그친다. 그런 점에서 〈홍길동전〉은 홍길동이라는 타자의 인정認定 투쟁의 서사라 할 수 있다. 〈홍길동전〉은 적서 차별에 대해 문제를 제기하면서도 그 원인을 제공하는 가부장 권력을 유지하는 중심이라 할 수 있는 아버지나 임금의 절대적인 권위는 손상시키지 않기 때문이다. 이처럼 〈홍길동전〉은 체제 내부에서 해결될 수 없는 문제를 체제 내부로 수렴한다는[1] 점에서 타협적인 텍스트라 할 수 있다. 그런 점에서 박일용이 현전 〈홍길동전〉에서는 이러한 직접적 대결 형태가 우회적인 모습으로 변형되어 나타난다고 지적하고, 가부장제적 질서 안에서 길동의 욕구를 미봉적으로 해소시키려는 시각을 취하기 때문에 길동의 현실 인식의 깊이도 제한적이라고 지적한(박일용, 1994: 276) 것은 설득력이 있다.

지금까지 〈홍길동전〉에 대한 연구는 일일이 거론하기 어려울 정도 많

1 박일용은 〈홍길동전〉이 현실에 내재하는 모순에 대한 객관적 인식을 확대해 나가는 성격의 구체화라는 측면보다는 영웅적 인물 홍길동의 특권적 삶에 대한 욕구의 실현이라는 일대기적 질서의 구현이라는 측면을 좀 더 강하게 드러낸다고 보았다. 그래서 〈홍길동전〉의 각 구성 단계들은 홍길동의 욕구 실현이라는 일대기적 질서 속에서는 정연히 통합되면서도, 그 각각이 반영하는 이념적 지향이라는 측면에서 볼 때는 총체적인 문제 제기 형태로 구체화되었다고 보기에는 미흡함을 느끼게 한다는 것이다. 그리고 이는 반중세적 이념을 반영하고 있는 제재들을 가부장제적 질서 및 중세적 질서 안에서 그려내려는 서술 시각 때문이라고 보았다(박일용, 1994: 281-282).

이 이루어졌다. 관련 논문만 해도 150편이 넘는다. 〈홍길동전〉 연구는 이본에 관한 논의, 허균 창작설과 관련한 논의, 〈수호전〉과의 비교문학적 논의, 구조의 불통일성에 대한 논의, 주제 의식과 관련한 논의, 제도나 율도국의 성격에 관한 논의 등 다양하게 이루어졌으며, 충분한 논의가 이루어졌다고 본다. 그러나 이러한 논의의 결과에도 불구하고 율도국에서의 홍길동의 행적은 석연치 않다. 필자는 그것이 가정에서 천대받던 서러움에 잠을 이루지 못하던 소년 길동과 율도국을 정벌하는 길동 사이의 거리에서 기인하는 것이 아닐까 생각한다. 그리고 그 거리는 가정 → 사회 → 국가 → 국가 외부(율도국)로 길동의 행동 반경이 확대되면서 일어난 변화라기보다는 중심과 주변, 주체와 타자의 자리가 역전되면서 일어나는 문제라고 본다.

이 글은 타자의 관점에서 〈홍길동전〉을 읽는다. 양반 가정의 타자로 태어난 홍길동이 자신의 주변성, 타자성을 극복하는 과정과 그 이후 왕이 되는 과정 사이에는 단절이 존재한다. 이 글은 타자였던 홍길동이 제도나 율도국에 살고 있는 존재들을 타자화시키면서 정복을 정당화하는 것을 문제삼는다. 그리고 〈홍길동전〉에서 볼 수 있는 타자에 대한 인식이 어디에서 연유하는지, 다른 작품에서는 어떻게 드러나고 있는지를 보고자 한다. 즉 타자의 대항 서사에서 정복의 서사(타자화의 서사)로의 전환이 왜 일어났는지, 서사의 최저 심급은 무엇이며, 거기에는 어떤 인식이 개재해 있는지를 보고자 한다.

자료는 경판 24장본을 중심으로 하되, 완판 36장본과 동양문고본을 함께 사용한다. 경판과 완판은 서사 전개상 큰 차이를 보이지 않고, 동양문고본도 율도국 부분이 확장되어 있는 외에 전반부 내용은 경판 계열을 따르고 있기 때문에 〈홍길동전〉 서사의 골격은 경판, 완판, 필사본이 크게 차이를 드러내지 않는다. 따라서 이 글에서는 시기상 앞서 형성된 경판을 중심으로 보면서 완판이나 동양문고본이 보이는 차이를 중요하게 고려할 것이다(이윤석, 1998: 281-300).

이 글에서는 〈홍길동전〉과 허균과의 관련 문제에 대해서는 다루지 않는다. 이미 많은 논의들이 제출되었고, 현전 〈홍길동전〉이 허균이 창작한 것과는 다른 이본이라는 것에 대부분 동의하고 있는 것으로 보인다.[2] 필자 역시 이 입장에 있으며 〈홍길동전〉에 대한 현재적 이해는 현전 〈홍길동전〉이 어떤 이념적 자장에서 형성되었으며, 그것은 조선 후기 조선인들의 어떤 이념이나 욕망을 대변하고 있는가를 들여다보는 것이 중요하다고 생각한다. 허균이라는 천재적이고 문제적인 작가의 후광이 〈홍길동전〉 해석에 한계를 가져왔을 수도 있다고 보기 때문이다.

## 2. 타자의 서사에서 (불완전한) 대항의 서사로

〈홍길동전〉의 공간은 가정 → 사회 → 율도국으로 확장된다. 가정 공간이나 사회 공간에서 길동은 서자라는 타자의 형상을 벗어나지 못한다. 아버지로부터 호부호형을 허락받고, 임금으로부터 병조판서를 제수받기는 하지만 길동이 그것을 실현할 수 있는 공간은 주어지지 않기 때문이다. 따라서 길동에게 허여된 것은 매우 제한적인 것이라 할 수 있고, 길동은 다른 곳으로 떠날 수밖에 없다. 아버지나 임금으로 대변되는 기존 질

2 장효현은 황윤석(1729~1791)의 『해동이적』에 나오는 '해중서생海中書生'에 근거하여 허균이 연산군대의 도적 홍길동을 바탕으로 하여 창작한 〈홍길동전〉은 후대에 일정하게 부연, 윤색되어 현전 〈홍길동전〉으로 이어졌다고 보았다. 한편 〈홍길동전〉 이야기는 세간에 구전으로 유포되면서 전라도 장성의 인물인 세종대 홍상직의 얼자 홍길동으로 민간에서 부회되어 오히려 실사로 인식되고, 홍길동이 건설한 바다 밖 왕국은 유구 혹은 안남으로 간주되어, 유구의 민중 영웅에 다시 부회되는 전파 경로를 갖게 된다고 보았다(장효현, 2002).

서는 변함없이 존재하기 때문이다. 길동의 형상은 타자의 형상을 벗어나지 못하기는 하나 대항의 서사를 구축해 가는 인물이라는 점에서는 일관성을 갖는다.

〈홍길동전〉의 서사 전개에서 주인공의 문제 제기가 가장 절실하게 이루어지는 공간은 가정이다. 그러나 그 문제 제기가 근본적으로 이루어지지는 않는다. 〈홍길동전〉의 서술 시각은 길동에게 맞추어져 있는 것 같지만 최종 심급은 아버지, 임금이다. 길동의 억울함이나 비판은 아버지나 임금에게로 향하지 않는다. 또한 이들에게 문제의 원인을 따지지도 않는다. 그러나 사실 따지고 보면 홍씨 집안의 문제는 홍판서에게서 비롯된 것이다.

홍판서는 부인 유씨와의 사이에 아들을 두고 있고, 곡산 기생이었던 초란을 첩으로 둔 상태에서 다시 여종인 춘섬을 가까이해 길동을 낳는다. 적자가 있는 상태에서 태어난 길동은 눈에 띌 일이 없는 인물이지만 하나를 들으면 백을 통하는 총명함으로 홍판서에게는 아쉬움을, 부인 유씨에게는 미안함을, 초란에게는 경쟁심을 유발한다. 물론 춘섬과 경쟁 상태에 있는 곡산모에게는 홍판서의 총애를 빼앗아가는 계기를 주는 인물이다. 홍판서의 아쉬움과 유씨의 미안함은 길동의 출생과 관련된다.

〈홍길동전〉에는 홍판서의 집안에 대한 간단한 소개 뒤에 태몽이 등장한다. 영웅의 일대기 관점에서 보면 태몽은 한 구성 요소로서 주인공의 영웅성을 드러내 주는 지표가 된다. 〈홍길동전〉의 태몽 역시 일대기 구조의 구성 요소로 들어갔다는 점을 무시할 수는 없다. 그러나 〈홍길동전〉의 태몽은 그보다는 대낮에 부인에게 동침을 요구하는 홍판서의 욕망을 합리화하기 위해 들어간 설정으로 보인다. 대낮에 안방에 들어와 동침을 요구하는 홍판서에 대해 부인은 정색을 하고 '연소 경박자의 비루함을 행하고자 하니 받들지 못 하겠다'고 거부하며 손을 떨치고 나간다. 무안해진 홍판서는 화를 참지 못하고 외당에 나가 마침 차를 올리던 춘섬을 데리고 협실로 들어가 관계를 가지고 길동을 낳는다. 자신을 거부한 부인에 대해 홍판서는 '지식知識'이 없음을 안타까워한다. 홍판서의 아쉬움과 부인의 미안함은 여기에서 연유한다.[3]

홍판서와 여종과의 동침 장면은 이를 합리화할 태몽 장면이 들어가 있다 하더라도 조선 시대 양반 남성들의 성적 욕망을 발현하는 한 방식을 보여 준다. 여기서 여종은 홍판서의 성적 욕망의 대상 또는 태몽을 현실화해 주는 몸으로서의 대상일 뿐이다. 여종에게서 난 자식이 특출하더라도 한계가 있다는 것을 모를 리 없을 텐데 춘섬과 관계를 갖는 것은 태몽을 강조하더라도 설득력이 떨어지는 설정이다. 완판 36장본은 태몽이 홍판서의 욕망을 합리화해 주기 위해 설정되었음을 보여 준다. 홍길동이 초인草人을 만들어 나라를 어지럽히자 자식을 알아보는 것은 아비만한 이가 없다 해서 홍판서를 불러 연고를 묻는 대목에서 홍판서가 '행실을 바로하지 못해 천한 첩을 가까이한 죄로 천한 자식을 두어 임금의 근심이 되게 하고 조정을 어지럽힌 죄 죽어 마땅하다'고 고하는 것이 그것이다.

근본이 천하게 태어난 길동은 열 살이 넘도록 호부호형을 못하고 집안의 종들로부터도 천대를 받자 뼈에 사무치게 한탄하고 마음 둘 바를 몰라 한다. 군더더기 없이 서사가 진행되는 경판 24장본에서도 이 문제가 반복적으로 제시되는 것을 보면 〈홍길동전〉이 이 문제를 얼마나 중요하게 다루고 있는지 알 수 있다.

> 길동이 십 세 넘도록 감히 부형을 부르지 못하고 비복 등이 천대함을 각골통한하여 심사를 정하지 못하더니(경판 24장본, 4a)

3 부인 유씨가 미안해하는 것은 완판에 더 잘 드러난다. 홍판서가 길동을 데리고 내당에 들어가 탄식하며 천생인 것을 아쉬워하며 부인의 고집을 원망하자 부인이 풀이 죽어 운명이니 인력으로 하겠는가 하는 대목이 나온다.

나는 어찌하여 일신이 적막하고 부형이 있으되 호부호형을 못하니 심장이 터질지라 어찌 통한치 아니하리오(경판 24장본, 5a).

하늘이 만물을 내시매 오직 사람이 귀하오나 소인에게 이르러는 귀하옴이 없사오니 어찌 사람이라 하오리이까(경판, 5a).

부생모육지은이 깊삽거늘 그 부친을 부친이라 못 하옵고 그 형을 형이라 못 하오니 어찌 사람이라 하오리이까(경판, 6a).

소자의 팔자 기박하여 천한 몸이 되오니 품은 한이 깊사온지라(경판, 6a).

서술자의 시각에서 길동의 위치를 서술하는 첫 번째 예문을 제외하면 나머지 예문은 모두 길동이 하는 말로 길동은 자신의 타자성을 절감하고 이에 대해 거듭 이야기한다. 이에 대해 홍판서는 비록 측은하게 생각하지만 '재상가 천비 소생이 비단 너뿐이 아닌데 네 어찌 방자함이 이 같으냐, 이후로 다시 이런 말을 하면 눈앞에 용납지 못 하리라'고 하며 틈을 주지 않는다. 길동의 생모인 춘섬도 깜짝 놀라며 '재상가의 천한 자식이 너뿐이 아닌데 어찌 마음을 좁게 먹어 어미 간장을 태우느냐'고 말할 뿐이다. 나중에 홍판서는 길동에게 호부호형을 허락하지만 그때는 길동이 집을 나간다고 이미 말하고 난 뒤다.

천비 소생인 길동은 그 재주가 아무리 출중해도 호부호형을 못하는, 즉 가족의 범주에 들지 못하는 타자일 뿐이다. 따라서 초란의 길동 살해 모의에 대해 부인과 인형은 눈물을 흘리며 슬퍼하면서도 첫째는 나라를 위해, 둘째는 상공, 즉 홍판서를 위해, 셋째는 홍씨 가문을 보존하기 위해서라는 명분을 내세우며 허락한다. 길동 살해 모의가 실패로 돌아간 뒤 홍판서가 이 일을 알게 되지만 홍판서 역시 초란을 내쫓고 무녀와 특재의 시체를 몰래 치운 뒤에 종들을 불러 이런 말을 내지 말라고 당부하는 정도로 사건을 봉합한다.

가정 공간에서 길동은 타자의 위치를 확인하며 호부호형을 통해 가족의 범주 속으로 들어가고자 한다. 그러나 이것은 번번이 거절당하며 결국 집을 나가게 된다. 집을 나간 길동은 도적들의 소굴로 간다. 그리고 역시 자신을 서울 홍판서의 서자 길동으로 소개하고 '집에서 천대받기가 싫어서 아무 데나 정처 없이 다니다가 우연히 이곳에 들어왔다'고 밝힌다. 사회로 나간 길동은 도적의 무리에 들어감으로써 더욱 주변화되는 존재가 되지만, 활빈당을 만들어 전국을 한바탕 뒤흔든다. 이때도 활빈의 명분을 내세우긴 하지만 길동이 계속해서 제기하는 것은 호부호형하지 못 하는 한이다.

> 대감께서 당초에 천한 길동을 위하여 부친을 부친이라 하고 형을 형이라 하였던들 어찌 이에 이르리잇고?(경판, 17a)

> 신의 아비 국은을 많이 입었사오니 신이 어찌 감히 불측한 행사를 하오리까마는 신은 본대 천비 소생이라 그 아비를 아비라 못 하옵고 그 형을 형이라 못 하오니 평생 한이 맺혔삽기로 집을 버리고 적당의 참예하오나 백성은 추호 불범하옵고 각 읍 수령의 준민고택하는 재물을 탈취하였사오나(경판, 18a)

> 길동의 신기한 재조는 고금의 희한하도다. 제 지금 조선을 떠나노라 하였으니 다시는 작폐할 길 없을 것이오 비록 수상하나 일단 장부의 쾌한 마음이 있는지라 족히 염려없을 것이라(경판, 19b~20a).

> 신이 전하를 받들어 만세를 뫼실까 하오나 천비 소생이라 문으로 옥당의 막히옵고 무로 선천의 막힐지라 이러므로 사방에 오유하여 관부에 작폐하고 조정에 득죄하옴은 전하 아시게 하오미니(21a)

집을 나간 길동은 활빈당의 영수가 되어 해인사 습격으로부터 시작해서 각 읍 수령의 불의한 재물을 탈취하는 것과 같은 행동으로 조정에까지 알려진다. 그리고 길동은 아버지 홍판서 앞에서나 임금 앞에서나 한결같이 서자로서 자신의 신분에 대한 한 때문에 국가를 어지럽히는 지경에까지 이른 것으로 설명한다. 집을 나간 이후 전개된 서사는 길동의 대항의 서사라 할 수 있다. 이는 적서 차별에 대한 대항 담론의 형태가 될 수도 있다. 그러나 홍길동이라는 타자가 중심이 되는 대항의 서사는 불완전하게 전개되거나 왜곡된다. 그 이유는 모순의 핵심을 비껴가기 때문이다.

길동은 적서 차별을 당할 뿐만 아니라 홍씨 가문 내부의 갈등으로 살해의 위험에까지 처한다. 그러나 〈홍길동전〉은 대리 갈등의 형태를 취하거나 공간 자체를 변경함으로써 모순의 첨예한 갈등을 피한다. 가정 내에서는 춘섬과 초란의 대리 갈등으로 갈등이 외화되며, 아버지 홍판서는 이 갈등에 직접 개입하지 않고 문제가 발생하자 없던 일로 함으로써 무마하는 역할을 한다. 사회에 나간 홍길동은 탐관오리를 공격하고, 전국을 어지럽게 하지만 결국 임금으로부터 인정을 받게 된다. 이것이 가능한 이유는 길동이 아버지나 임금에게 도전하지는 않기 때문이다. 길동은 자신이 받는 차별을 문제삼지만 그 원인에 대해 근본적으로 문제 제기하지 않고, 아버지에 대한 효나 임금에 대한 충을 저버리지 않으며, 그 대가로 아버지나 임금의 인정을 받는다. 이처럼 길동의 저항은 근본적인 것을 건드리지 않은 채, 아버지나 임금과 동일한 주체가 되고 싶은 욕망을 드러내고 있다. 이러한 욕망은 아버지가 죽었을 때 길동이 아버지의 묘지를 정하면서 자신이 있는 곳에 묘지를 두고 제사를 맡는 것을 통해서도 잘 드러난다. 제사를 모신다는 것은 집안의 중심이 되었다는 것을 의미하기 때문이다. 그래서 결국은 길동만이 특별한 존재가 되는 것이다. 도적들이 등장하지만 그들은 길동의 말을 듣는 수동적 존재 즉 배경으로만 존재한다. 좀 더 심하게 말하면 길동의 꿈을 완수하기 위한 도구적 역할을 하는 데 불과하다.

여기서 〈홍길동전〉 전반부의 서사를 타자의 서사로 보기 어려운 게 아닌가 하는 의문이 들 수 있다. 서술자는 계속 길동을 서사의 중심에 놓고 있기 때문에, 길동이 서술 시각의 주체로 보일 수도 있기 때문이다. 그러나 여기서 타자의 서사라고 함은 타자가 서술의 중심에 놓이는 것을 의미하며, 그런 의미에서 타자의 대항 서사라 할 수 있다. 그런데 아버지의 허락으로 호부호형을 할 수 있고, 의적 행위의 결과 병조판서가 되지만, 즉 주체로의 위치 변화가 가능하게 되었지만 그 변화를 받아들여 실행할 수 있는 공간은 부재한다. 따라서 길동이 분투한 결과는 현실적 실행이 불가능한 것, 즉 조선 안에서 이루어지기 어려운 것이다. 다른 공간이 불가피하게 되는 것은 이 때문이다. 〈홍길동전〉은 이 문제를 새로운 타자를 설정함으로써 해결하는 것으로 보인다. 그것이 율도국이다.

## 3. 타자의 서사에서 타자화의 서사, 정복의 서사로

〈홍길동전〉이 문제적인 작품으로 받아들여지는 것은 적서 차별 문제에 대한 주인공의 분투뿐만 아니라 조선을 벗어난 율도국이라는 새로운 공간을 제시하고 있기 때문이다. 율도국으로 떠나기까지 홍길동이 문제삼은 것은 적서 차별이었으며, 저항을 통해 길동은 제한적이지만 자신이 원하는 것을 얻게 된다. 그러면 율도국에서 길동이 원한 것은 무엇이며, 왜 율도국을 선택했을까?

> 몸을 솟구쳐 남경으로 향하여 가다가 한 곳에 다다르니 이는 소위 율도국이라 사면을 살펴보니 산천이 청슈하고 인물이 번성하여 가히 안신할 곳이라 하고 남경에 들어가 구경하며 또 제도라 하는 섬 중에 들어가 두루 다니며 산천도 구경하고 인심도 살피며 다니더니 오봉산에 이르러는 짐짓 제일강산이라 주회〔둘레〕 칠백 리오 옥야답이 가득하여 살기에 합한지라 내심의 혜오되 내 이미 조선을 하직하였으니 이곳에 와 아직 은거하였다가 대사를 도모하리라 하고 표연히 본 곳에 돌아와(경판, 20a)

길동은 율도국이 '산천이 청수하고 인물이 번성하여 안신할 곳'이고, 제도라는 섬의 오봉산은 '제일강산으로 둘레가 칠백 리에 비옥한 밭이 가득해서 살기에 마땅한 곳'임을 보고 제도에 은거했다가 대사大事를 도모하리라 마음먹고 자신이 있던 곳으로 돌아온다. 여기서 대사가 무엇인지는 드러나지 않지만, 자신의 무리들을 데리고 남경 땅 제도로 들어가 수천 호 집을 짓고 농업에 힘쓰며 재주를 배워 무기 창고를 짓고 군법을 연습했다고 한 것을 보면 군사적인 것과 관련이 있는 것으로 보인다. 길동이 율도국으로 간 뒤 이어지는 서사는 망당산에서의 요괴 퇴치, 율도국 정벌이다. 요괴 퇴치를 통해서는 두 부인을 얻어 가정을 이루고, 율도국 정벌을 통해서는 나라를 얻는다.

그간 연구사에서 망당산의 요괴 퇴치는 '지하국 대적 제치 설화'의 수용으로 이해되어 왔다. 그런데 이러한 이해는 이 사건이 갖는 의미를 민담 차원으로 축소시켜 버릴 수 있다. 요괴 퇴치 장면을 보자.

망당산에 가 약을 캐어 들어가더니 날이 저문지라 주저하더니 문득 사람의 소리 나며 등촉이 조요하거늘 그곳을 찾아가니 사람은 아니요 괴물이 앉아 지저귀거늘 원래 이 즘생은 울동이라는 즘생이라 여러 해를 묵어 변화가 무궁하더라 길동이 몸을 감추고 활로 쏘니 그 중 괴수가 맞은지라 모두 소리 지르고 달아나거늘(경판, 21b)

우리 왕이 부인을 새로 정하고 작야의 잔치하더니 천살을 맞아 위중한지라 ……화각이 광려한 가운데 흉악한 것이 누워 신음하다가 길동을 보고 몸을 거동하며 왈(경판, 21b~22a)

우리는 위 예문을 주목할 필요가 있다. 길동은 약을 캐기 위해 망당산으로 갔다가 그곳에 살고 있는 존재들을 보게 되고 숨어서 활을 쏘아 괴물을 맞춘다. 길동이 발견한 존재는 '울동이라는 짐승'이라고 되어 있으며, 길동은 의심 없이 활을 쏘아 그 괴수를 맞춘다. 처음에는 '사람의 소리'가 나고 등불이 밝아서 찾아갔는데, 가서 보니 사람이 아니고 괴물이 지저귀고 있었으며, 이는 울동이라는 짐승으로 여러 해를 묵어 변화가 무궁하다고 묘사되어 있다. 완판 36장본에는 이 장면이 더 길게 서술되어 있어 괴물의 존재를 좀 더 구체적으로 알 수 있다. 즉 완판에는 길동이 망당산에 들어가 약을 캐다가 날이 저문 후에 방황하며 갈 곳을 알지 못하고 있는데 문득 한 곳을 바라보니 '불빛이 비치며 여러 사람의 두런거리는 소리'가 들리기에 반겨 그곳으로 찾아가니 수백 무리가 모여 뛰놀며 즐기고 있었다고 서술하고 있다. 그리고 묘사하기를, 자세히 보니 사람이 아니고, 짐승인데 모양은 사람 같았다고 하고, 이 짐승을 '을동'[4]이라고

4 완판에는 을동으로 표기되어 있다.

했다. 완판본의 서사는 계속해서 길동이 활로 그 윗자리에 앉은 장수의 가슴을 맞추자 '을동'이 놀라 크게 소리를 지르고 달아났는데, 이튿날 짐승이 흘린 피 흔적을 따라 몇 리를 들어가서 웅장한 큰 집을 발견하고 '을동'이 납치한 백룡의 두 딸을 발견한다는 내용으로 이어진다.

여기서 중요한 것은 울동이라는 새로운 존재를 어떻게 볼 것인가의 문제다. 울동은 짐승으로 묘사되어 있지만, 위 예문이나 완판의 서술을 보면 사람의 소리를 내며 불을 밝히고 있고, 웅장한 큰 집에서 살고 있다. 제도에 인간의 존재가 있다는 것은 백룡 부부의 존재를 통해 알 수 있다. 그렇다면 이 울동의 존재는 무엇인가? 이들 존재는 다른 삶의 형태로 살아가는 제도 안의 다른 종족은 아니었을까? 백룡 부부 같은 사람들과 달리 망당산에서 살아가는 선주민 같은 존재는 아니었을까? 이러한 생각을 뒷받침하기 위해 조선인들이 이들 낯선 존재를 어떻게 이해했는지 살펴볼 필요가 있다. 그 한 예를 먼저 『심양장계瀋陽狀啓』에서 들어본다. 심양으로 끌려간 소현세자 일행은 심양에서 한족이나 만주족 외에 포로로 끌려온 다양한 인종을 접하게 된다. 다음은 지금의 태국인 섬라국 사람과 만난 뒤에 써서 보낸 장계 내용이다. 이 글에 묘사된 것을 보면 당시 조선인에게 이들의 모습이 얼마나 괴상하게 비쳤는지, 또 그 나라가 얼마나 낯선 곳으로 여겨지고 있는지를 알 수 있다.

> 섬라국(태국)의 공물 바치는 사람으로 온몸이 칠흑 같고 머리칼은 붉으며 모습이 괴상한 세 사람이 또한 대정 내에 있었는데 그 중 한 사람이 중국말을 안다고 하기에 역관 박경생朴庚生이 편리한 대로 서로 말을 하여 그 포로로 잡힌 이유를 물었습니다. 그 사람이 말하기를, "섬라국은 남쪽 끝 큰 바다 중에 있는데, 조공하는 때에 배를 타고 나와, 해안을 떠나 8개월을 걸려서야 비로소 남경南京에 도착합니다. 이런 이유로 한번 조공을 하는데 자칫하

> 면 3년이 걸려서야 비로소 일을 끝내고 돌아갑니다. …… 청나라 장수가 공작과 앵무새를 잘 보살피라고 시켜서 들것을 만들어 메고서 왔습니다."라고 하였습니다. …… 그 나라는 일본으로부터 서쪽으로 한 달 남짓 걸리는 거리로 우리나라와도 또한 가깝다고 합니다. 그 나라에서 바치는 토산물은 물소뿔, 상아, 호초, 소목蘇木, 진주, 토주土紬 등의 물건이라 하였습니다(暹羅國進貢之人, 渾身如柒, 髮紫貌怪者三人, 亦在庭內, 而其中一人, 稍解漢語爲白去乙, 譯官朴庚生, 從便相語, 問其被擄緣由. 則其人曰, 暹羅國在南極大海中, 於朝貢之時, 乘船出來, 則下岸之後, 消了八箇月, 始達南京, 以故一番朝貢, 動經三年, 始得竣事而還. …… 清將仍使看護孔雀鸚鵡, 作扛擔來云. …… 其國距日本西一月程, 而與我國亦近. 本國所貢方物, 則犀角象牙胡椒蘇木海珠土紬等物云云.)(1643년 6월 22일 장계)(정하영 외, 2008: 904).

'온몸이 칠흑같이 검고 머리칼은 붉고 모습이 괴상한 세 사람'은 당시의 조선인의 눈에 포착된 태국인들의 모습으로 장계에 이들은 낯선 존재로 재현되고 있다. 낯선 존재, 즉 이방인을 괴상한 존재로 재현하는 것은 타자의 재현 방식 중 하나이기도 하다. 1777년 북경을 방문한 이압은 아라사인의 모습에 대해 눈이 푸르고 광대뼈가 튀어나왔으며, 코가 주먹처럼 튀어나왔고 붉은 수염이 덥수룩하며, 사람이 있어도 오줌을 누고, 담배를 입으로 피지 않고 코로 핀다고 그리고 있다(김문식, 2009: 226). 서양인을 양귀자洋鬼子라 부른 것에서도 볼 수 있듯이 조선인은 타자를 괴상한 존재로 재현하는 경향이 강했다. 울동도 이러한 외부의 낯선 존재였을 가능성이 있다. 길동이 이튿날 무리를 만났을 때 이들을 "이곳에 산 지 오래되었다"고 밝힌 것을 보면 무리한 추론은 아닐 것으로 생각된다. 길동이 이들을 괴물로 인식한 것은 이들에 대한 선이해가 없었기 때문이다. 따라서 이들은 길동에게 괴물, 흉악한 것, 요괴, 즉 절대적 타자로 인식될 뿐이며, 아무런 고민 없이 독약을 타서 죽일 수 있는 존재다.[5] 울동은 백룡의 두 딸을 납치하는 악행을 저지르기는 했지만, 홍길동이 그 사실을 알게 되는 것은 왕을 죽이고 요괴들을 물리친 뒤다. 이는 울동이 길동을 전혀 경계하지 않는 것과 대조를 이룬다. 타자에 대한 이러한 인식은 명분 없는 정벌을 정당화한다.

> 남중에 율도국이란 나라이 있으니 옥야 수천 리에 짐짓 천부지국이라 길동이 매양 유의하던 바이라 제인을 불러 왈 내 이제 율도국을 치고자 하나니 그대 등은 진심하라 하고 즉일 진군할새 …… 태수 김현충이 난데없는 군사 이르믈 보고 대경하여 일변 왕에게 보고하고 일지군을 거느려 내달아 싸우거늘(경판, 23b)

길동이 율도국을 정벌하는 이유는 기름진 땅이 수천 리 펼쳐진 천혜의 나라라는 것이다. 길동은 자신을 의병장이라 부르며 격서를 보내지만, 율도국의 입장에서 보면 난데없는 군사의 침입이다.

> 의병장 홍길동은 글월을 율도왕에게 부치나니 대저 임금은 한 사람의 임금이 아니요, 천하 사람의 임금이라 내 천명을 밧아 기병함에 먼저 철봉을 파하고 물밀듯 들어오니 왕은 싸우고자 하거든 싸우고 불연즉 일찍 항하여 살기를 도모하라(경판, 24a).

길동의 명분은 임금은 한 사람의 임금이 아니라 천하 사람의 임금으로

5 "길동 약낭의 독약을 내어 급히 온수에 화하여 먹이니 식경은 하여 한 소리지르고 죽는지라"(경판, 22a).

서 천명을 받아 군사를 일으킨다는 것이다.

> (왕이) 제신을 거느려 항복하니 길동이 성중에 들어가 백성을 안무하고 왕위에 즉한 후 율도왕으로 의령군을 봉하고 …… 왕이 치국 삼년에 산무도적하고 도불습유하니 가위 태평세계러라(경판, 24a).

갑자기 길동 군대의 침입을 당한 율도국 왕은 신하들을 거느리고 항복해서 의령군이 된다. 경판은 길동이 다스린 지 삼년 만에 산에는 도적이 없고 길에는 남의 물건을 가져가지 않는 태평 세계를 맞이하는 것으로 마무리된다.

완판 역시 경판과 크게 다를 바 없이 서술되어 있다. 길동이 형을 이별한 뒤에 군사들을 권해 농업을 힘쓰게 하고, 군대를 훈련해 삼년상을 마치니 양식이 넉넉하고 수만 군졸의 무예와 말 타고 달리는 재주가 천하에 최강이었다. 근처에 한 나라가 있었는데 그 이름은 율도국으로 "중국을 섬기지 아니하고 수십 대를 이어오면서 덕화를 베푸니 나라가 태평하고 백성이 넉넉했다." 길동이 군사들에게 "우리 어찌 이 섬나라만 지켜 세월을 보내겠는가? 이제 율도국을 치고자 하니 각자의 소견에 어떠한가?" 하니 모든 사람이 즐겨 원하지 않는 사람이 없었다. 그리하여 즉시 날을 정해 출병하고 군사를 재촉해서 율도국으로 향하니 율도국이 당해내지 못하고 몰려나와 문을 열고 항복한다. 몇 달 사이에 칠십여 성을 정복하니 위엄이 온 나라에 퍼졌다.

그러나 완판에는 율도국의 입장이 좀 더 자세하게 묘사된다. 완판에서 길동의 군대는 '이름 없는 도적'으로 명명되며 칠십여 고을을 항복받고 도성을 침범해 오는 '침략자'로 묘사된다. 율도왕은 사면四面에 따르는 군사가 하나도 없어 스스로 벗어나지 못할 줄 알고 분함을 이기지 못해 자결하고, 율도왕의 맏아들은 이 소식을 듣고 하늘을 우러러 탄식하며 자결한다. 이를 본 여러 신하들이 어쩔 수 없어 율도국 옥새를 가져다 항복하니 길동이 대군을 거느리고 도성에 들어가 백성을 안심시키고 율도왕의 아들도 왕의 예로 장사를 지내 준다. 그리고 각 고을에 사면령을 내리고 죄인을 다 풀어 주며 창고를 열어 백성을 구제하니 온 나라에 그 덕을 치하하지 않는 이가 없었다고 했다.

경판과 완판은 홍길동의 율도국 정벌 이유를 기름진 땅을 차지하겠다는 것으로 제시한다. 그런데도 온 나라 백성들이 그 덕을 치하했다고 했다. 이러한 설정은 길동이 도적들의 괴수가 되어 절을 습격하거나 관을 습격할 때 그 이유를 제시한 것과는 대조를 이룬다. 이런 문제를 의식한 몇몇 이본은 율도국 정벌의 명분을 율도국 왕의 무도함에 두고 있다. 그 대표적인 이본이 동양문고본 〈홍길동전〉이다. 이윤석에 의하면 동양문고본은 세책본貰冊本으로 1927년 서울의 한남서림을 통해 구입한 것인데, 세책본은 대부분 1900년 무렵 필사된 것이다(이윤석, 1998: 283-284). 이윤석은 동양문고본 〈홍길동전〉을 경판 계열로 분류했는데, 동양문고본의 가장 큰 특징은 어떤 이본보다 율도국 대목이 확장되어 있다는 점이다. 동양문고본은 율도국에 대한 아무 설명 없이 바로 율도왕에 대한 묘사로 들어가며, 율도왕을 무도한 왕으로 묘사함으로써 정벌의 명분이 있는 것처럼 서술된다.

> 차설且說 이때 율도국 왕이 무도無道하여 정사를 닦지 아니하고 주색에 침닉沈溺하여 백성이 도탄塗炭에 들었는지라. 일일은 길동이 제인더러 일러 왈,
> "우리 이제 병경양족하매 무도한 율도를 침이 어떠하뇨?"
> 제인이 일시에 응성應聲하여 율도왕 치기를 자원하거늘,
> (이윤석 · 김경숙 교주, 2007: 53)

대부분의 이본에서 길동이 율도국을 치는데 별다른 명분이 없는 것과 달리 동양문고본은 율도국을 치는 도덕적 명분을 보여 주고 있다. 이를 위해 다른 이본에는 없는 내용들이 삽입되어 있으며 전쟁 부분이 경판 30장본의 7배 정도로 확대되어 있다. 길동이 율도국을 치기 전에 먼저 허만달과 굴돌통 두 장수를 율도국에 보내 정탐하도록 하는데 어떤 관청의 관문 앞에 두 소년이 엎드려 통곡하는 것을 본다. 소년들에게 그 이유를 물으니 원님이 부친을 잡아갔는데 뇌물을 바치지 않아서 풀어 주지 않기 때문이라고 한다. 이에 두 장수는 소년에게 돈을 주고 그 돈으로 부친을 구하게 한다. 두 소년은 나중에 길동 군대의 선봉이 된다(이윤석, 1998: 297-298). 동양문고본이 이처럼 전쟁 부분을 확대한 것은 세책본으로서 흥미의 확장을 꾀한 것이라 할 수 있고, 율도국이 제대로 다스려지지 않는 것으로 설정한 것은 기나긴 전쟁에 명분이 없을 수 없기 때문일 것이다. 그러나 이처럼 명분을 주었다고 한들 그것이 정벌로 이어지는 것에는 필연성이 없다. 또한 율도국 정벌 과정을 고려한다면 율도국을 이상향이라고 부르기도 어렵다.

길동의 울동 처치나 율도국 정벌은 두 가지 전형을 보여 준다. 하나는 울동을 처치하는 데서 보듯 죄책감 없이 타자를 제거한다는 점이고, 또 하나는 물질에 대한 관심이 정벌로 이어진다는 점이다. 율도국을 정벌한 길동은 왕이 되고 이전의 율도왕은 의령군에 봉해진다. 율도국 정벌을 통해 타자인 길동은 조선을 벗어나 새로운 중심이 되는데, 중심이 되는 과정은 곧 제도나 율도국의 타자화를 수반한다. 그런 점에서 〈홍길동전〉의 후반부는 타자화의 서사라 할 수 있다. 여기서 제도나 율도국은 그 자체 조선의 식민지라 보기 어려운 측면이 존재하지만, 그 이면에 식민주의적 발상이 자리하고 있는 것으로 보인다.

## 4. 조선 후기 사회의 '외부' 인식과 〈홍길동전〉

〈홍길동전〉 서사의 불통일성에 대해서는 일찍부터 지적되어 왔으며, 그에 대한 다양한 의견들이 나와 있다. 〈홍길동전〉이 문제가 되는 것은 세상 밖을 꿈꾸는 인물을 등장시켰기 때문이다. 가정에서 천대받던 길동은 그 어미에게 장길산을 본받아 '세상 밖'으로 가겠다고 하며 집을 나가고, 병조판서를 한번 지낸 뒤 조선을 떠난다. 홍길동이 요구하는 것은 가정의 질서나 사회의 질서를 근본적으로 변화시켜야 가능한 것이기 때문이다. 따라서 홍길동이 홍씨 가문을, 그리고 조선을 떠나는 것은 〈홍길동전〉이 조선 사회에 대한 근본적인 문제 제기를 하기보다는 타협의 지점을 찾았다는 의미를 갖는다. 길동이 조선을 떠나 율도국의 왕이 되는 과정도 작품 앞부분에서 길동이 보여 준 문제 의식을 보여 주지 못하고 정복자의 의식을 보여 주는 것으로 보인다.

타자의 관점에서 보면 〈홍길동전〉 서사의 이러한 불통일성이 좀 더 분명하게 드러난다. 즉 타자의 서사와 타자화의 서사가 연결되면서 주인공의 성격이 달라지는 데서 서사의 불통일성이 비롯되는 것이다. 율도국으로 가기 이전 홍길동은 적서 차별에 대해 반복적으로 문제를 제기하는 인물로 재현된다. 이는 가정의 타자이자 사회의 타자로서 드러나지 않던 서자의 목소리가 들리게 해 준다는 점에서 의미가 있다. 그런데 곧 이어지는 서사에서 길동은 제도에 본래 존재하던 울동을 괴물로 간주해 퇴치하고, 율도국을 정벌한다. 조선 밖에 존재하는 제도와 율도국은 타자의 공간이 되며, 이곳에 살고 있던 존재들은 퇴치의 대상, 정복의 대상이 된다. 조선에서 타자로 존재하며 가족에서 배제되고, 벼슬로부터 배제되던 존재가 이제는 조선과 동일시되면서 조선 밖의 존재들을 타자화하는 주체가 되는 것이다. 타자에서 주체로의 이러한 전환을 개인의 성장으로 볼 수도 있지만, 주체화의 과정이 정복이라는 폭력적인 힘을 사용한다는 점에서 성장으로 보기도 어렵다. 만약 성장으로 본다면 〈홍길동전〉 서사가 보여 주는 성장은 타자로서의 분투와 조선 밖의 존재들에 대한 타자화라는 복잡한 과정을 내포하는 성장이라 할 수 있을 것이다. 그리고 어쩌면 바로 이 점이 〈홍길동전〉을 읽는 열쇠인지도 모른다.

〈홍길동전〉은 조선 후기 가정이나 사회에서 배제된 타자들이 조선의 외부로 눈을 돌렸을 때 그것이 어떠한 형태로 발현되는지를 상상적으로 보여 준다는 점에서 조선 후기 사회의 외부 인식을 드러낸다. 외부 인식이란 곧 내부에 대한 인식, 곧 스스로에 대한 인식과 연계되어 있는데, 〈홍길동전〉에서 볼 수 있는 외부에 대한 인식은 조선인들 안에 내재해 있는 중화주의적 인식과 연계되어 있는 것으로 생각된다. 조선 후기의 조선중화주의는 존주론尊周論과 대명의리론大明義理論을 배경으로 성립되고 발전한 사상이다. 조선은 건국 당시 입국의 규모와 체제에서 송宋의 제도를 많이 따랐고, 송의 화이론華夷論을 수용해 소중화小中華 의식을 정립했다. 조선은 중화 문화의 정수를 가진 문화 국가인데, 그 규모에서 중국보다 작은 국가라는 의식이었다. 그런데 일본과 청과 두 차례의 전쟁을 치르고, 명이 멸망하자 이제 유교 문화의 정통은 조선에 있으므로 조선이 곧 중화이고 조선의 문화가 중화 문화라는 '조선중화주의'가 나타났다. 조선중화주의는 조선을 동아시아의 문화적 중심국에 위치시킴으로써 두 이적 국가, 즉 일본과 청淸의 무력에 의해 상처받은 조선인의 자존심을 회복하고, 조선의 전통 문화에 대한 관심을 환기시키는 촉매제로 작용했다(김문식, 2009: 17-8).

필자는 〈홍길동전〉의 율도국 서사가 조선중화주의의 소설적 반응이라고 본다. 그러한 추정을 가능하게 해 주는 작품이 존재하는데 그것은 낙선재본 소설 〈태원지〉다. 〈태원지〉는 그동안 중국 소설로 알려져서 관심을 끌지 못했으나 최근 임치균에 의해 국내 창작 소설일 가능성이 밝혀졌다. 아직도 이 작품을 완전히 국내 창작 소설로 확증하기에는 조심스러운 점이 있지만,[6] 설령 번역이라 하더라도 임치균이 논증한 바 조선적인 요소가 많이 가미된 이런 작품이 번역되고 읽혔다는 것은 인식상의 변화를 보여 준다고 할 것이다. 그런 점에서 〈태원지〉는 조선 후기 외부 인식을 볼 수 있는 한 자료가 될 수 있다. 〈태원지〉는 일찍이 김진세에 의해 조선 후기 사회인들의 이상향을 그린 것으로, 기성 사회에 대한 반발, 휴머니즘의 상징, 왕권에 대한 새로운 의미를 던지는 작품으로 평가되었다(김진세, 1968: 13-24). 〈태원지〉는 천명을 받은 주인공 임성이 그를 따르는 호걸들과 함께 중원이 오랑캐의 지배를 받는 것을 한탄하며 오랑캐를 치고 새로운 나라를 세우는 데 뜻을 같이하여 건국에 이르는 내용으로 이루어져 있다. 임성 일행은 망망대해를 떠돌다 태원에 이르러 정복 전쟁을 통해 나라를 세운다. 그런데 〈태원지〉에서 임성이 바다를 떠돌다 섬을 발견하고 들어가는 표해 부분에서 만나는 존재들은 괴수이거나 요괴들로 형상화되어 있다.

> 적의 웃듬 괴쉬되 이리로셔 일쳔ᄉᆞ백 니ᄅᆞᆯ 가면 ᄒᆞᆫ 셤이 이시니 쥬회 백니오 일흠은 영되라 …… 복희시 때의 한 사ᄅᆞᆷ이 그 가온데로셔 나오니 신댱이 일댱 오쳑이오 쇠몸의 구리머리며 눈이 금빗ᄀᆞᆺ고 니 옥ᄀᆞᆺᄐᆞ니 물의 드러도 빠지지 아니ᄒᆞ고 불의 드러도 타지 아니ᄒᆞ며 금슈도 능히 해치 못ᄒᆞᄂᆞᆫ지라(권1 168쪽).

6 임치균, 「〈태원지〉 연구」, 『고전문학연구』 35, 2009. 〈태원지〉의 국내 창작설을 확신하지 못하게 하는 결정적인 것은 이 책이 『중국소설회모본』 목록에 들어 있다는 것인데, 임치균은 『중국소설회모본』 목록에 제시된 책 중에는 조선에서 씌어진 책도 들어 있다고 하면서 『여범女範』을 들고 있다. 필자가 보기에 『여범女範』은 중국의 『여사서』에 들어 있는 『여범첩록』일 가능성이 높다.

이는 〈홍길동전〉에서 제도의 율동을 묘사하는 것과 같은 인식선상에 있는 것으로 보인다. 또한 〈태원지〉의 정복 전쟁은 천명으로 합리화되고 있으나 중원을 절대적 중심에 놓고 있지 않다. 이는 〈홍길동전〉이 조선을 중심에 놓는 것만큼이나 세계 인식이 달라진 것을 보여 준다. 〈태원지〉에서 임성 일행은 태원에 살고 있던 선주민으로부터 침략자로 인식된다. 토국의 태자 경역은 임성 일행을 도적이라 일컬으며, 서안국 장수 마통은 임성을 '무단한 수적'이라 일컫는다. 태자 경역은 사직을 지키기 위해 임성 일행과 죽기로 싸우고자 하지만 왕은 항복을 결심한다. 천명이 임성에게 있으니 어쩔 수 없다는 논리다. 그러자 경역은 처자를 죽이고 목을 매어 자살한다. 이는 완판본 〈홍길동전〉에서 율도왕의 아들이 자살하는 것을 연상시키며, 〈홍길동전〉의 율도국 정벌이나 임성 일행의 태원 정벌이 침략 전쟁임을 분명히 보여 준다.

〈태원지〉에서 볼 수 있는바, 오랑캐도 천명을 지니고 중원의 주인이 될 수 있다는 인식은 중화 의식의 전환을 보여 준다. 홍현성은 이에 대해 오랑캐에 의한 중원 지배를 인정한다면 사대 역시 인정해야 현실에 어긋나지 않는다고 하면서, 〈태원지〉 작가는 태원을 대륙으로 설정해 '천하의 중심'에 관한 문제를 던진다고 보았다. 태원이 유구한 역사를 지닌 대륙이라면 중원이 지닌 세계의 중심이라는 의미는 퇴색하며, 중원은 세계의 중심이 아닌 세계의 부분일 뿐이기 때문이다(홍현성, 2010: 312).

〈홍길동전〉이나 〈태원지〉는 외부에 대한 상상을 통해 서사 공간을 확장하고 있다. 이 두 작품이 보여 주는 서사 공간의 확장은 조선 후기 세계 지리에 대한 관심의 확장과 관련되어 있는 것으로 보인다. 17세기 후반에 출현해 18, 19세기에 널리 퍼진 원형 〈천하도天下圖〉는 조선에서 독자적으로 제작한 세계 지도로 평가받는다(오상학, 2001: 231-247). 원형 〈천하도〉는 당시인들의 세계 지리에 대한 호기심을 해소해 주는 역할을 담당했다. 홍현성은 〈태원지〉의 공간을 논하면서 〈태원지〉의 공간 구성이 원형 〈천하도〉와 비슷하다고 보았다(홍현성, 2010: 296). 〈태원지〉에 비하면 〈홍길동전〉의 공간 인식은 중원 중심성을 분명하게 벗어난 것으로 볼 수 있다. 〈홍길동전〉은 조선을 중심에 놓고 율도국을 주변국으로 놓고 있기 때문이다.

〈홍길동전〉이나 〈태원지〉는 조선 후기 사회의 세계 지리에 대한 관심의 확대를 보여 주며, 중원 이외, 조선 이외의 공간을 상상적으로 구현하고 있다는 점에서 새로운 서사 공간을 연 작품이다. 그러나 여기서 중요하게 질문할 것이 있다. 그렇게 해서 만들어진 공간이 지금까지의 연구에서 언급해 왔던 대로 과연 이상향인가? 그리고 새로운 나라의 건국 과정은 정당한가?

필자는 〈홍길동전〉이 타자의 서사에서 출발해 또 다른 타자를 만들어 내는 서사라고 본다. 율도국 부분이 후대에 들어갔다는 추정을 받아들인다면, 현전 〈홍길동전〉은 조선 후기인들의 외부에 대한 상상에 정복의 욕망이 섞여 들어가 있는 텍스트라 할 수 있다. 다시 말해 〈홍길동전〉은 우리 안에 있는 조선중화주의에서, 더 나아가 제국주의적 인식소認識素를 들여다보게 하는 작품이라고 할 수 있다. 가장 단순한 수준에서 제국주의를 자신의 소유가 아닌, 다른 사람들이 소유하고 살고 있는 머나먼 땅을 조종하고 정착하고 생각하는 것을 의미하는 것(사이드, 1995: 52)[7]으로 본다면, 〈홍길동전〉 후반부의 발상은 제국주의적 요소를 갖는다고 할 수 있다.

7 사이드Edward W. Said는 제국주의라는 용어를 머나먼 영토를 지배하는 제국의 중심 태도와 이론과 실천의 의미로, 제국주의의 필연적인 산물인 식민주의는 머나먼 영토에 정착하는 것의 의미로 사용한다(사이드, 1995: 55).

## 5. 나오는 말

이 글은 타자의 시선으로 〈홍길동전〉을 읽은 것이다. 〈홍길동전〉은 근본 천생으로 양반 사회의 타자인 홍길동의 인정 투쟁을 실감나게 그린 작품이다. 그러나 전반부의 타자의 서사가 후반부에서 타자화의 서사로 전환되면서, 애초의 문제 의식은 희석되고 정복의 서사로 마무리된다. 〈홍길동전〉 초반부에서 보이는 적서 차별에 대한 문제 의식은 치열하지만 그것의 해결은 개인적인 차원에서 이루어진다. 그것은 외부를 필요로 할 만큼 조선 사회 내부에서는 이루어질 가능성이 희박하다는 의미이기도 하다. 〈홍길동전〉은 조선 사회에서 그것을 이룰 수 없다는 것에 좌절하지 않고 새로운 공간을 찾아가서 새로운 삶의 공동체를 실현하는 것까지 보여 준다는 점에서 타자들에게 새로운 가능성을 제시한다. 그러나 〈홍길동전〉은 타자를 주인공으로 내세워 타자의 목소리를 드러내고는 있지만 타자를 만들어내는 구조를 문제삼지 않는다. 이는 홍길동이 현실에서의 가부장, 임금의 인정을 갈구하는 데서 잘 드러난다. 그런 점에서 〈홍길동전〉은 타자의 성공에 대한 욕망을 정직하게 드러내는 서사라 할 수 있다. 〈홍길동전〉은 조선 후기 조선중화의식이 통속적인 형태로 발현된 작품으로 조선 후기인들의 성공에 대한 욕망과 타자에 대한 인식을 솔직하게 드러내고 있는 것으로 보인다.

이러한 평가는 〈홍길동전〉이라는 대표적인 고전 소설의 가치를 폄하하고 훼손하기 위한 것이 아니다. 〈홍길동전〉은 조선의 가정과 사회가 안고 있는 적서 차별에 대해 전면적으로 문제를 제기하고 그에 대한 돌파구를 찾은 작품이라는 점에서 역사적 의의를 갖는다. 그러나 그 돌파구가 성공에 대한 욕망과 외부의 존재에 대한 타자화의 방식을 벗어나지 못했다는 한계를 갖는다. 이러한 한계는 근대 민족 의식이 본격화되기 전 중화주의의 타자로 억눌려 왔던 조선인이 가질 수 있는 욕망의 한 형태로 이해할 수 있다. 그러나 그 욕망은 지나간 것이 아니라 현재에도 살아 있다. 현대 한국은 산업적 발전의 결과로 얻은 경제적 지위를 통해 '소제국주의'의 행태를 보이고 있다. 필자는 이러한 행태가 식민과 가난의 역사를 겪어온 한국인의 성공담 뒤에 숨어 있는 또 다른 얼굴이라고 생각한다. 바로 이 지점에서 〈홍길동전〉은 우리의 두 얼굴, 즉 타자에 대한 공감과 타자화에 대한 욕망을 동시에 보여 주는 거울이라고 생각한다. 〈홍길동전〉은 이런 거울로서 계속 읽혀져야 할 것이다.

## 참고 문헌

### 1. 자료

『심양장계』—심양에서 온 편지, 소현세자 시강원 지음, 정하영 외 역주, 창비, 2008.

〈태원지〉, 국학자료보존회, 1980.

〈태원지〉, 임치균 배영환 옮김, 한국학중앙연구원출판부, 2011.

〈홍길동전〉 경판 24장본.

〈홍길동전〉 완판 36장본.

이윤석 · 김경숙 교주, 『홍길동전 · 임장군전 · 정을선전 · 이대봉전』, 경인문화사, 2007.

## 2. 논저


강동엽, 「허균과 유토피아」, 『한국어문학연구』 41, 2003.

권순긍, 「홍길동전의 수용 양상과 시대적 의미」, 성균관대학교 석사학위 논문, 1983.

김문식, 『조선 후기 지식인의 대외 인식』, 새문사, 2009.

김진세, 「태원지고: 이조 후기 사회인들의 Utopia를 중심으로」, 『영남대학교논문집』 1~2, 영남대학교, 1968.

박일용, 「〈홍길동전〉의 문학적 의미 재론」, 『고전문학연구』 9, 1994.

사이드, 에드워드, 『문화의 제국주의』, 김성곤 · 정정호 옮김, 1995.

이강옥, 「〈홍길동전〉의 제문제와 해결」, 『한국고전소설론』, 새문사, 1990.

이문규, 「〈홍길동전〉의 성격」, 『한국문학사의 쟁점』, 집문당, 1986.

오상학, 「조선 후기 원형 천하도의 특성과 세계관」, 『지리학연구』 35권 3호, 2001.

이윤석, 「동양문고본 〈홍길동전〉 연구」, 『동방학지』, 1998.

임치균, 「〈태원지〉 연구」, 『고전문학연구』 35, 2009.

장효현, 「홍길동전의 생성과 형성」, 『고전소설사의 제문제』, 고려대출판부, 2002.

홍현성, 「〈태원지〉 시공간 구성의 성격과 의미」, 『고소설연구』 29, 고소설학회, 2010.

# 남성의 틈새에서 새어나온 여성의 목소리*

강소영

## 1. 타자화된 대상, 여성

신여성은 1920년대 한국 사회에 새롭게 등장한 여성을 지칭하는 말로, 당시 1919년 이후부터 지속적으로 나온 다양한 잡지들 속에 그 모습이 재현되었었다. 이들 중에서 『신여성』은 신여성 담론이 형성되는 데 주요한 역할을 한 잡지로, 신여성이 누구인지를 언표화하고 유포함으로써 독자들의 입에서 신여성을 말하게 했다. 선행 연구에서는 식민지 조선에서 신여성은 어느 정도의 자리를 차지하고 있었는지, 그들이 원하는 이상향은 어떤 모습이었는지 등등의 신여성의 일반적 성격 규명에 초점을 맞추었다. 그 결과 근대적 여성 주체로서의 면모를 강조하기도 하고 지배되고

* 이 글은 「은유 표현을 통해 본 신여성의 사회적 위치」(『어문연구』 64, 2010), 「남성의 틈새에서 새어나온 여성의 목소리」(『한국고전연구』 22, 2011)를 부분 발췌, 편집한 글이다.

타자화되는 대상으로 놓이기도 했지만, 신여성이 당시 가부장제와 민족주의의 통제 아래에서 저항하는 일군의 무리로 존재했음은 공통적으로 지적하는 바다.[1]

이 글은 기존의 연구를 심화하기 위해 여성 관련 은유 표현[2]을 대상으로 하여 당시 남성 위주의 사회가 가졌던 여성에 대한 타자화 방식을 드러내려고 한다. 은유는 문자 그대로의 의미로 해석되지 않는 불분명함 때문에 독자에게 더욱 폭넓게 해석될 수 있으며, 따라서 은유를 통해 전달된 필자의 의도는 단언보다 더 강력한 효과를 거둘 수도 있기 때문이다.[3] 또한 이들 은유 표현을 성별을 기준으로 분류해 남성과 구별되는 여성의 목소리를 찾아보려고 한다. 남성에게 여성 문제는 지식인이 다루어야 할 사회 문제일 뿐이지만, 여성에게 이는 '봉건 대 근대'의 대립 구조 속에 '남성 대 여성'의 대립 구조를 한 겹 더 설정해야 하는 성차별적 문제이기도 하기 때문이다.

이 글은 이러한 입장에 서서 신여성이라 불렀던 여성들의 삶이 어떻게 인식되고 있었는지 먼저 살피고, 신여성 스스로 자신의 삶을 어떻게 생각했으며, 그것이 남성 중심의 근대적 이상과 어떤 괴리를 빚었었는지 『신여성』에 나타난 여성 관련 은유 표현을 중심으로 살펴보려 한다.

1 가부장제와 민족주의의 통제는 김양선(2000), 전은정(2000), 이명선(2003), 김수진(2009) 등을 통해 지적되었으며, 이들은 당시 여성을 둘러싼 담론이 발전적이었다기보다는 여성을 다시 가정으로 소환하거나, 남성이 은밀하게 여성의 행보를 가로막는 방해물로 작용하고 있었다는 데에 동의하고 있다.

2 이를 증명하기 위해 이 글에서는 라코프와 존슨(Lakoff & Johnson, 1980)의 개념적 은유설을 도입, 『신여성』에 기술된 일상 언어에 내재하는 개념적 은유의 양상을 분석했다.

3 은유의 속성상 특정 부분은 은폐시키고 특정 부분은 더 부각시킬 수 있기 때문에, 즉 [사랑은 협동적 예술 작품]이라는 은유는 수동적인 사랑의 속성이나 통제 결여의 측면을 은폐시키는 특성을 지니고 있기 때문에(Lakoff & Johnson, 1980: 187-91), 이 글에서는 은유 표현을 연구 대상으로 선정한 것이 적절하다고 생각한다.

## 2. 『신여성』에 나타난 은유 표현

『신여성』은 논설, 좌담회, 공개장 등을 통해 자유와 해방의 담론을 공론화하는 한편 특집, 색상자와 같은 지면을 통해 신여성에 대한 다양한 신상 보고를 실었다. 머리 모양, 목도리, 신발 등의 묘사를 통해 신여성은 성적 욕망의 대상으로 취급받았으며, 실제로 제2부인이라는 별칭을 낳을 만큼 사회의 문젯거리로 등장하기도 했다. 그러나 자유 연애와 결혼의 과정을 거친 제2부인은 법적 · 사회적 보호를 받을 수 없는 존재였다. 자유 연애와 자유 결혼을 주장하고 권유했던 집필진의 시각과 상당히 다른 것이다. 이는 근대 결혼 제도가 가지고 있는 한계가 여성의 처지와 연계되었을 것이란 추측이 가능하다.

따라서 이 글에서는 결혼을 기점으로 신여성의 무리를 여학생, 기혼 여성으로 나누고, 각기 그녀들에게 주어졌던 개념적 은유에는 어떤 것이 있었는지를 살펴보려고 한다.

### 여학생 관련 은유 표현

여성은 전통적으로 남성에게 종속된 위치에 있었다. 그러나 근대 학교 교육을 받은 여성들은 성역할과 위상에서 전통적인 여인과 다를 것으로 기대되었으며, 따라서 전통적인 여성을 구식 여성으로, 신식 교육을 받은 일군의 여성을 신여성으로 분리해 내고, 후자는 주체적인 모습을 가진 여학생을 대표형으로 내세웠다.

따라서 여학생은 조선 사회를 개조하는 투철한 정신과 소양을 기르기 위해 열심히 준비하고 있고, 아래의 예에서처럼 구시대에 반항하고 반기를 드는 전쟁 같은 삶을 살아나갈 준비가 되어 있음을 역설한다.

(1) 가. 여성이 반역의 기를 들고 남성에게 항거하고 있기는 벌써 오래전의 사실인 바 (4권 4호, 여학생 여러분에게 고하노라)

나. 인격을 확립키 위하야는 반드시 반기를 놉히 드는 날이 잇서야 할 줄 안다(3권 11호, 연인도 폭군).

다. 우리는 생활 운동에 열중하자. 그리하여 그의 승리가 있게 하라(4권 4호, 여학생 여러분에게 고하노라).

라. 유학을 갓다오면 얼마나 영웅이 되어질 것처럼 처녀 영웅심을 가슴에 품고(7권 4호. 깁붐을 양식삼뜬 그때여)

[삶은 전쟁] 은유를 보이는 예다. 여학생들이 그동안의 인습과 습관에 반항하고 반기를 높이 들어 이와 싸워나가겠다고 선언하거나, 그러한 과정에서 신여성도 민족의 영웅이 될 수 있음을 피력하고 있다.

그러나 여학생들의 진보된 의식 향상과 달리, 사회에서 여학생을 바라보는 시선은 기존의 관습적인 생각을 일관되게 고수하고 있음이 계속 전달된다.

(2) 가. 항상 밧줄로 얽거매인 것 가튼 늣김이 잇서서 사람이 자라지 못하고 쪼라드는 것 갓햄습니다(4권 4호, 웃음이랄까 눈물이랄까 기숙사 생활의 이 모양 저 모양).

나. 녀학생을 볼 때에 무엇보다 자긔가 거느리고 살을 안해나 며느리로쑌 보는 오늘 남자들로서(4권 4호, 일반 남자의 그릇된 선입견)

(2-가)는 기숙사 생활을 하는 여학생의 모습을 죄인이나 가축 따위를 얽어서 동여 묶는 '얽어매다'로 표현한 예인데, [여성은 가축] 은유를 통해 여성이 동등한 인간으로 여겨지지 않음을 보여 준다. 이러한 시선은

[여성은 아랫사람] 은유에서도 동일한데, (2-나) '거느리다'의 사용에서 보듯 여학생은 부하와 동일한 아랫사람으로 여겨지고 있어 구시대의 가치관이 개념적 은유로 나타나 있음을 알 수 있다.

이처럼 여학생을 남학생과 동일하게 조선의 부국강병을 책임질 존재로 보고 있지 않음은 남성이 직접 쓴 아래의 글에서 분명해진다.

(3) 가. 더 좀 똑똑하고 애교잇는 시중군女房이 되어 달라 하는 것이 이것이 오늘 남자의 녀학생게에게 바라는 첫 조건이오(4권 4호, 일반 남자의 그릇된 선입견).

나. 암만 생각해도 여자는 선천적으로 남자의 지도 아래에 잇서야 될 것 갓해요(7권 2호, 총각 좌담회).

여학생은 지도자가 아니라 남성의 시중꾼에 불과한 존재(3-가)이며 이는 개화된 남성들조차 동일하게 여기고 있음(3-나)을 직접적으로 언급한 예로, 앞서 은유 표현을 통해 분석된 여성 비하적인 시선이 남성들의 내면에 깔려 있음을 언표화한 예다.

구시대적인 발상을 유지하고 있는 남성들의 시선은 아래의 예에서도 드러난다. 아래는 여성이 직업을 가졌던 역사적 배경을 설명하는 글의 일부인데, 집필자(김윤경)는 여성이 직업을 가지거나 남성과 경제적으로 동등한 지위를 누리려 하는 것을 곱지 않은 행위로 보고 있다.

(4) 가. 여태까지 남자의 점령 단위던 직업을 침해하게 되었습니다. 그리하여 그 조정이 중대 문제가 되엇슴니다(2권 11호, 부인 직업 문제).

나. 남자는 일허버린 직업과 노동을 그냥 부인에게 주어두고 말까? 남녀 쟁투이 닐지 아니할까?(2권 11호, 부인 직업 문제)

(4-가)는 전후 남성의 빈 자리를 채우기 위해 직업 전선에 나서게 된 여성들을 직업 즉 남자의 점령지를 침해하는 것으로 표현했다. '침해하다'는 남의 땅을 침범해 해를 끼치는 존재로 평가하는 것으로, 여성의 직업을 장려해 오던 당시 남성 지식인들의 생각이 허위였음을 보여 준다. 더구나 (4-나)는 '잃어버리다' 즉 가졌던 물건이 없어져 갖지 아니하게 되다의 사용에서 보듯 [직업과 노동은 (남자의) 소유물] 개념적 은유가 내재하고 있음을 보여 준다. 결국 이 글에서는 남성들이 근대 교육을 받은 여성들의 직업 갖기에 표면적으로 찬성을 하지만, 이를 우호적으로 바라보고 있지 않음을 읽을 수 있다.

따라서 복식의 유행에 관한 논의가 여학생들의 사치허영 논쟁으로 번질 때 여학생들을 남의 눈을 의식하는 허영덩어리, 괴물과 같은 존재로 격하시킨 예시마저 나타난다.

(5)가. 단발미인이란 그것들도 허영이 내놓은 괴물이다(2권 11호, 신여성 문제 대야화회).

나. 유행만 부지런히 쫓는 여자, 그런 사람들을 나는 타락된 계집 요마라고 봅니다(3권 11호 미혼 남녀들의 바라는 남편, 바라는 안해).

[여성은 괴물] 은유의 예다. 특히 요망하고 간사스러운 마귀, '요마'는 타락墮落하다 즉 '불행은 아래' 지향적 은유를 사용해 수식함으로써 슬픔이나 절망을 동반한 여성, 미래 지향적이지 못한 여성을 함의하고 있다.

지금까지 본 것처럼 여학생을 대상으로 한 은유 예시를 통해 여학생은 자신의 새로운 임무를 각성하고 사회에 보탬이 되는 존재이기를 바라지만, 사회와 남성들의 시선은 여전히 남성의 보호 아래에서 살아가야 할 미성숙한 인간으로 대하고 있음을 알 수 있다. 특히 남성들이 자신의 영역 아래에 여성을 두기를 원하는 시선은 여학교를 졸업한 뒤다. 자신이 점령해 왔던 직업을 가지려 하는 여학생을 경계하고 그들을 자신이 거느리는 하인처럼 아내로 두려는 시선을 노출한 것이 그 예인데, 아래에서는 여학생이 불행의 근원인 결혼과 동시에 어떤 처지에 빠졌었는지, 당시의 시대적 배경을 짐작케 하는 은유 표현들을 중심으로 찾아보려 한다.

### 기혼 여성 관련 은유 표현

과거 여성은 집안의 의식주를 책임지는 동시에 사회 전체를 지탱하는 미래의 역량을 출산하고 키우는 중요한 임무를 담당하고 있었지만, 사회에서는 도구와 기계로 여겨졌었다.

(6) 가. 미개한 시대 과거의 기나긴 세월에 남성들에게 물품시 받고 학대받고 짓밟혀 온 여성의 비참한 생활은(2권 5호, 여자와 비밀)

나. 결혼 그 즉시로 안해라는 한편은 곳 남편 되는 한 사람의 차디한 바가 되고, 다 못 담은 것은 한 개의 주인과 한 개의 몸파리군이 서로 모혀서, 기계덕의 생산과 싹바듸의 품파리를 하고 잇는 셈이 되엇다(2권 5호, 죽은 혼인과 허튼 혼인).

예전에 물건처럼 여겨졌던 여성의 처지(가)와 남자의 소유물(차지하다)로 취급받으며 아이 낳는 도구로 여겨지고 있는 여성의 모습(나)을 지적한 예다. 따라서 조선 여성이 도구와 기계였던 것은 물리쳐야 할 관습이며, 현재에는 새로운 의식을 가진 신여성들이 낡은 제도와 싸우기 위한 일대 각성을 하고 항거해야 한다는 논리로 이어진다.

아래 글은 신여성에게 주어진 임무를 확인시키며 신여성의 해방은 무산 계급의 해방과 연관돼 있다는 진보적인 생각을 발전시키고 있는 신여성들의 글이다.

(7)가. 자기로서의 사색하고 판단할 만한 힘이 없으면 아무 때나 피동으로 아는 사람 뒤에나 따라가기는 전이나 역시 마찬가지일 것이 아니겠습니까?(3권 11호, 상급 학교에 갈 수 없는 졸업 처녀의 번민)

나. 속아서 팔녀서 호강 좀 해보려고 일부러 또한 연애 결혼 등등의 조건하에서 제2부인 생활을 하게 된다고 생각한다. (중략) 완전한 여성 해방으로 말미암아서라야만이라는 대답으로 긴 말을 대신하려 한다. 그러자면 무산 계급의 해방이 업시는 여성의 해방은 잇슬 수 업다는 것을 알아야 할 것이다(7권 2호, 계급 해방이 여성 해방).

(가)는 '따라가는 여성=자신의 판단이 개입되지 않은 수동적인 여성=구식 여성'으로 표현한 예로, '따라가다'가 사람이나 동물이 앞선 이의 뒤에서 가는 것을 의미하는 어휘임을 감안하면, '따라가다'로 표현된 구식 여성은 동물과 다를 바 없는 존재로 은유화된 예라 하겠다. 따라서 이에서 벗어나려는 자각은 신여성의 각성을 보여 주는 바다. 이러한 각성된 의식은 여성의 해방이 생산 수단을 자본으로 하는 자본가와의 싸움과 연관되어 있다는 설명(나)으로 이어져 근대 사회를 이끌어 나가는 주도 세력으로서의 자세를 여성에게 부여하고 있음을 보인다.

그러나 여성들은 신제도와 문물을 도입해 사회가 개명되었다고 배웠지만, 실제 자신이 살아가는 사회에서 이를 체감하기가 어렵다. 구세대의 유물이라고 할 수 있는 결혼 제도를 둘러싼 여성 담론을 일상적 은유의 예시로 해석해 보면, 우선 기혼 여성을 동물, 물건 등 남성의 소유물로 여기는 개념적 은유가 눈에 띈다.

(8) 가. 그럴 듯하게 이론을 부쳐 가지고 더 약게 전제의 그물에 여자를 얽어맨다(3권 11호, 연인도 폭군).

나. 그 앙증하고 귀여운 맴병아리는 장차 어썬 총각놈의 몸보신깜이 될고(7권 2호, 병아리 부부의 파혼)

다. 사람 독특의 상상을 가지고 감정을 가진 그 혼인은, 새, 짐승 이상의 무엇을 창작을 하지 않으면 안 될 것이다. (중략) 우리는 저 들에 핀 한 송이의 꽃을 탐하여, 곧 그 꽃을 꺾어 나의 것을 삼는다(3권 11호, 죽은 혼인과 허튼 혼인).

'얽어매다' 즉 사냥감이 된 신여성의 모습으로 (8-가)는 [여성은 동물] 은유다. 동물 은유는 남자와의 연애 결혼을 몸보신감인 닭으로 표현한 (8-나)에서도 드러난다. 이는 신여성은 극복해야 할 모습으로 지적된 구여성의 결혼, 즉 새나 짐승, 꺾인 꽃으로 비유된 [(구식)여성은 동,식물] 은유(8-다)와 동일한 것이다. 따라서 구여성이든 신여성이든 기혼 여성은 동식물과 동일하게 다루었던 당시의 사회상을 읽을 수 있다.

동물과 동일 범주처럼 여겨졌던 여성은 생명체가 없는 물건으로 나타나기도 하는데, 결혼한 아내를 노리개와 완롱물로 비유한 것이 그 예다.

(9) 가. 남자의 노리개가 되어 무리한 가장이란 자에게 구속을 바든 우리가(4권 4호, 신여성번민호를 보고)

나. 안해는 남편의 한 완롱물에 지나지 못하는 것을 알앗습니다(3권 11호, 인형의 가와 해부인).

다. 外의 妻이란 相對物이 잇는 사람의 애인 노릇은 할 마음이 업다(7권 2호, 계급 해방이 여성 해방).

라. 딸이라는 인형으로 아버지에게 길니우고 아버지 손에서 남편에게로

넘기여 가서 안해라는 인형으로 작란감이 되어 잇섯든 것이다(3권 11호, 인형의 가와 해부인).

남편이 벌어다 준 돈으로 호의호식하는 여성은 구여성이든 신여성이든 모두 남편의 노리개였다고 비유한 예(가)이며, 이처럼 물건에 비유한 것은 (나, 다)의 완롱물이나 상대물[4] 역시 동일하다. 따라서 물건이나 일, 책임 따위를 맡기다의 의미를 가진 '넘기다'의 사용에서 알 수 있듯이, 결혼한 아내는 남편의 처분에 맡겨진 대상, 즉 담보권, 소유권 등을 주장할 수 있는 특정한 물건처럼 취급받고 있는 것으로 형용된다.

더군다나 자유로운 삶을 꿈꾸던 신여성의 의도와는 상관없이 결혼 후 [시집은 감옥] 개념적 은유가 그들을 지배하고 있었다.

(10) 가. 골방 속에 다년간 감금을 당하엿든 시악시들이 별안간 석방을 당하니까(2권 11호, 혁대 시비)

나. 각성한 여성의 일군이 남성의 제제에서 탈출하려는 해방 운동을 시작하야(2권 11호, 인간애와 교육)

다. 가정에서는 봉건적 도덕의 무거운 사슬이 그들을 기다리고 잇고(7권 4호, 여성과 문화 문제)

라. 작년 가을에 혼인이 작정된 것을 싫다 싫다 못하여 기어코 시집에 갇히는 몸이 되여 가고 말았습니다(2권 5호, 상급 학교에 갈 수 없는 졸업 처녀의 번민).

4 이는 '결혼의 상대자가 남자인 이상 그 책임의 반분을 기피할 수도 업고(7권 2호, 여인고통삼부곡)' 같은 예시, 즉 남자를 대상으로 할 때 '者'를 사용한 것과 대조적이다.

시집을 골방으로, 결혼 생활을 감금을 당한 것으로 표현한 (10-가)는 지금까지 여성의 처지가 죄인과 다를 바 없었다는 사회의 인식을 보여 주는데, 이는 신여성 역시 동일하다. 구속에서 빠져 나오다의 의미를 가진 '탈출하다'(나)의 예에서 알 수 있듯이 결혼한 여성은 구속 상태에 있는 대상이고, 가정에서 그녀들은 무거운 '사슬'을 매고 살아가는 죄수의 몸(다)이며 결국 처녀의 눈에 결혼한 여성은 시집에 '갇혀 있는 몸', 즉 [시집은 감옥] 은유가 내재했음을 보인다. 결국 결혼한 여성은 갇혀 있는 몸, 즉 죄인으로 여겨지는 개념적 은유가 시대가 바뀌어도 여전히 존재했음을 보인다.

따라서 동물이나 죄인처럼 일정 구역에서만 살면서 남편과 식구들을 위해 노역을 해야만 하는 신세, 즉 이들이 노예와 다를 바 없는 삶을 살고 있음을 피력한다. 이는 아래와 같은 [여성은 노예다] 개념적 은유에 의해 드러난다.

(11) 가. 무엇에나 자기는 꼼짝 아니하면서 여자만 부러먹기를 꺼리지 않는다

나. 여자들은 잘 먹여 주고 잘 닙혀 주고 잘 다리고 단겨 주면 그것만으로 족한 모양이오

다. 돈 만흔 집 종년된 덕에 남편이 정을 모르고 친척의 우애도 모르고 고생고생하든 끗이 아들의 자살까지 보면서((2권 11호, 은파리-복마굴 탐험기)

'부리다' 즉 마소나 일꾼, 기계 기구 등을 이용해서 일을 하다는 서술어가 사용된 (가)는 여성이 재산 증식을 목적으로 존재했던 노예와 다를 바 없는 존재임을 보인다. 이처럼 여성이 남편의 종과 다를 바 없는 존재

였음은 아내와 동부인하는 모습을 '데리다' 즉 '아랫사람을 몸 가까이에 있게 하거나 또는 따라다니게 하다'를 사용해 표현한 (나)에서도 드러난다. 따라서 결혼을 돈 많은 집의 종년이 되는 것으로 표현한 (다)에서 합쳐지면 이들은 아내는 동물과 다를 바 없이 미천한 존재로 취급받는 [여성은 노예] 은유가 당시 사회에 지배적이었음을 보인다.

지금까지 살펴본 것처럼 기혼 여성은 동물이나 물건으로 취급되며, 시집에 갇혀 지내는 구속 상태에 놓여 있는 존재, 즉 노예로 은유화되어 있음을 알 수 있었다. 이는 달리 말하면 여성에게 결혼은 부모에게서 낯선 남자에게로 노예로 팔려가는 과정이었음을 말하는데, 결혼이 (노예) 상거래와 다를 바 없음은 결혼을 '사다, 팔다, 거래하다, 매매'와 같은 상거래 관련 용어들로 표현한 아래의 용례에서도 명확해진다.

(12)가. 몇 가지의 저고리와 치마감(所謂納幣)이나 또 혹은 몇푼 중의 금반지(所謂結婚斑指)로써 자기의 아내라는 그 여자를 아주 사버리고 마는 셈이다(2권 5호, 죽은 혼인과 허튼 혼인).

나. 당신은 나를 사랑한 것이 안이요 혼인 비용으로 사온 것이요 나 역시 당신을 사랑해 보지 못햇고 팔려 온 것에 지나지 못하엿습니다. 나는 가겟으니 리혼해 주서요. 그러면 이때까지의 거래는 아주 지워 버려 주마(3권 11호, 인형의 가와 해부인).

다. 불상한 처녀는 돈에 팔려서 몸을 버려놋코(2년 11월, 복마굴 탐험기)

라. 중매 마누라를 가운데 두어 가지고 온갖 부도덕하고 도리업슨 매매 결혼의 음모 쑤미기를 쓴치고(2권 5호, 결혼에 요하는 삼대 조건)

(가)는 치맛감, 금반지와 같은 결혼 예물을 대금으로 지불하고 아내를 사는 것을 결혼으로 표현한 예이며, (나)는 남자는 혼인 비용을 대고 여

자는 이를 받고 팔려온 것으로, (다)는 제2부인 역시 동일하게 '팔리다'로 표현되어, 이들은 모두 결혼을 거래로 은유화한 예라 할 수 있다. 거래는 중간 상인이 개입되기도 하는 것처럼 결혼 역시 중매 마누라가 개입된 매매 행위(라)로 표현된다. 돈을 지불한 자와 지불 대금 그리고 중간 상인까지, 결혼의 절차가 모두 상거래와 다름없음을 구체적으로 묘사하고 있어, [결혼은 상거래] 개념적 은유가 당시 사회를 지배하고 있었음을 분명히 한다. 목표 영역인 결혼과 원천 영역인 상거래의 사상 관계는 다음과 같다.

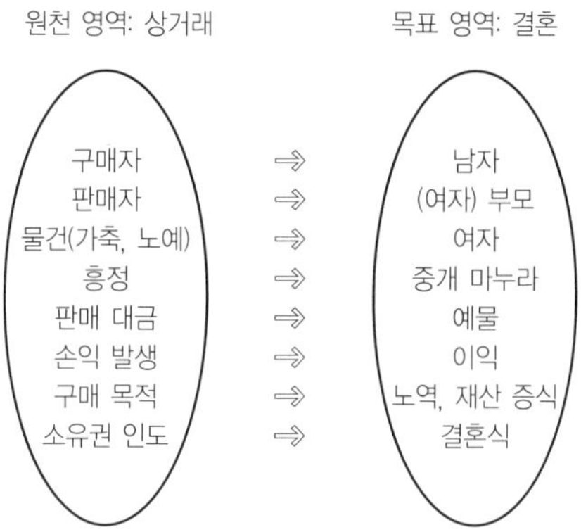


[그림 1] [결혼은 상거래] 은유의 사상 체계

원천 영역의 명세 사항들과 목표 영역의 명세 사항들 사이에 사상 관계를 보이는 그림이다. 앞선 여성 관련 은유들을 연결시켜 보면, 이들은 동일하게 상거래 현장을 원천 영역으로 함이 공통적이다. 단지 상거래 현장에서 주고받은 대상이 장난감, 인형, 노리개 등의 물건과 말과 소 등의 가축, 그리고 노예로 구체화된 점이 다를 뿐이다. 즉, 목표 영역은 결혼으로 동일하나 원천 영역이 완구점인지, 가축 시장인지, 노예 시장인지로 나누어 표현되는 것이 다르다.

노예는 소와 말보다 조금 더 고등한 존재, 가축과 같이 노동하는 데서 기능을 발견할 수 있는 존재다. 따라서 노예는 재산의 일부로 취급해 종신토록 부역의 의무를 졌으며, 재산 상속 시에 가축과 동일하게 양도되었다. 소유자는 자신의 이익을 위해 노예를 이용하며, 강제력과 허울뿐인 이데올로기를 내세워 자신의 지배를 정당화한다. 이런 역사적 배경을 전제로 하면, 물건의 매매, 가축의 매매는 노예의 매매로 이어지고 그들의 위치를 격하시킨 계기로 결혼=상거래였다는 데로 모아지는 여성 관련 은유들의 예시는 자연스럽다.

개념적 은유들도 체계적으로 서로 연결되어서 하나의 계층 구조를 형성한다. 그리하여 계층적으로 낮은 수준의 사상들이 높은 수준의 사상들을 물려받는 계층구조를 이루고 있다. 따라서 [여성은 가축] 은유는 계층관계 상속에 의해서 [여성은 노예]의 사상 관계를 상속받아 여성이 가축으로 형상화될 때, 노예와 동일하게 취급받을 것임을 추론할 수 있다. 그리고 이는 물건, 장난감 은유 역시 동일하다.

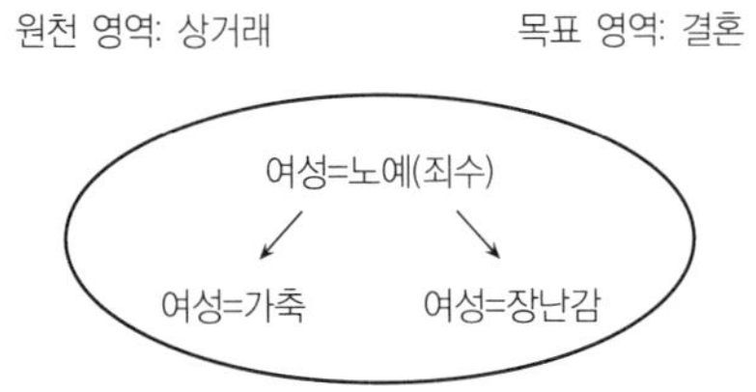


[그림 2] 여성 관련 은유의 계층 구조

따라서 글에서 여성을 가축이나 물건으로 은유화할지라도 이는 여성이 재산 증식을 위해 주인의 통제를 받아 죄인처럼 살아가는 노예 신세임을 전제로 하고 있는 것으로 분석할 수 있다.

지금까지 기혼 여성의 은유 예시를 분석하고 이를 하나의 계층 구조를 이룰 수 있도록 정리했다. 그 결과 여성들의 자유 결혼은 근대 여성들의 해방을 가져다 줄 관념으로 유포되었으나, 실제 일상적인 은유를 통해 재구한 여성들의 삶은 노예와 다를 바 없었으며 상거래와 다름없는 결혼이 그 고리로 작용하고 있어 현실과 이상은 차이를 가지고 있음을 보였다. 따라서 당시 지식인들은 자유 연애, 자유 결혼의 설정으로 신여성이 구습을 타파해 나갈 수 있는 세력으로 성장할 것이라 생각했지만, 이는 공허한 외침으로 끝날 수밖에 없었으며, 신여성은 졸업과 동시에 구식 여성과 동일한 취급을 받는 존재로 전락하고 말았을 것이란 상정이 가능하다. 그것이 여학생 은유 표현에서 나타난 남성과 여성의 시선차를 설명할 수 있는 길이기도 하며, 심지어 신여성이 기생과 다를 바 없는 시선 속에서 살아가야 하는 이유이기도 했다.

## 3. 『신여성』 여성 필진의 은유 표현 속에 담긴 성차적 특징

『신여성』 발간 당시 여성은 근대 교육을 통해 신문명을 받아들여 남성 지식인과 동등하게 근대적 주체가 될 수 있었다. 그러나 가부장적 사고 방식에 젖은 남성들이 여성을 식민지화함으로써 여성은 현실적으로 타자로 남을 수밖에 없었다. 여성 필진의 글에는 이처럼 이중삼중의 식민 상태에 처했던 자신의 현실을 드러내는 특징이 있을 것으로 기대되는데, 여기에서는 여성 필진의 은유 표현 속에 담긴 성차적 특징을 찾아보려고 한다.

대부분의 글을 남성 지식인이 집필을 했으므로[5] 은유의 사용 빈도가 응당 남성 필진에게서 더 높게 나타난 것은 당연해 보인다. 그런데 빈도 수만이 아니라 남성 필진의 은유는 여성 필진의 은유와 다른 양상을 보이고

있다.[6]

물론 근대 의식을 공유한 지식인답게 여성 필진과 동일한 시각을 보이고 있는데, 여성을 종, 인형, 노리개, 죄인과 다를 바 없는 존재로 여기고 있음을 인식하고 이를 극복해 나갈 주체로 신여성을 설정한 것이 그 예다.

〈표 1〉 『신여성』 필진의 성별 은유 표현 양상

| | 남성 | 여성 |
|---|---|---|
| 기계 | 기계 | 기계 |
| 동물 | 끌려가다, 부린다, 풀어놓다<br>(농 안의) 작은 새, (목매인) 견, 병아리 | 끌려간다, 부리다 |
| 종 | 굴복하다, 순종하다, 밟히고 채이다<br>거느리다, 데리다, 따라가다, 타파하다<br>부리다, 얽매다, 끌다<br>노예, 종사리, 몸파리꾼 | 얽어매다, 끌려가다, 부려먹는다<br>밑에, 아래<br>책임자, 폭군<br>노예, 종(년), 시중군 |
| 죄인 | 가두어 두다, 구속하다. 감금하다,<br>백방되다<br>유치장 | 갇히다, 감금되다<br>감옥 |
| 기생충 | 의뢰하다, 붙다, 빼앗다<br>기생충 | |
| 흡혈귀 | 빼앗다<br>흡혈귀, 약탈자, 도적 | |
| 물건 | 돈에 팔리다, (권리)넘기다, 매매하다<br>물건, 금강석 | 사다, 팔다<br>상품, 물건 |
| 완롱물 | 매어놓다, 달리다<br>인형, 노리개감, 작란감, 장식품, 화초 | 노리개, 인형 |
| 금치산자 | 기름을 밧는다<br>아이, 귀먹어리, 벙어리 | 길리우다<br>반신불수의 병신 |
| 전사 | 싸우다, 분투하다, 응전하다, 공격하다<br>전사, 투사, 대장 | 싸우다, 분투하다, 승리하다, 공격하다,<br>점령하다, 반기를 들다,<br>영웅, 투사, 전사, 여장사 |

5 김수진(2009)에 따르면 남성 필자가 약 50%, 여성 필자가 약 25%, 편집부 및 기자의 글이 19.7%, 확인되지 않은 필자가 약 5%라고 한다. 더군다나 여성 은유가 가장 많이 나타난 논설류는 남성 필자가 59%, 여성 필자가 29%였고, 두 편 이상 실은 필진은 남성이 여성보다 5배가 넘어 여성 은유의 빈도 수 차이가 나는 이유가 여기에 있다고 본다.

6 〈표 1〉은 여성 관련 은유 표현을 정리한 것이다. 현재 빈도 수가 논거로 제시되는 것이 아니기 때문에 개별 어휘들의 중복 사용을 일일이 계산하여 그 빈도까지 제시하지는 않았다.

(13)가. 오늘날의 소위 신녀성이라는 사람들도 남자의 화초-인생의 장식품 노리개라는 말을 듯는 것도 무리한 말이 아니겟다(3권 6호, 금일의 여성과 현대의 교육).

나. 처녀쩍에는 얼마간이라도 사회적으로 활동하든 여자가 한번 시집을 간 후에는 그만 그 가정 또는 남편에게 종된 몸 되어서 그 일생을 가정이라는 감옥 속에서마 썩이고 말게 하는 것은 현 우리 사회 제도가 우리에게 주는 한 독약일 것이올시다(1권 2호, 듯든 말과 다른 조선 신여성).

다. 조선 녀자의 선봉이 될 대장들(4권 9호, 조선의 향할 길)

[여성은 종이다] 은유는 앞서 지적했지만, 신여성조차도 결혼 후에는 봉건 질서 속에서 살 수밖에 없는 현실을 비판한 것으로, 남성 필진은 이를 자유 연애, 자유 결혼의 신사상보다 더 강력한 매매혼의 관습을 없애면 자연히 해결될 문제로 다룬다.

(14) 가. (축치족의 결혼) 매매의 의미를 가진 갑시라든지 代償이라든지의 말은 쓰지도 안코 ? 그러케 생각도 안이하는 것이올시다. 소위 문명국 사람들이 돈에 팔녀서 싀집 가고 장가가는데 비교해서 존경할 만한 일이올시다(4권 1호, 각 민족의 결혼 형식).

나. 몇 가지의 저고리와 치마감(所謂納幣)이나 또 혹은 몇푼 중의 금반지(所謂結婚斑指)로써 자기의 아내라는 그 여자를 아주 사버리고 마는 셈이다(2권 5호, 죽은 혼인과 허튼 혼인).

다. 당신은 나를 사랑한 것이 안이요 혼인 비용으로 사온 것이요 나 역시 당신을 사랑해 보지 못햇고 팔려 온 것에 지나지 못하엿습니다. 나는 가겟으니 리혼해 주서요. 그러면 이때까지의 거래는 아주 지워 버려 주마(3권 11호, 인형의 가와 해부인).

(14)는 '결혼하다'를 '사다', '팔다' 그리고 '거래하다'로 표현한, [결혼은 상거래] 은유의 예다. 이러한 시각은 여성 필진의 글에서도 드러나나 여성의 글은 수필이나 사회 세태 풍자와 같은 난이 많으며, 자신이 돈에, 권력에, 관습에 팔려가는 대상이 되었음을 한탄할 뿐이지만,[7] 남성 필진은 논설류의 글에서 직접적으로 그리고 다양한 은유적인 표현을 사용해 매매혼의 문제점을 지적한다. (가)는 축치족의 결혼 제도를 소개하면서 현재 결혼이 시장에서 물건이 거래되듯이 진행됨을 비판하고 있다. 이처럼 결혼을 상거래와 동일하게 여기고 있음은 (나)(다) 역시 동일하다. 특히 (나)의 '사다'와 함께 쓰인 '버리다'의 의미에 주목해 보면, 화자의 결혼 제도에 대한 악감정을 충분히 느낄 수 있다. '버리다'는 본동사가 아닌 보조동사로 쓰일 때 '제거 〉 완료 〉 환원 불가능성 〉 바람직하지 않음 〉 악의성'[8]의 의미 변화를 보인다. 어떤 사물의 제거라는 기본적인 의미에서 시작해 화자의 부정적 관점을 표시하는 표지로 발전한 것인데, 이의 사용으로 결혼을 둘러싸고 일어나는 일련의 과정이 바람직하지 않다는 화자의 불만이 묻어 있는 예문으로 해석된다.

7 앞 절에 나온 다음과 같은 예가 여성이 결혼에 대한 비판적 시각을 보이는 전형적인 예다.

(1) 가. 여자를 상품으로 알고 물건으로 아는 그런 관습으로 여전히 그런 행동을 한다(3권 11호, 연인도 폭군).
나. 우리 부모는 돈과 세력, 얼골과 공부 이것에 밋쳐서 자긔의 귀여운 딸자식을 헌신짝 버리드시 그리로 주어버렷담니다(4권 10호, 흉한 씀).

(가)는 여성이 물건처럼 취급되는 결혼 제도의 문제점을 이야기한 예문이며, (나)는 여자의 결혼을 부모가 다른 이에게 '주는' 것으로 표현한 예문이다. [물건 따위를 남에게 건네어 가지거나 누리게 하다]의 의미를 가진 '주다'의 목적어 자리에 여자를 넣어, 결혼이 누군가에게 여자를 물건처럼 주는 행위임을 의미한다.

8 이성하(1998: 124)에 실린 예문을 옮겨 설명하면, 철수가 순이의 도시락을 먹어버렸다는 다음과 같이 해석된다.
가. 철수가 순이의 도시락을 먹는 일이 완전히 끝났다.(제거, 완료)
나. 철수가 순이의 도시락을 먹어서 도시락이 없어졌다.(제거, 완료, 환원 불가능성)
다. 철수가 순이의 도시락을 먹은 일은 참 안된 일이다(바람직하지 않음)
라. 철수가 순이의 도시락을 먹음으로 순이에게 손해를 입혔다.(악의성)

결혼을 둘러싸고 자신이 팔려가는 물건처럼 여겨진다는 여성 화자의 심경 토로에 비해 좀 더 진보된 바이지만, 그러나 이 역시 이론적 무장에 불과할 뿐, 현실적 실천력은 그리 높지 않았다.[9] 선행 연구에서 지적되었던 것(김수진 2009 : 459)처럼 일본에서조차 의제로 다루었던 여성 참정권이나 모성 보호 문제 등은 진지하게 다루지 않고 단지 양처현모론에 치우쳐 여성의 수양만을 강조했던 남성 지식인들의 태도가 이를 증명한다.

(15) 가. 종래의 조선의 교육이 가정과 몰교섭함에 이면이 잇다. 하나는 가정적 교육의 전무요 또 하나는 가정과의 협조가 업는 것이다. 학교에서 아모리 역설하고 생도들을 감복시킨다고 하더라도 각 가정에서 자녀에게 가정일을 시키지 안는다면 학교로서도 어찌할 수 업는 일이다(7권 10호, 조선 여자 교육개선안).

나. 일어 영어 지리 역사 수학 물리 화학 그리고 여자에게 제일 필요한 요리 재봉 음악 위생 영양학 간호ㅅ법 육아ㅅ법 가튼 것을 한 벌씩 쑥내려 배웟슬 것은 틀림없는 사실이리라(6권 3호, 교문을 나설 누이에게).

다. 아무리 여성 해방을 부르짓고 여성의 사회적 진출을 논하는 시대라고 할지라도 여자의 근본적 욕망 또는 기원은 현모양처됨에 잇다. 물론 그 내용에 변화는 잇겟지마는 여성의 절대 다수는 누가 강제하지 안트라도 저 스스로가 현모양처가 되고 십흔 본능적 충동을 내포하고 잇는 것이다(7권 1호,

9 앞 절에서 나온 여성 비하적인 남성의 시선이 담긴 예문을 재해석했을 때도 드러난다.

가. 더 좀 쏙쏙하고 애교잇는 시중군이 되어 달라 하는 것이 이것이 오늘 남자의 녀학생에게 바라는 첫 조건이오(4권 4호, 일반 남자의 그릇된 선입견).
나. 암만 생각해도 여자는 선천적으로 남자의 지도 아래에 잇서야 될 것 갓해요(7권 2호, 총각 좌담회).

남성 필진 스스로 부인을 시중꾼으로 여기고 있는 남자의 모습(가)을 지적하거나, 공개된 자리에서 여자는 자기의 수하임을 밝혀(나) 현실의 남성은 여성의 해방을 실천하는 데 한계가 있음을 보인다.

신여성과 구여성의 행로).

(15)는 여성의 사상 개조와 신교육을 강조했던 남성 지식인들이 신여성의 욕망을 현모양처로 귀결시키거나 여성의 교육을 양육과 가사 노동에 관련된 것으로 제한하는 예문으로, 결혼 후 여성의 가정 회귀를 긍정적 가치로 변호했던 시선이 읽혀지는 대목이다.

남성의 감추어진 여성 비하나 통념적인 공격을 보이는 예는 아래 [여성은 기생충] [여성은 흡혈귀] 은유에서 더 잘 드러난다. 남성 필진의 글에는 신여성의 허영심 많음을 고발하고, 여성이 육체를 이용해 자기들에게 빌붙어 살아가는 기생충이거나 자기의 고혈을 빨아먹는 흡혈귀라고 언명하는 예가 다수 발견된다.

(16) 가. 소위 대부분의 신녀성들은 이 도적년 소리를 드러도 쌀 만큼 남자로부터 남자의 노력의 대짜를 빼아서 간다(3권 6호, 금일의 여성과 현대의 교육).

나. 남의 힘에 거저먹기에 남자에게 붓치어서 사는 여자, 이것을 종녀자라 하며 기생충과 흡혈귀라 한다(4권 9호, 조선 여성의 향할 길).

그러나 이는 남성의 구직도 힘든 마당에 여성의 취업은 사실상 현실적으로 어려웠던 상황을 무시한 발언이다. 따라서 [여성은 흡혈귀/기생충] 은유를 따라가면, 여성의 현실을 무시하고 이상적인 사실만 제시한 뒤 이를 따르지 않는다고 비난하는 남성 필진의 생각이 읽혀지며, 이러한 입장 차이로 여성 필진과는 대립각을 세울 수밖에 없었다고 판단된다.[10] 따라서 아래에서와 같이 여성 필진이 남성과 대등한 파트너이길 원하는 목소리(17-나)와 다르게 현실의 남성은 곱고 순종적인 여성을 원하는(17-가)

불협화음을 연출할 수밖에 없었을 것이다.

(17)가. 때때로 되려다보는 화초도 그것이 아름답기 때문에 그것이 귀엽고 소중한대 하물며 일평생을 의뢰할 자긔 안해가 추물이여서야 안 될 말이지요(7권 2호, 총각 좌담회).

나. 녀자가 남자의 종속적 관계 밋헤 잇섯고 또 잇게 된 것도 모다 그 할 수 업는 환경과 이 생리적 조건이 근본원이라고 생가하니까요(7권 2호, 총각 좌담회).

(18) 가. 음식 잘하고 심부름 잘하는 계집 하인이 잇는 려관에 돌아오는 것밧게 되지 못하고 (중략) 남편을 사랑하게 되야 남편의 말벗이 되고 의론 상대가 되고 또 작란 상대가 되야 안해로보다도 정다운 친구가 되어달라고요(2권 11월, 남녀 공개장).

나. 그들의 결혼은 간난하고 궁핍함에 불구하고 리상화되어 갑니다. 그것은 인제야 남편과 안해가 그를 위하야 싸우지 아니하면 안 될 공통한 목적을 가지고 잇는 것이오, 그들의 일치한 싸움은 의견의 교환에 의하야 다함이 업는 령감의 원천이 되고 있습니다(3권 6월, 결혼 때문의 교육).

(17)은 남성이 여성을 어떻게 바라보고 있었는지를 여실히 보여 주는 좌담회 글의 일부로, (가)는 아내를 남성이 가끔씩 쳐다보는 화초와 동일

10 이러한 여성 필진과 남성 필진의 시각차로 남성 필진의 글에서 여성이 기생과 다름없는 존재로 평가되는 시각이 노출된다.

가. 농촌의 여성은 오래동안 남자의 완롱물이엿습니다. 절대 복종의 使役機이엿습니다. 더욱 그 다수가 남자의 淫樂器이엿습니다. 또 장래 淫樂器될 운명에 잇습니다(3권 1호, 긴급 동의).
나. 그들 신부들은 벌서 오래동안 쓰라린 경험과 인간다운 인간성 여자다운 여자의 맵시이 모든 것을 내여버린 지가 오래엿스니(7권 5호, 남자의 歡樂境)
다. 기생이라는 것은(중략) 말하자면 돈 만흔 사람만큼 풍족하게 사치스러웁게 편하게 살너고 애쓰고 허위적어리는 여자의 무리이외다(2권 6호, 소위 신여성 내음새).

한 존재로 여기고 있는 남성의 시각을 담고 있어 (나)와 함께 여성을 남성과 동등한 관계가 아니라 자신보다 아래에 있는 존재로 여기고 있음을 말해 준다. 이는 (18-가)에서 여성이 자신을 계집 하인처럼 대한다고 비판한 남편의 모습 그대로이며, 따라서 여성 필진의 글에서 강조된, 공통된 목적을 두고 같이 싸워나가는 [부부는 동지다] 은유가 남성 필진의 글에서 허위로 느껴지는 이유이기도 하다.

지금까지 여성 관련 은유 표현은 『신여성』 필진이 여성의 해방을 위해 개조해야 할 현 상황을 강조하기 위해 사용한 장치였음을 보았다. 그리고 『신여성』 여성 필진은 남성 필진과 동일해 보이기도 하지만 서로 다른 은유 표현을 사용해 각각의 성차적 특징이 이 안에서 발견되는 것을 알 수 있었다.

## 4. 근대화의 주축에서 배제된 여성

한국의 봉건 체제가 근대 사회로 변화하면서 전통적인 여성의 지위와 역할, 그리고 위상에도 많은 변화가 일어났다. 나라를 위기 상황에서 구해 줄 세력으로서 여성의 역할이 강조되었고, 따라서 여성은 그들의 전통적인 생활 공간이었던 집에서 밖으로 나오게 되었다. 여성이 교육을 받고 각성을 거듭하면서 자신의 자유와 해방을 실천하기 위한 방안을 모색했던 데 비해 사회는 여성을 전통적인 여인상으로 되돌리려는 노력을 거듭하고 있었다. 따라서 자신의 자유와 사회적 위치를 찾으려는 신여성은 좌절을 경험할 수밖에 없었다. 이 글은 이러한 모습을 일상적 은유를 통해 입증했다. 『신여성』은 논설을 통해 여성의 해방과 자유 결혼, 그리고 신사조의 적극적 유입을 주장하지만 이는 이상일 뿐, 현실의 여성은 여전히 전통적인 집안에서만 머물러야 했던 구여성과 다를 바가 없었다. 이러한 여성의 위치는 신여성 스스로 경계짓기를 해두었던 기생의 은유 방식과 다를 바가 없었고, 신여성은 근대화의 주축이 될 존재가 아니라 상거래의 매매 대상, 노예에서 벗어나지 못하는 처지에 있음을 은유 체계가 입증했다.

이러한 시각은 사회주의나 탈식민주의와 같은 이념을 공유한 남성 지식인들과 겹칠 수 있어서 여성 관련 은유 표현 중에 일부가 남성 필진과 동일하게 나타나기도 했다. 그러나 여성에게 놓인 사회적 현실을 외면한 채 여성이 주체적으로 서지 않는다고 은밀하게 비판하는 남성 지식인의 시선이 여성 필진의 글에서는 발견되지 않았다. 이는 근대화의 지향과 추구라는 프로젝트를 수행해 나가는 과정에서 여성 지식인 집단을 원하는 남성 지식인의 목소리는 허구였으며, 근대의 출범에서부터 여성의 배제가 이루어져 온 역사의 흔적을 엿보이는 것이라 하겠다.

## 참고 문헌

### 1. 자료

박달성 · 방정환 · 차상찬, 『신여성』, 개벽사, 1923-1934.

### 2. 논저

강소영, 「말뭉치 자료를 이용한 문화지형어 사전 편찬의 실제」, 『이화어문논집』 24, 25합본집, 2007.

_____, 「근대의 대중매체 속에 투영된 여성과 여성다움」, 『한국고전연구』 17, 2008.
_____, 「은유 표현을 통해 본 신여성의 사회적 위치」, 『어문연구』 64 , 2010.
구현정, 「남성형-여성형 어휘의 형태와 의미 연구」, 『국어학』 25, 1995.
국립국어연구원, 『국어의 시대별 변천 연구 4』, 1999.
길진숙, 「일제강점기 대중가요 속의 서울, 모던, 여성의 풍경」, 『한국고전여성문학연구』 18, 2009.
김수진, 『신여성, 근대의 과잉』, 소명출판, 2009.
김양선, 「식민주의 담론과 여성 주체의 구성」, 『여성문학연구』 3, 2000.
김창섭, 「국어 어휘체계에서의 남성항과 여성항」, 박창원 외, 『언어와 여성의 사회적 위치』, 태학사, 1999.
김형철, 「개화기 신문의 어휘 연구 : 제국신문을 중심으로」, 『어문논집』 5. 1994.
_____, 『개화기 국어 연구』, 경남대출판부, 1997.
래너커, 로널드(Ronald W. Langacker), 『인지문법의 토대(I)』, 김종도 옮김, 박이정, 1987.
래너커, 로널드(Ronald W. Langacker), 『문법과 개념화』, 김종도 · 나익주 옮김, 박이정, 1999.
문옥표 외, 『신여성』, 청년사, 2003.
민현식, 「개화기 국어 문체에 대한 종합적 연구(1)」, 『국어교육』 83, 1994.
_____, 「개화기 국어 문체에 대한 종합적 연구(2)」, 『국어교육』 84, 1994.
_____, 「국어의 여성어 연구」, 『아세아연구』 34, 1995.
_____, 「개화기 국어 어휘 연구방법의 재검토」, 『동양학』 32, 2002.
_____, 「개화기 국어 변화의 계량적 이해」, 『한국어문학연구』 39, 2002.
박애경, 「기생 : 가부장제의 경계에 선 여성들」, 『여성이론』 4, 2001.

박영섭, 『개화기 국어 어휘 자료집 1-5』, 서광학술자료사, 1997.
_____, 「개화기 국어 어휘 연구」, 『한국어의미학』 11, 2002.
서지영, 「이미지와 환상을 넘어서」, 『여성이론』 12, 2006.
송 민, 「개화기 어휘 개신에 대하여」, 『어문학논총』 11, 1992.
수유근대매체연구팀, 『(매체로 본 근대여성 풍속사) 신여성』, 한겨레신문사, 1995.
심광현, 「유물론적 문화지형학 구성의 전망」,『문화과학』1, 1992.
이기문, 「개화기의 국문 사용에 관한 연구」, 『한국문화』 5, 1984.
이대 한국문화연구원, 『근대 계몽기 지식 개념의 수용과 그 변용』, 소명, 2004.
_____, 『근대 계몽기 지식의 발견과 사유 지평의 확대』, 소명, 2006.
이명선, 「근대의 신여성 담론과 신여성의 성애화」, 『한국여성학』 19권 2호, 2003.
이성하, 『문법화의 원리 : 한국여성학』, 한신문화사, 1998.
이푸투안(Yi-Fu Tuan), 『공간과 장소』, 구동회 · 심승희 옮김, 대윤, 1995.
전은정, 「근대 경험과 여성 주체 형성 과정」, 『여성과 사회』 11, 2000.
전혜영, 「연어 구성에 나타난 남여 은유의 양상」, 『여성학논집』 22-1, 2005.
조혜자, 「성 고정관념 : 왜 끈질긴가?」, 『한국심리학회지』 6-3, 2001.
존슨, 마크 · 조지 레이코프(Mark Johnson and George Lakoff), 『삶으로서의 은유』, 노양진 · 나익주 옮김, 서광사, 1995.
차혜영, 「1920년대 잡지의 재편과 타자 표상의 상관관계」, 『역사와 현실』 57, 2005.
커베체쉬, 졸탄(Zoltan Kovecses), 『은유 : 실용입문서』, 이정화 외 옮김, 한국문화사, 2004.
한기형, 「근대어의 형성과 매체의 언어전략」, 『역사비평』 71, 2005.
한기형 외, 『근대어 근대매체 근대문학 : 근대매체와 근대언어 질서의 상관성』,

성균관대 대동문화연구원, 2006.

홍인숙, 『근대 계몽기 여성담론 연구』, 혜원, 2009.

Kovecses, Zoltan, “ The ‘ container’ metaphor of anger in English, Chinese, Japanese and Hungarian,” *Rom a Metaphorical Point of View: A Multidisciplinary Approach to Congnitive Content of Metaphor*, Berlin: Walter de Gruyter, 1990.

_____, “Metaphor and folk understanding of anger,” *Everyday Conceptions of Emotion: An Introduction to the Psychology, Anthropology and Linguistics of Emotion*, Dordrecht: Kluwer Academic Publisher, 1995.

Lakoff, George & Mark Johnson, *Metaphor We live by*, The University of Chicago Press, 1980.

Lyons, John, *Semantics II*, Cambridge University Press, 1977.

# 타자의 윤리와 시학詩學

## 1930년대 백석 시를 중심으로*

김진희

## 1. 백석 시와 음식의 사회 · 문화적 가치

백석 시에 나타난 '음식'의 시적 의미는 일반적으로 가난한 현실적 삶의 반영, 민족 고유의 토속적 정서 등으로 해석되어 왔는데, 최근에는 좀 더 정치하게 '음식'을 중심으로 그의 시세계의 특성이 밝혀지고 있다. 통계적으로 시에 등장하는 음식의 종류가 추려지는가 하면[1] 기호론적 관점에서 음식 기호를 시 텍스트의 구조와 의미를 산출하는 지배소로 분석함으로써 '음식'을 백석 시의 의미 생산에 중심에 놓는 연구도 진행되었으며(정유화, 2007), 근대적 신체 담론 및 영양 담론에서 강조하는 권력과 욕망의 기호성을 극복하고 음식에 독자적인 존재성을 부여하는 논의도

* 이 글은 「백석시에 나타난 음식과 타자의 윤리」, 『우리어문연구』 38호(2010년 9월 30일)를 부분 수정한 것이다.

1 백석의 시 91편을 대상으로 음식의 종류를 헤아려 본 결과 150여 종의 음식이 등장한다(김명인, 2000: 33).

이루어졌다(소래섭, 2007). 또한 음식이 시적 주체의 사유 행위를 촉발하는 역할을 하고 있음에 주목해 음식물과 그 형상화가 내면 성찰과 사유의 전개에 어떤 역할을 하는가 역시 연구되었다(강연호, 2008). 이러한 연구들은 '음식'을 작품을 이루는 소재 차원이 아니라 작품의 구조와 의미를 만드는 중요한 요소로 파악함으로써 백석 시와 음식의 관련성 논의에 진전을 가져왔다.

이처럼 '음식'을 중심으로 하는 백석 시 연구의 주요 성과를 통해 음식의 재현 양상이나 의미, 의의 등이 규명된 것은 주목할 만한 것이지만 여전히 질문으로 남는 것은 백석이 왜 '음식'을 그의 시에 중요하게 등장시키고 있는가다. 이는 백석이 음식을 통해 드러내려던 내면 의식, 혹은 시인 의식은 무엇이었을까라는 질문이기도 하다. 기존 연구에서는 음식의 재현이 주로 초기 시를 중심으로 가난한 현실에 대한 반영이나 토속적 삶에 대한 정서, 잃어버린 고향 의식 등을 추구하는 시인 의식과 관련지어 설명되어 왔다. 그러나 실상 음식 관련 상상력이 1940년대 후반 작품까지, 즉 전 텍스트에 등장하고 있음에 주목한다면 전 시기 작품에 걸쳐 음식을 매개로 드러나는 시인의 지향 의식이나 가치관이 설명되어야 할 것이다.

백석의 시에 등장하는 '음식'은 음식 그 자체로서의 중요성보다는 그것이 시 텍스트에 등장해 어떤 의미를 만들어내기 때문에 중요한 것으로 이해할 수 있다. 일반적으로 '음식'이 생존과 직결된 것일 때 그것은 오직 먹는 행위 그 자체만의 의미를 가질 것이다. 그러나 백석 시에 등장하는 음식은 생존하기 위해 '먹는다'는 생물학적인 의미보다는 함께 살기 위해 '함께' 먹는다는 윤리적 의미가 강하다. 이런 특성은 음식을 시적으로 사유하고, 시세계를 만든 백석의 내면 의식을 이해하는 데 주요한 요소로 생각된다.

음식은 더불어 먹어야 제격이다. 식사하는 것이 제대로 효과를 내기 위해서는 나누어 먹어야 한다. 누구와 나누어 먹는가 하는 것은 그다지 중요하지 않다. 예전에는 식탁에 함께 앉은 거지가 매 식사 시간을 풍요롭게 만들었다. 중요한 것은 나누어 주는 것이었지 식사를 하면서 나누는 담소가 아니었다. 그러나 놀랍게도 음식을 나누지 않은 채 이루어지는 사교 또한 문제가 된다. 음식을 대접함으로써 사람들은 서로 평등해지고 그리고 연결된다(벤야민, 2007: 141).

그러나 (배고픔) 그 이상이 있다. 음식, 안전, 사랑이라는 세 가지 기본적인 욕구는 뒤섞이고 뒤엉켜 있어서 그 중에 어느 하나만을 따로 생각하기란 쉽지 않은 것처럼 보인다. 그래서 내가 굶주림에 대해서 쓸 때면, 실제로는 사랑에 대해서, 사랑에 대한 굶주림에 대해서 쓰게 된다. 포근함에 대해서, 포근함에 대한 사랑에 대해서, 따뜻함에 대한 굶주림에 대해서 쓰게 된다. 그것들은 모두 하나다.…… 빵을 먹고 와인을 마실 때면, 거기에는 우리의 육체를 넘어서는 것들과의 영적 교감이 있다. 그것이 '왜 당신은 전쟁이나 사랑이 아니라 굶주림에 대해서 쓰는가?'라는 물음에 대한 내 대답이다(소래섭, 2009: 30-31; M.F.K. Fisher의 글 재인용).

위에 인용한 두 글은 음식에 대한 사유를 사회 · 문화적 가치로 확장시킨다. 함께 식사함에 대한 발터 벤야민Walter Benjamin의 아포리즘은 타자와의 소통, 공동체의 유지에 음식을 함께 먹는다는 것이 미치는 영향력을 보여 준다. 벤야민이 셀프서비스 식당 뒤에 '아우게이아스'[2]라는 이름

2 '아우게이아스Augias'의 뜻은 영어로 augeas로 그리스 신화에서 가축이 많았던 엘리스의 왕을 의미하다가 후대에는 '아우게이아스의 축사'라는 말로 쓰이면서 타락하거나 더러운 일, 혹은 사건을 지칭하게 되었다고 한다(벤야민, 2007: 141 참조).

을 붙인 것을 보면 함께 나누어 먹던 전통의 부재와 인간 관계의 타락을 염두에 두고 있었던 것으로도 보인다. '함께 먹는다'는 것에는 먹는다는 행위에는 존재하지 않던 어떤 새로운 의미가 있다. 즉 함께 먹는다는 것은 생물학적 인간이 종적인 삶을 유지하기 위해 수행해야 하는 불가피한 물질적 활동이 아니라 인간적 가치를 드러내고 확인하는 활동이라는 의미가 내재되어 있다(진은영, 2010). 이로써 음식은 작품 안에서 단순히 물질이 아니라 어떤 가치를 지닌 요소로 의미화된다. 두 번째 인용문 역시 음식이 환기하는 가치들에 대해 사유한다. 배가 고프다 또는 무엇을 먹는다는 행위에 대해 지속적으로 상상하고 재현하는 것은, 먹는 것 그 자체를 넘어서 삶을 가능케 하는 전제들에 대한 요구가 포함되어 있다. 이런 요구들을 통해 음식을 함께 먹는다는 행위에 대한 사유는 현실적인 의미를 갖는다. 평화로운 공동체에 대해, 전쟁이나 굶주림에 대해 직접 쓰지 않더라도 함께 먹는 행위의 상상은 타자에 대해, 그들과 함께 먹고 살아감에 대해, 타자와의 공존과 소통을 포함해 공동체의 안위 문제를 제기하기 때문이다. 이처럼 음식이 단순히 물질이 아니고, 또 욕망만을 채워 주는 재화가 아니라 사회 · 문화적인 가치를 지향한다고 할 때 백석 시에서의 음식 역시 '나'나 '우리'를 넘어서는 타자에 대한 환대, 그리고 소통과 연대 등, 타자의 윤리[3]에 대해 고민하고 사유한 시인 의식을 반영하고 있는 것으로 보인다. 그 때문에 그의 시에서 특히 내면 심경을 토로하는 작품으로 평가받는 작품들의 경우, '혼자 생각한다'는 행위의 이면에는 '함께 먹는다', 혹은 '함께 살아간다'의 행위 불가능성이 존재한다.[4]

3 이때 타자의 윤리란 주체가 자신의 조건과 상황, 가능성의 영역에서 타자를 맞이하는 것이 아니라 절대적으로 낯선 타자의 도래를 있는 그대로 수용함을 의미한다. 이는 이방인, 타자 등에 대해 무조건적이고 순수한 환대를 포함한다(김애령, 2009: 54-57).

4 후기 작품들에서 주로 '생각하다'라는 서술어가 자주 등장하는데, 예를 들어 〈흰 바람벽 있어〉, 〈남신의주 유동 박시봉방〉 등이 대표적이다. 이 작품들에는 함께 먹는다는 행위가 등장하지 않는다.

백석의 시에서 음식이 모순적인 것들을 이어 주는 매개가 되고 있으며(소래섭, 2007), 이질적인 것이 동시적으로 공존하는 구조 미학과 연관되고 있음은 논의된 바 있다(이경수, 2008). 음식과 관련한 이러한 평가는 그의 시 전체가 동일성의 세계가 아니라 친밀성으로 엮어진 벗의 세계를 지향한다는 연구와도 관련된다(김정수, 2009). 이 글은 이런 연구를 토대로 하면서 나아가 이질적인 것, 모순적인 것 등의 공존은 음식을 통해서라기보다는 그것을 '함께' 먹는다는 공동체적이고 실천적인 행위를 통해 얻어지는 것임에 주목하고자 한다. 이런 논의를 통해 백석이 궁극적으로 '음식' 시 창작을 통해 말하고자 했던 것이 무엇인지 밝혀질 수 있으리라 생각한다.

## 2. 전통적 환대 방식으로서 '함께 먹기'

백석의 초기 시[5] 세계는 주로 유년의 화해로운 세계에 대한 동경, 상실된 고향에 대한 그리움 등으로 논의되면서, 그의 이런 시세계가 민족성, 토속성, 귀향 의식 등을 환기시키는 것으로 논의되어 왔다. 음식을 중심으로 백석 시를 시기적으로 구분지은 연구는 앞서 언급한 정유화의 연구와 강연호의 연구다. 정유화의 연구는 자크 라캉Jaques M. E. Lacan의 이론을 원용해 음식이 상징계, 상상계, 실재계의 코드로 의미화되고 있음을 분석한다. 이 연구는 백석의 시작을 명확하게 시기 구분하고 있진 않지만,

5 이 연구에서는 시집 『사슴』의 세계와 1936년부터 1939년 만주로 떠나기 전까지의 시세계, 그리고 만주 체류 이후 남한 문단에서의 1948년 활동까지를 또 하나의 시세계로 구분하고자 한다. 이는 미세한 변화를 보이면서 자연스럽게 남한 문단 활동을 기준으로 초기, 중기, 후기로 나눌 수 있을 것이다(고형진, 2007).

'음식'을 통해 전 작품의 의미를 체계화하고 있으며, 짧은 시기이지만 미세한 변화가 보이고 있음을 규명하고 있다는 점에서 의미있는 연구다. 그러나 한편 각 시세계에 변화를 가져오는 현실의 변화와 시인 의식의 변화와의 관련성을 규명하는 데는 아쉬움이 있다. 또한 강연호의 연구는 시세계의 변화를 염두에 두고서 초기를 시집 『사슴』의 세계로, 중기를 기행시편, 후기를 북방시편으로 구분해 각각의 시기에 음식과 사유가 어떤 관련성을 가지며 작품의 의미를 만드는가 고찰한다는 점에서 음식과 시인의 내면 의식을 살피려는 이 글에 문제 의식의 단초를 제공한다. 그러나 이 연구는, 시 안에 나타나는 화자의 사유를 중심으로 시인의 사유가 후기로 갈수록 심화되는 것으로 논의하는데, 시 안에 등장하는 화자의 사유를 포함해, 전 시기와 전 작품에 걸쳐 음식물과 사유의 관련성을 통어하는 시인의 사유, 시인 의식을 살필 필요가 있다. 그뿐만 아니라 '생각한다'라는 표현은 '먹는다'라는 표현과 대비적으로 살펴야 하는 것이므로 후기시에서 '생각한다'라는 서술어의 등장이 반드시 사유의 심화, 확장이라고 평가할 수는 없다. 이런 의미에서 이 글은 백석의 시는 전 시기에 걸쳐 음식을 매개로 하여 시인이 드러내려는 의미나 가치를 담고 있으며, 다만 유랑하는 시인이 만나는 현실적 변화에 의해 시 작품의 양상이 다채롭게 변화하고 있는 것으로 논의하고자 한다.

백석의 초기 시에서 음식 관련 시는 특히 유년 시절 지낸 명절의 체험에서 풍성하게 드러난다. 명절이란 다양하고도 많은 음식이 차려지는 때다.

명절날 나는 엄매 아배 따라 우리집 개는 나를 따라 진할머니 진할아버지가 있는 큰집으로 가면 얼굴에 별자국이 솜솜 난 말수와 같이 눈도 껌벅거리는 하로에 베 한 필을 짠다는 벌 하나 건너 집엔 복숭아나무가 많은 신리新里 고무 고무의 딸 이녀李女, 작은이녀李女

열여섯에 사십四十이 넘은 홀아비의 후처後妻가 된, 포족족하니 성이 잘 나는 살빛이 매감탕 같은 입술과 젖꼭지는 더 까만 예수쟁이 마을 가까이 사는 토산土山 고무 고무의 딸 승녀承女 아들 승承동이

육십리六十里라고 해서 파랗게 뵈이는 산을 넘어 있다는 해변에서 과부가 된 코끝이 빨간 언제나 흰옷이 정하든 말끝에 설게 눈물을 짤 때가 많은 큰골 고무 고무의 딸 홍녀洪女 아들 홍洪동이 작은 홍洪동이

배나무접을 잘하는 주정을 하면 토방돌을 뽑는 오리치를 잘 놓는 먼 섬에 반디젓 담그려 가기를 좋아하는 삼촌 삼촌엄매 사촌누이 사촌동생들

이 그득히들 할머니 할아버지가 있는 안간에들 모여서 방안에서는 새옷의 내음새가 나고

또 인절미 송구떡 콩가루차떡의 내음새도 나고 끼때의 두부와 콩나물과 뽂은 잔디와 고사리와 도야지비계는 모두 선득선득하니 찬 것들이다.

저녁술을 놓은 아이들은 외양간섶 밭마당에 달린 배나무동산에서 쥐잡이를 하고 숨굴막질을 하고 꼬리잡이를 하고 가마 타고 시집가는 놀음 말 타고 장가가는 놀음을 하고 이렇게 밤이 어둡도록 북적하니 논다.

밤이 깊어가는 집안엔 엄매는 엄매들끼리 아르간에서들 웃고 이야기하고 아이들은 아이들끼리 웃간 한 방을 잡고 조아질하고 쌈방이 굴리고 바리깨돌림하고 호박떼기하고 제비손이구손이하고 이렇게 화디의 사기방등에 심지를 멫 번이나 돋우고 홍게닭이 멫 번이나 울어서 졸음이 오면 아릇목싸움 자리싸움을 하며 히드득거리다 잠이 든다 그래서는 문창에 텅납새의 그림자가 치

는 아츰 시누이 동세들이 욱적하니 흥성거리는 부엌으론 샛문틈으로 장지문 틈으로 무이징게 국을 끓이는 맛있는 내음새가 올라오도록 잔다.

〈여우난 골족〉 전문

위의 시에서 어린 화자의 식구들은 개까지 동행해 큰집에 명절을 지내러 간다. 이때 명절은 세시풍속의 의례로만 인식되는 것이 아니라 함께 먹으며 지내는 날이기도 하다. 그러므로 '함께 먹는 입'(식구, 食口)으로 이루어진 가족은 개까지 동원해 모이는 것이다. 이런 날이면 직업과 성격이 모두 다른 친척들은 함께 먹고, 웃고 이야기하며 한 공간에 공존할 수 있게 된다. 위의 시에서도 한 가지씩 사연을 가진 다양한 인물들은 음식을 매개로 북적거리고, 흥성해진다. 시 구조적으로 볼 때도 시의 앞 부분에서는 한 인물에 관한 소개가 긴 한 행으로 처리되면서 인물의 개별성을 부각시켰다면 후반부에서 인물들이 모여 노는 장면은 한 행의 길이를 더욱 길게 처리해 한 연을 이루고 있다.

먹는 것을 함께 나눈다는 것은 '나'와 타자 간의 거리를 좁히고 그들과 연대하는 하나의 계기가 된다. 백석에게 음식을 먹는 행위는 늘 '함께' 이루어지는 것으로 인식되기 때문에 집안에서 기르는 가축이나 동물들도 함께 먹는 그 자리에 끼어 놓는다.

호박잎에 싸오는 붕어곰은 언제나 맛있었다

부엌에는 빨갛게 질들은 팔모알상이 그 상 우엔 새파란 싸리를 그린 눈알만한 잔이 뵈였다

아들아이는 범이라고 장고기를 잘 잡는 앞니가 빼드러진 나와 동갑이었다

울파주 밖에는 장꾼들을 따러와서 엄지의 젖을 빠는 망아지도 있었다

〈주막〉 전문

예를 들어 주막의 풍경을 묘사하고 있는 위의 작품에서 눈여겨 볼 것은 3연까지는 주막 안에서 먹고 마시는 사람들의 풍경이지만 4연에서는 어미 젖을 빠는 새끼 망아지의 출현이다. 백석은 음식을 나누는 이 풍경 안에 망아지까지 함께 넣음으로써 먹는다는 행위가 함께 이루어진다는, 즉 먹는다는 행위의 평등성을 강조한다. 먹고 사는 행위는 미물이더라도 존엄하다는 인식은 나의 외부에 존재하는 타자의 삶에 대한 관심과 맞닿아 있다.

거미새끼 하나 방바닥에 나린 것을 나는 아무 생각 없이 문밖으로 쓸어버린다

차디찬 밤이다

언제인가 새끼거미 쓸려나간 곳에 큰거미가 왔다

나는 가슴이 짜릿한다

나는 또 큰거미를 쓸어 문밖으로 버리며

찬 밖이라도 새끼 있는 데로 가라고 하며 서러워한다

이렇게 해서 아린 가슴이 싹기도 전이다

어데서 좁쌀알만한 알에서 가제 깨인 듯한 발이 채서지도 못한 무적 작은 새끼거미가 이번엔 큰거미 없어진 곳으로 와서 아물거린다

나는 가슴이 메이는 듯하다

내 손에 오르기라도 하라고 나는 손을 내어미나 분명히 울고불고 한 이 작

은 것은 나를 무서우이 달어나버리며 나를 서럽게 한다

나는 이 작은 것을 고히 보드라운 종이에 받어 또 문밖으로 버리며 이것의 엄마와 누나나 형이 가까이 이것의 걱정을 하며 있다가 쉬이 만나거나 했으면 좋으련만 하고 슬퍼한다

〈수라修羅〉 전문

먹는다는 행위는 살기 위한 기본 전제가 된다. 위의 시는 함께 먹기 위해 함께 살아야 할 식구, 즉 가족의 해체를 보여 준다. 보잘것없이 작은 거미 새끼를 아무 생각 없이 쓸어버린 '나'는 그에게 식구들이 있었음을 알고는 괴로워한다. '짜릿하다', '서러워하다', '가슴이 메이다', '슬퍼하다' 등의 서술어는 차디찬 세상으로 거미를 내몬 비정한 행위에 대한 화자의 고통을 솔직하게 표현해 준다. 왜 시인은 이토록 작은 거미에 대한 처사를 괴로워하는 것일까. 그가 마지막 부분에서 엄마, 누나, 형이라고 거미들을 의인화한 표현을 쓰는 이면에는 식구가 함께 살지 못하는 현실의 삶이 놓여 있다.

역사적으로 볼 때 1930년대 만주사변 이후 조선은 일제의 병참 기지가 되면서 식량 수탈이 이루어졌으며, 이로 인해 농촌 공동체의 붕괴와 가족 공동체 역시 해체된다. 당대 문학 작품 역시 이런 가족의 몰락을 그리고 있는데, 백석은 거미 가족을 통해 당대 사회적 실상을 보여 준다(박은미, 2006). 작품의 제목이 싸우기를 좋아하는 귀신의 이름인 아수라阿修羅의 준말인 '수라'인 것을 고려해 보면, 가족들을 뿔뿔이 흩어지게 만든 이 세상의 폭력에 대한 사유가 이 시의 저변에 놓여 있음을 알 수 있다.

백석의 초기 시는 고향과 유년 시절의 재구성을 통해 전통적으로 '음식'이란 가족 및 이웃과 함께 나누어 먹는 것이며, 그것이 함께 살아가기 위한 덕목이요, 윤리였음을 보여 준다. 이런 특성은 이후 시의식의 토대

가 되어 여행을 통해 만나는 낯선 타자와 문화에 대한 개방성으로 심화, 확장된다.

## 3. 타자와의 소통 매개인 '음식'

백석을 유랑의 시인이라고 일컫는 가장 큰 이유는 그가 한곳에 정착하기보다 짧은 시기에 이곳저곳으로 거처를 옮기며 떠돌았기 때문일 것이다.[6] 이런 경험은 스스로를 이방인이 되도록 하며, 또 타자인 이방인을 만나도록 했을 것이다. 백석의 삶이 갖는 이런 특성은 음식 관련 시를 평가할 때도 고려할 사항이다. 일반적으로 여행할 때 가장 큰 어려움은 낯선 음식을 먹는 것이다. 그런데 백석은 오히려 낯선 곳에서 음식을 먹는 상상을 함으로써 낯선 대상을 가장 직접적으로 체험하면서(이경수, 2006) 그들의 문화와 소통하고자 한다. 이런 태도는 나와 다른 타자, 혹은 타자의 문화에 대한 환대와 소통의 가능성을 암시한다. 이두국伊豆國의 여행길에 오른 시에서 백석은 "먼 바닷가의 거리로 간다는데/금귤이 눌한 마을 마을을 지나가며/싱싱한 금귤을 먹는 것은 얼마나 즐거운 일인가"(〈이두국주가도伊豆國湊街道〉)라며 낯선 지방의 토산물인 금귤을 먹음으로써 그 문화와의 직접 체험을 유쾌하게 받아들인다.

나는 낡은 국수분틀과 그즈런히 나가누워서

6 백석은 1934년 일본의 아오야마 가쿠인靑山學院을 졸업 후 서울의 조선일보에 1936년까지 재직했고, 같은 해 시집 『사슴』을 출간했다. 그리고 같은 해 함흥으로 갔다가 다시 다음 해 1938년 서울로 돌아온다. 1939년 말경에는 만주의 신경으로 떠난다. 이 중에서 서울에 머물렀던 1936년에는 〈남행시초〉를, 함흥에 머물렀던 1937년에는 〈함주시초〉를, 1939년에는 〈서행시초〉 등의 기행시를 발표하는 것을 보면 백석은 지속적으로 떠남과 돌아옴을 반복했던 것으로 보인다.

구석에 데굴데굴하는 목침木枕들을 베여보며

이 산골에 들어와서 이 목침들에 새까마니 때를 울리고 간 사람들을 생각한다

그 사람들의 얼골과 생업生業과 마음들을 생각해본다

〈산숙山宿 ― 산중음山中吟〉 부분

백석은 산 속의 여인숙에 들어서는 '여인숙이라도 국숫집'이라며 먹는 일과 자는 일, 혹은 사는 일이 함께 일어나는 공간에 있음을 강조한다. 여인숙은 많은 사람이 함께 자고 함께 먹는 곳이다. 이를 강조하기 위해 백석은 음식을 만드는 '낡은 국수분틀'과 '목침'이 함께 뒹구는 상황을 재현한다. 그리고 국수분틀 옆에서 목침을 베고 누워 자신과 같은 처지에 놓였을 사람들의 사연과 마음을 헤아려 보고, 그들의 생업과 얼굴을 생각해 본다. 산골까지 들어와 새까마니 때를 올렸을 사람들의 생업은 어떠한 것이었을까. 생업이란 먹고 사는 일이다. 백석은 타지의 여인숙에 누워 국수분틀 옆에서 국수를 함께 먹으며 생업을 이어가는 미지의 타자에 대해 생각하게 된다.

이처럼 사람들이 실제 살아가는 삶에 관심이 가는 백석은 함경도 지방을 여행한 〈함주시초咸州詩抄〉의 연장선상에서 쓰인 〈추야일경秋夜一景〉에서 늦은 가을의 한 풍경을 김장 담그는 식구들의 모습으로 그려 넣는다.

닭이 두 홰나 울었는데

안방 큰방은 홰즛하니 당등을 하고

인간[7]들은 모두 웅성웅성 깨여 있어서들

7 평안 지역에선 식구食口를 뜻할 때 '인간'이라는 말을 쓴다고 한다(고형진, 2007: 91).

오가리며 석박디를 썰고
생강에 파에 청각에 마늘을 다지고

시래기를 삶는 훈훈한 방안에는
양염 내음새가 싱싱도 하다

〈추야일경秋夜一景〉 부분

긴 겨울을 지내기 위한 음식을 위해 함께 노동하는 식구들의 모습을 백석은 훈훈한 온기와 싱싱한 양념 냄새로 가득 채우고 있다. 독자들에게는 낯선 곳에 사는 낯선 이들의 삶이 '김장 담그기'라는 일상적 행사를 통해 친숙하게 다가온다.

그러나 한편 백석의 기행시편이 모두 낯선 곳에 대한 친숙함과 활기로만 드러나고 있는 것은 아니다. 이방異邦에 홀로 놓여 있는 쓸쓸함과 고독 역시 백석이 맞닥뜨려야 하는 현실이었다. 이때 백석은 현실에 존재하지 않는 자들을 소환하든가, 사물을 의인함으로써 고독을 극복하려 한다. 홀로 음식을 먹는 것이 삶을 힘들고 거칠게 만들 뿐만 아니라 사람들과의 싸움을 유도한다는 점을 상기할 때(벤야민, 2007 : 141-142), 홀로 밥상을 받은 시인이 반찬들을 친구膳友로 호명하며 함께 밥을 먹는 상황의 구성을 주목할 필요가 있다.

낡은 나조반에 흰밥도 가재미도 나도 나와 앉어서
쓸쓸한 저녁을 맞는다

흰밥과 가재미와 나는
우리들은 그 무슨 이야기라도 다 할 것 같다

우리들은 서로 미덥고 정답고 그리고 서로 좋구나

우리들은 맑은 물밑 해정한 모래톱에서 하루 긴 날을 모래알만 헤이며 잔뼈가 굵은 탓이다
바람 좋은 한벌판에서 물닭이 소리를 들으며 단이슬 먹고 나이들은 탓이다
외따른 산골에서 소리개 소리 배우며 다람쥐 동무하고 자라난 탓이다

우리들은 모두 욕심이 없어 희여졌다
착하디 착해서 세 鷹 가시 하나 손아귀 하나 없다
너무나 정갈해서 이렇게 파리했다

우리들은 가난해도 서럽지 않다
우리들은 외로워할 까닭도 없다
그리고 누구 하나 부럽지도 않다

흰밥과 가재미와 나는
우리들이 같이 있으면
세상 같은 건 밖에 나도 좋을 것 같다

〈선우사膳友辭－함주시초咸州詩抄〉 전문

백석은 후기 시편들인 〈나와 나타샤와 흰 당나귀〉에서 "나는 혼자 쓸쓸히 앉어 소주燒酒를 마신다 /소주를 마시며 생각한다"거나 〈흰 바람벽 있어〉에서 "오늘 저녁 이 좁다른 방의 흰 바람벽에/ 어쩐지 쓸쓸한 것만이 오고 간다"고 느끼며 "달디단 따끈한 감주나 한잔 먹고 싶다고 생각하

는 내 가지가지 외로운 생각이 헤매인다"고 했는데, 그는 이 작품들 말고는 혼자 무엇을 먹는 상황을 재현하지 않는다. 이런 의미에서 흰 밥과 가재미라는 반찬들과 함께 밥을 먹는 행위는 자신을 외로움에서 구하는 방법이며, 그들을 밥상의 타자가 아니라 밥상의 주체로 기꺼이 초대하는 것이다. 그리하여 이들은 가난함, 외로움, 정갈함을 공유하는 '우리'라는 새로운 공동체로 거듭나는 것이다. 따라서 "세상 같은 건 밖에 나도 좋을 것 같다"는 시인의 진술은 그들만의 소박한 공동체와 연대감을 통해 새로운 세상을 꿈꾸고 있는 것으로 이해할 수 있다.

백석은 〈북관北關 - 함주시초咸州詩抄〉에서도 '명태明太 창난젓의 시큼한 배척한 퀴퀴한 내음새 속'에서 까마득한 여진女眞 사람의 살냄새와 신라 백성의 향수를 느끼며 그들과의 일체감을 갖는다. 즉 음식 냄새를 통해 먼 과거에 웅크린 사람들이 현실의 공간으로 나와 공존한다. 이처럼 백석의 시에서 음식을 먹는 행위의 재현은 따스함과 사랑에 대한 부재를 일깨우고, 이질적인 타자에 대한 배려와 환대를 통해 '나' 그리고 '우리'와의 공존 가능성을 시사한다. 다양한 곳으로의 여행 경험을 통해 서로 다른 차이에 대해 개방적인 태도를 갖게 된 백석에게 1939년 말경 만주로의 떠남은 새로운 타자와 문화를 만나는 또 하나의 기회가 된다.

## 4. 타자와의 공존과 먹는 삶의 진정성

백석은 1939년 말경 만주행을 선택했다. 만주로 간 이후 그는 만주국 국무원 경제부에서 근무했고, 이후 안동의 세관에서 일했다. 그런데 1941년 발표한 〈귀농歸農〉을 보면 낮 시간을 여유롭게 보내기 위해 일을 그만두고 묘의 석상을 관리하며 받은 땅으로 농사를 짓겠다는 이야기가 나온다. 이를 보면 백석의 만주행은 점점 더 열악해지는 1930년대 후반의 한반도의 삶과는 다른 어떤 새로운 가능성을 상상했던 것은 아닌가 추측된다.[8]

낯선 타지에서 겪는 삶의 일단을 보여 주는 〈안동安東〉은 음식 냄새를 매개로 시인이 이방의 낯설음과 외로움을 극복하는 과정이 나타나 있다. 시인은 비와 안개가 내리는 이방의 거리를 걷고 있다. 막막하고 불안한 시인의 내면을 드러내듯 시야는 안개로 차단되어 있다.

이방異邦 거리는
비오듯 안개가 나리는 속에
안개 같은 비가 나리는 속에

이방異邦 거리는
콩기름 쫄이는 내음새 속에
섶누에 번디 삶는 내음새 속에

이방異邦 거리는
도끼날 벼르는 돌물레 소리 속에
되광대 켜는 되양금 소리 속에

손톱을 시펄하니 길우고 기나긴 창과쯔를 즐즐 끌고 싶었다

8 백석의 만주행의 의미를 생각해 볼 필요가 있다. 백석은 한설야와 인연이 있었는데, 한설야는 만주 서사를 통해 식민주의와 자민족 중심주의를 동시에 비판하면서 강요된 이데올로기적 공동체 이외의 새로운 공동체를 서사화했다. 백석이 명확하게 자신의 입장을 표명하진 않았지만 한반도에서와는 다른 가능성을 염두에 두고 있었는지도 모른다(이경수, 2006; 김재용, 2003; 서영인, 2009).

만두饅頭 꼬깔을 눌러쓰고 곰방대를 물고 가고 싶었다

이왕이면 향香내 높은 취향리梨 돌배 움퍽움퍽 씹으며 머리채 츠렁츠렁 발굽을 차는 꾸냥과 가즈런히 쌍마차雙馬車몰아가고 싶었다

〈안동安東〉 전문

그런데 시인은 이방의 거리에서 콩기름 졸이는 냄새와 번데기 삶는 냄새를 맡는다. 음식의 냄새는 시인에게 이방의 거리가 사람들이 함께 사는 곳이며, 함께 먹는 행위가 이루어지는 공간임을 일깨워 준다. 이제 시인은 중국식 긴 저고리를 입은 중국인으로 살며 중국 아가씨와 쌍마차를 몰고 가는 꿈을 꾸어 본다.

〈북신北新—서행시초西行詩抄〉에서도 백석은 "거리에서는 모밀내가 났다/ 부처를 위하는 정갈한 노친네의 내음새 같은 모밀내가 났다"라면서 냄새를 통해 "털도 안 뽑는 고기를 시꺼먼 맨모밀국수에 얹어서 한 입에 꿀꺽 삼키는 사람들을 바라보며/ 나는 문득 가슴에 뜨끈한 것을 느끼며/ 소수림왕小獸林王을 생각한다 광개토대왕廣開土大王을 생각한다." 기억 속에서 환기된 모밀국수의 냄새는 이질적인 문화의 냄새를 친숙한 것으로 만들고, 이내 털도 안 뽑은 고기를 국수에 얹어 먹는 사람들에게서 뜨끈한 인정을 느끼게 한다. 이런 느낌은 먼 과거로까지 거슬러 올라 만주를 지배했던 고구려의 왕들까지 소환한다. 이처럼 북방시편이란 불리는 이 시기의 작품들에서도 '음식'은 낯선 곳에서 타자들과의 거리를 좁히고, 그들과의 경계를 허무는 중요한 매개로 사용되고 있다.

한편 1931년 중국과 전쟁을 거쳐 1932년 만주국을 세운 일제는 만주에 대한 지배권을 넓혀가기 위해 일본인과 조선인의 개척 이민을 장려했다. 이때 조선인은 일본 국적을 부여받고 그에 따른 치외법권까지 인정받았다. 이런 상황에서 조선인들은 구조적으로는 일본 식민주의자의 눈을

통해 만주를 바라보며(윤대석, 2006 : 254-259) 식민지적 무의식을 내면화했다. 조선인들에게 만주는 일본 제국주의자에 의해 지배자로 호명되는 공간이었다.

따라서 1930년대 후반에 쓰인 만주 개척의 탐방기나 답사기에서 만주와 만주인은 개척되어야 할 미개지와 미개인으로 그려졌다. 또한 백석이 머물었던 만주 신경新京은 근대적 계획 도시로 발전해 가는 도시였으므로 급격하게 전통적인 것과 옛것이 사라지고 있었다(신주철, 2009). 그러나 백석이 중국을 바라보는 시각은 당대 조선의 지식인들과는 다르다는 점에서 의미 있다. 그는 중국인들이 잃어가는 어진 마음씨와 의로움을 존중하는데(〈수박씨 호박씨〉) 이런 태도는 나와 비슷한 처지에 놓인 타자에 대한 연민과 그들과의 연대 가능성을 함축한다.

> 나는 지나支那 사람들과 같이 목욕을 한다
> 무슨 은銀이며 상商이며 월越이며 하는 나라 사람들의 후손들과 같이
> 한물통 안에 들어 목욕을 한다
> 서로 나라가 다른 사람인데
> 다들 쪽 발가벗고 같이 물애 몸을 녹히고 있는 것은
> 대대로 조상도 서로 모르고 말도 제가끔 틀리고 먹고 입는 것도 모도 다른데
> 이렇게 발가들 벗고 한물에 몸을 씻는 것은
> 생각하면 쓸쓸한 일이다
> (중략)
> 이러면서 그 무슨 제비의 춤이라는 연소탕燕巢湯이 맛도 있는 것과
> 또 어늬바루 새악시가 곱기도 한 것 같은 것을 생각하는 것일 것인데
> 나는 이렇게 한가하고 게으르고 그러면서 목숨이라든가 인생人生이라든가 하는 것을 정말 사랑할 줄 아는

그 오래고 깊은 마음들이 참으로 좋고 우러러진다

〈조당燥塘에서〉 부분

오늘은 정월 보름이다
대보름명절인데
나는 멀리 고향을 나서 남의 나라 쓸쓸한 객고에 있는 신세로다
녯날 두보나 이백 같은 이 나라 시인도
먼 타관에 나서 이날을 맞은 일이 있었을 것이다
(중략)
그러면서 이 마음이 맑은 녯 시인들은
먼 훗날 그들의 먼 훗손자들도
그들의 본을 따서 이날에는 원소를 먹을 것을
외로이 타관에 나서도 원소를 먹을 것을 생각하며
그들이 아득하니 슬펐을 듯이
나도 떡국을 놓고 아득하니 슬플 것이로다

〈두보杜甫나 이백李白같이〉 부분

위의 두 작품에서 중국이라는 타자에 대한 백석의 태도를 읽게 되며 나아가 함께 먹는 음식이 낯선 타자와 나를 동질화시키고 있음을 알 수 있게 한다. 우선 〈조당燥塘에서〉 '나'는 중국 사람들과 함께 목욕탕에 있다. 서로 나라가 다른 사람들이라는 선지식先知識은 옷을 벗고 같이 목욕한다는 사실을 아주 낯설게 만든다. 그런데 시인은 이런 생각도 잠시, 옷을 벗고 나니 모두 벌거벗은 몸뚱이일 뿐 다름이나 차이는 존재하지 않는 것 같다. 중국인이나 조선인 모두 맨몸으로 아무것도 없는 존재라는 사실이 엄연한 현실 같아 쓸쓸하다. 만주 역시 일본의 식민지에 불과하다는 현실

에 대한 이해가 서로의 다름을 포용하게 만든다. 서로 다르다고 생각했던 타자들에게 연대 의식이 싹트는 지점이다. 이런 의식은 〈두보杜甫나 이백李白같이〉에서도 나타난다. 백석은 객지에서 정월 대보름을 홀로 보내며 쓸쓸해 한다. 그런데 그는 자신의 외로움을 중국 시인인 이백과 두보와 나누는데, 이때 중국 시인들이 쓸쓸하게 먹었을 명절 음식 원소와 백석이 홀로 먹어야 할 떡국이 서로 오버랩된다. 중국의 원소나 조선의 떡국은 모두 명절 음식으로 식구들이 모여 함께 먹는 음식이다. 백석은 타지에 홀로 놓인 자신의 외로움을 떡국으로 달래면서 함께 외로워했을 시인들과 정서적인 연대를 꾀한다. 이런 점에서 백석은 혼자 먹는 것이 아니라 상상 속의 그들과 함께 먹는 것이다.

한편 음식을 매개로 이루어지는 타자와의 만남은 〈목구木具〉를 통해서 죽은 조상으로까지 확대된다. '목구'는 제사 음식을 담는 용기인데, 여기에 담긴 음식을 함께 먹음으로써 그들과 우리는 여기 현실의 공간에서 만난다. 백석은 이런 상황을 "늙은 제관의 손에 정갈히 몸을 씻고 교우 우에 모신 신주 앞에 환한 촛불 밑에 피나무 소담한 제상 위에 떡 보탕 식혜 산적 나물지짐 반봉 과일들을 공손하니 받들고 먼 후손들의 공경스러운 절과 잔을 굽어보고 또 애끓는 통곡과 축을 귀에 하고 그리고 합문 뒤에는 흠향 오는 구신들과 호호히 접하는 것"(〈목구木具〉)이라고 진술한다. '구신과 사람', '넋과 목숨', '있는 것과 없는 것', '한줌 흙과 한점 살', '먼 넷 조상과 먼 훗자손'의 경계가 사라지는 그 지점을 만드는, 거룩한 것이 바로 함께 나누어 먹는 음식이다.

이런 의미에서 아래의 작품 〈국수〉에는 백석이 음식을 통해 지향하는 세계와 가치가 집약적으로 드러나 있다는 점에서 주목할 필요가 있다.

눈이 많이 와서

산엣새가 벌로 나려 멕이고

눈구덩이에 토끼가 더러 빠지기도 하면

마을에는 그 무슨 반가운 것이 오는가보다

한가한 애동들은 어둡도록 꿩사냥을 하고

가난한 엄매는 밤중에 김치가재미로 가고

마을은 구수한 즐거움에 싸서 은근하니 흥성흥성 들뜨게 하며

이것은 오는 것이다.

이것은 어늬 양지귀 혹은 능달쪽 외따른 산 녚 은댕이 예데가리밭에서

하로밤 뽀오햔 흰 김 속에 접시귀 소기름불이 뿌우현 부엌에

산멍에 같은 분틀을 타고 오는 것이다

이것은 아득한 녯날 한가하고 즐겁든 세월로부터

실 같은 봄비 속을 타는 듯한 녀름볕 속을 지나서 들쿠레한 구시월 갈바람 속을 지나서

대대로 나며 죽으며 죽으며 나며 하는 이 마을 사람들의 으젓한 마음을 지나서 텁텁한 꿈을 지나서

지붕에 마당에 우물든덩에 함박눈이 푹푹 쌓이는 여늬 하로밤

아배 앞에 그 어린 아들 앞에 아배 앞에는 왕사발에 아들 앞에는 새끼사발에 그득히 사리워 오는 것이다

이것은 그 곰의 잔등에 업혀서 길여났다는 먼 녯적 큰마니가

또 그 집등색이에 서서 자채기를 하면 산 넘엣 마을까지 들렸다는 먼 녯적 큰아바지가 오는 것같이 오는 것이다

아, 이 반가운 것은 무엇인가

이 히수무레하고 부드럽고 수수하고 슴슴한 것은 무엇인가

겨울밤 쩡하니 닉은 동티미국을 좋아하고 얼얼한 댕추가루를 좋아하고 싱

싱한 산꿩의 고기를 좋아하고
그리고 담배 내음새 탄수 내음새 또 수육을 삶는 육수국 내음새 자욱한 더북한 삿방 쩔쩔 끓는 아르굳을 좋아하는 이것은 무엇인가

이 조용한 마을과 이 마을의 으젓한 사람들과 살틀하니 친한 것은 무엇인가
이 그지없이 고담枯淡하고 소박素朴한 것은 무엇인가

〈국수〉 전문

위의 시는 '국수'가 제목인데, 시의 앞 부분은 국수에 대해 설명하는 것처럼 '~ 것이다'로 문장이 끝나고, 뒷부분은 '~ 무엇인가'라고 질문함으로써 읽는 이들에게 시인이 말하려는 것이 국수 그 이상의 것임을 깨닫게 한다. 이 시에서 국수는 옛날부터 지금까지 먹는 것 혹은 먹는다는 행위에 대한 비유이며 나아가 홀로 먹는 것이 아니라 의젓한 사람들이 살뜰하게 친하게 함께 먹는 음식으로 등장한다. 산새, 토끼, 봄비, 겨울밤 등 온갖 삼라만상이 국수의 배경으로 등장하는데, 이는 결국 먹고 사는 인간사가 이 존재들과 함께 이루어지고 있음으로 이해할 수 있다. 백석의 시는 이들과의 '흥성한' 공존을 통해 함께 먹는 삶의 진정성을 말하고 싶었을 것이다.

이러한 백석의 꿈은 현실과의 대조 속에서 빛을 발한다. 그는 〈북방에서—정현웅에게〉에서 "아 나의 조상은 형제는 일가친척은 정다운 이웃은 그리운 것은 사랑하는 것은 우러르는 것은 나의 자랑은 나의 힘은 없다 바람과 물과 세월과 같이 지나가고 없다"고 비장하게 토로하며 이어 "어느 사이에 나는 아내도 없고, 또,/ 아내와 같이 살던 집도 없어지고,/ 그리고 살뜰한 부모며 동생들과도 멀리 떨어져서,/ 그 어느 바람 세인 쓸쓸한 거

리 끝에 헤매이었다."(〈남신의주 유동 박시봉방南新義州 柳洞 朴時逢方〉)고 고백한다. 그 어느 것도 자신과 함께 있지 못하다는 현실적 고독감 속에서도, 나의 폐쇄성에 갇히지 않고 부단히 다양한 타자와 만나고 연대하려는 소망은 백석의 시와 삶을 이끈 중요한 원동력이었을 것이다.

## 5. 함께 나누는 이야기와 서정시의 확장

백석 시에 나타난 연대 의식은 민족의 고유한 정서를 넘어서서 우주적이고 보편적인 성격으로 나아간다. 즉 그가 지향하는 공동체, 혹은 타자는 민족 중심으로 수렴되지 않는다(김정수, 2009). 백석의 시는 다양한 타자와의 만남에 열려 있으며 이들과의 친밀하고도 평등한 관계를 맺는다. 그리고 무엇보다 주목할 것은 이 글에서 고찰했듯 이런 연대를 가능하게 만드는 시적 원리이자 삶의 원리가 바로 음식을 '함께 먹는다'는 행위로 구현되고 있다는 사실이다. 그런데 이때 함께 먹음에 대해 말하는 것은 먹는 일에 먹는 것 이상의 의미를 부여하는 것이다. 그 말은 먹는 일에 대한 일인 동시에 우리의 공동 존재에 대한 말이기 때문이다(진은영, 2010). 나의 이야기를 하고 있는 서정시에서 백석은 함께 나누는 음식의 이야기를 통해, 나의 이야기를 우리 모두의 삶의 이야기로 확장시킨다.

나아가 백석의 시는 음식에 관한 상상, 그리고 함께 먹는다는 것을 통해 나와 다른 타자에 대한 환대의 중요성을 일깨우고 그들과의 연대를 가능케 한다. 이는 궁극적으로 타자의 윤리란 주체의 윤리적 책임을 강조하는 윤리이며[9] 나와 타자가 이루어가는 소통 공동체의 폐쇄성을 극복하고

9 레비나스Emmanuel Levinas는 도스토예프스키의 "우리들 각자는 각 사람에 대해서 각 사람에 앞서

개방성을 창조해야 하는 윤리를 의미한다. 이런 상상 속에서 문학은 정치적 상상력과 만나게 된다. 만약 백석의 월북이 새로운 공동체에 대한 주체적 소망이었다면 '함께 먹는다'는 것에 평등한 바람이 시인의 정치 의식과 무관하지 않았으리라 추측할 수 있다.

백석은 음식 상상력을 통해 부단히 소외된 타자들을 밥상으로 불러 함께 음식을 나눔으로써 그들의 가난과 결핍을 메우고, 그들과의 공존과 연대 가능성을 보임으로써 새로운 공동체를 상상하도록 한다. 모든 존재는 미물이더라도 함께 먹는다는 행위가 갖는 엄연한 진실에 대한 통찰은 그의 시에서 다양한 존재들이 서로 평등하게, 함께 존재하도록 한다. 백석 시가 가진 이런 덕목은, 제국의 지배와 권력 아래서 식민화와 타자화를 겪으며 소통 공동체의 철저한 파괴를 맞고 있는 조선인들에게 화해로운 연대와 공존의 소통 공동체를 꿈꾸게 했을지도 모른다. 이는 그의 시가 일제 강점 하 제국문화와 지배문화에 대한 대안으로서의 시쓰기(서준섭, 2005)[10]였다는 평가와 맞닿아 있는 것이기도 하다.

## 참고 문헌

### 1. 기본 자료

고형진, 『정본 백석시집』, 문학동네, 2007.

잘못이 있고 나는 다른 사람보다 잘못이 더 많다"는 말을 인용한다. 이는 나 자신은 타인보다 항상 여분의 책임을 더 강조해야 함을 의미한다(강영안, 2005: 186).

10 연구자는 백석이 제국의 중심에 머물지 않고 다양한 공간을 유랑하며, 문학적 소수자로서의 글쓰기를 했는데, 이것이 결과적으로 제국의 담론에 포획되지 않게 했다라고 평가한다.

## 2. 논저

강연호,「백석 시에 나타난 음식과 사유의 관계 양상 연구」,『현대문학이론연구』, 제35집, 2008.

강영안,『타인의 얼굴』, 문학과지성사, 2005.

김명인,「궁핍한 시대의 건강한 식욕」,『시어의 풍경 : 한국현대시론』, 고려대출판부, 2000.

_____,「백석 시에 나타난 기행」,『한국시학연구』 제27호, 2010.

김애령,「이방인의 언어와 환대의 윤리」,『젠더와 탈경계의 지형』, 이화여대출판부, 2009.

김재용,「새로 발견된 한설야의 소설『대륙』과 만주 인식」,『역사비평』 63호, 2003.5.

김정수,「백석 시에 나타난 공동체의 성격과 그 의미」,『대동문화연구』 제66집, 2009.

박은미,「백석 시에 나타난 탈근대성 연구」,『겨레어문학』 36집, 2006.

벤야민, 발터,「셀프 서비스 식당 "아우게이아스"」,『일방통행로 / 사유 이미지』, 김영옥 · 윤미애 · 최성만 옮김, 길, 2007.

서영인,「만주서사와 반식민의 상상적 공동체 : 이기영, 한설야의 만주 서사를 중심으로」,『우리말글』, 46호. 2009.8.

서준섭,「한국 근대 시인과 탈식민주의적 글쓰기」,『한국시학연구』 제13호, 2005.

소래섭,「백석 시와 음식의 아우라」,『한국근대문학연구』 16호, 2007.

_____,『백석의 맛 : 시에 담긴 음식, 음식에 담긴 마음』, 프로네시스, 2009.

송기한,「백석 시의 고향 공간화 양식 연구」,『한국문학이론과 비평』 제21집, 2003.

신주철, 「백석의 만주체류기 작품에 드러난 가치 지향」, 『국제어문』 45집, 2009.
윤대석, 『식민지 국민문학론』, 역락, 2006.
이경수, 「백석시에 나타난 문화의 충돌과 습합 : 여행, 음식, 종교를 중심으로」, 『한국시학연구』 제23호, 2008.
이근화, 「백석 시의 고유명과 조선시의 현장」, 『어문논집』 57, 2008.
이희중, 「백석의 북방시편 연구」, 『우리말글』 32, 2004.
정유화, 「음식 기호의 매개적 기능과 의미작용 : 백석론」, 『어문연구』 35권, 2007.
진은영, 「소통, 그 불가능성 안의 가능성」, 이화여대 탈경계인문학연구단 2010국내학술대회, "소통을 위한 인문적 상상," 2010. 4.30.
최동호 · 방민호 · 유성호 · 김수이 외, 『백석 시 읽기의 즐거움』, 서정시학, 2006.

# 제3부

# 우리 시대의 타자형상화와 타자 되기의 역설

영화 〈화혼畵魂〉 속의 '타자', 그 기능과 의의 _ 김영숙

노년은 타자이기만 한 것인가: 여성 노년소설의 노년과 성숙 _ 이경란

외국인 이주자의 형상화와 우리 안의 타자 담론 _ 오윤호

스킨 서핑: 성적 타자로서 결혼 이주여성 이미지 _ 이수안

# 영화 〈화혼畵魂〉 속의 '타자', 그 기능과 의의*

김영숙

## 1. 들어가는 말

1993년에 제작된 영화 〈화혼〉은 중국 4세대 감독 황수친黃蜀芹의 작품이다. 이 영화는 중국 영화사에서 매우 중요한 위치를 차지할 뿐 아니라, 영화가 상연된 1990년대 초 영화 종사자들 포함해 많은 사람에게 주목을 받았다.

우선, 영화 〈화혼〉은 실존 인물인 중국 초기 여류 서양화가 중의 한 사람인 판위량潘玉良(1895~1977)의 이야기를 소재로 하는데, 비천한 기녀 출신에서 세계적인 화가로 성공한 판위량의 드라마 같은 인생 이야기는 그 자체로서 관객의 관심을 끌기에 충분했다.

둘째, 이 영화를 감독한 황수친 감독이 그 당시 중국에서 가장 주목을

* 이 글은 『중국어문논총』 48집(2011)에 게재된 논문을 수정 · 보완한 것이다.

받는 여성 감독 중의 한 사람이었다는 것 또한 〈화혼〉이 주목을 받았던 중요한 이유 중의 하나다. 1987년에 제작된 영화 〈인人 · 귀鬼 · 정情〉은 황수친이 남장 여자 희곡 배우인 여성 예술가의 사회적 신분과 젠더 문제를 여성주의 시각에서 그린 영화다. 이 영화가 1988년 중국 영화 전문가들이 선정하는 '금계장金鷄奬'을 수상하고, 브라질 국제영화제에서 영화 대상을, 1989년 파리 여성영화제에서 대상을, 1992년 미국 샌타 바버라 국제영화제에서 감독상을 수상하면서 황수친은 국내외 영화인들이 공인하는 여성주의 감독으로 주목받았고, 〈인 · 귀 · 정〉은 중국 최초의 여성주의 영화로 평가되었다. 이 영화를 중국에서 가장 권위있는 영화 평론가 중의 한 사람인 다이진화戴錦華는 심지어 중국 유일의 여성주의 영화라고 평가한다(戴錦華, 2000: 168). 중국에서 여성 감독이 국내외 영화제에서 수상하는 경우가 흔치 않은데다가, 여성주의 감독이라는 타이틀로 불리는 경우가 드물었기 때문에 황수친은 그 후 중국 영화사에서 여성주의 감독으로 확고한 자리를 차지하게 되었다. 〈화혼〉은 〈인 · 귀 · 정〉 이후 황수친이 또다시 여성 예술가의 삶을 소재로 여성 문제를 다룬 영화라는 점에서 세간의 주목을 받았다.[1]

그 밖에, 1980년대 말 중국 최초로 베를린 영화제에서 〈붉은 수수밭〉이 황금사자상을 거머쥐면서 세계적인 감독과 배우로 발돋움한 장이모張藝謀 감독과 여배우 공리鞏利가 각각 이 영화의 제작자와 주인공으로 참여했고, 대만의 대규모 자본 투자, 공리의 전신 노출에 대한 일반인들의 호기심 등도 사람들의 관심을 불러일으키는 데 중요한 역할을 했다.

이처럼 영화 〈화혼〉은 상영 당시 영화 전문가들을 비롯한 많은 사람의

1 황수친 감독과 그 영화에 대해서는 張仲年, 顧春芳 著, 『黃蜀芹和她的電影』, 上海人民出版社, 2009 참조.

관심의 초점이 되었던 영화로 중요한 문화 현상이 되었을 뿐 아니라, 여성주의 감독이 제작한 여성 영화로 중국 영화사에서 중요한 위치를 차지하는 작품이다. 이 점에서 볼 때, 영화 〈화혼〉에 대한 연구는 매우 중요한 의의가 있다. 이 글은 타자 개념으로 영화 〈화혼〉을 독해하고자 한다. 주지하듯이 타자, 타자성의 개념은 20세기 중후반 후기구조조의가 출현한 이후 서양에서 유행했고, 특히 포스트모던 담론에서 이 개념은 중요한 키워드다. 이 이론에 의하면, 주체와 타자는 대립 관계에 있으며, 주체의 확립을 위해 타자는 반드시 필요하다. 왜냐하면 타자의 존재 없이 주체가 존재할 수 없기 때문이다. 이 대립 관계에서 주체는 강자의 위치에서 담론을 구성하고 자신들이 이해하기 어려운 것, 싫어하는 것, 나쁜 것을 타자로 정의한다. 이렇게 정의된 타자는 침묵하고 억압되고 주변화된다.[2] 여기서 주목을 요하는 것은 타자가 존재하는 곳은 권력 관계가 존재하며, 권력 관계에는 반드시 이데올로기가 기능한다는 점이다. 이 점에서 타자 분석은 사실상 이데올로기 분석이라고 할 수 있다(鄧建華, 2007 : 322-334 ; Cavallaro, 2006 : Part III 社會身分, 제5장 他者 참조).

이 글은 이상에서 언급한 타자의 개념을 이용해 영화 〈화혼〉에 묘사된 타자와 주체의 권력 관계를 분석하고, 그것이 내포하고 있는 이데올로기의 실체를 드러내고자 한다. 그리고 더 나아가 감독 황수친이 이 타자 이미지를 통해 표현하고자 한 것, 즉 영화의 타자 이미지에 표현된 심층적 의의를 밝히고자 한다. 이를 위해, 이 글은 우선 영화 〈화혼〉에서 묘사된 타자 이미지로 타자로서의 여성과 서양 근대 문화에 주목해 그 특징을 분

2 줄리아 크리스테바Julia Kristeva는 타자에 대해 하나의 문화, 사회, 혹은 단체가 어떤 개인을 타자로 배척할 때, 그가 배척 혹은 억압하려는 것은 사실상 그 자신의 일부분이고, 이 부분은 그가 이해하기 어려운 것, 말할 필요도 없이 받아들일 수 없는 것이라고 말한다(Cavallaro, 2006: 125에서 재인용).

석할 것이다. 또한 그것을 통해 타자를 규정한 주체가 누구(혹은 무엇)이며, 어떻게 타자를 억압하고 배제하는지에 대해 자세하게 고찰할 것이다. 그런 다음 영화 〈화혼〉에 묘사된 여성과 서양 근대 문화의 타자 기호가 어떤 기능을 하며, 그 의의가 무엇인지 살펴보고자 한다.

## 2. 남성 중심사회와 타자로서 여성

영화 〈화혼〉에서 주인공 판위량은 여성 타자로 묘사되었다. 그녀는 기녀에서 분투해 처/첩, 화가, 교수 등의 다양한 역할 정체성을 획득하지만 시종 소외되고, 내몰리고, 주변화되는 여성 타자의 불행한 운명에서 벗어나지 못했다. 여기에서는 영화에서 판위량이 어떻게 여성 타자로 묘사되었는지에 대해 그녀의 신분 정체성을 중심으로 살펴보기로 한다.

### 창기(기녀)의 운명

판위량은 14세의 어린 나이에 외삼촌의 손에 이끌려 이춘원怡春院에 창기로 팔려 왔다. 기녀로서 판위량의 운명과 관련해, 영화가 묘사하고 있는 기녀, 혹은 기녀로 기호화된 여성 타자의 특징은 다음과 같다.

첫째, 기녀의 육체는 물화된 성 상품이다. 남성 중심사회에서 기녀는 남성의 성 욕망을 배설하기 위한 합법화된 도구일 뿐 아니라, 매매가 가능한 성 상품이다. 영화는 기녀로서 판위량의 미래 운명에 대한 예시로, 이러한 사실을 이춘원의 간판급 기생인 치엔쉐이홍千歲紅을 통해 함축적으로 묘사한다. 치엔쉐이홍은 우후蕪湖에서 가장 인기 있는 기녀다. 그럼에도 불구하고 돈만 있으면 누구나 그녀를 소비할 수 있다. 손님을 접대하고 있던 치엔쉐이홍이 그 손님보다 몸값을 더 많이 낸 손님에게 건네지는 장면은 여성의 육체가 다른 상품과 똑같은 방식으로 거래된다는 것을 보여 준다. 이렇게 거래된 육체는 금전과 교환된 성 상품이므로 구매자가 무엇을 요구하든 그 요구를 거절할 권리가 없다. 그런 의미에서 여성의 육체는 철저하게 물화된다.

여성 육체의 물화는 어린 동기童妓에게 육신차六神茶를 마시게 하는 것에서도 표현된다. 치엔쉐이홍이 죽은 후 판위량을 직업 기녀로 입문시키기 위해 이춘원 포주는 판위량에게 육신차를 마시게 하는데, 이것은 여성의 몸을 차게 하여 임신 기능을 상실하게 함으로써 그것을 마신 몸은 영원히 임신을 할 수 없게 된다. 이 차를 첫손님을 받는 동기에게 먹이는 것은 이춘원의 오랜 전통이다. 이 전통은 기녀가 쉼 없이 손님을 받아 돈 버는 도구로서 충실하게 역할을 할 수 있도록 임신이 되지 않게 하려는 의도에서 만들어졌다. 이 점에서 어린 동기의 육신차 복용은 두 가지의 함축된 의미를 내포한다. 하나는 어린 기녀의 육체가 금전과 교환되는 성 상품으로 철저하게 물화되는 것이고, 다른 하나는 여성 고유의 임신 기능이 제거됨으로써 일반 아녀자의 귀속(한 남자의 아내가 되어 가정을 갖는 것)에서 밀려나 단순한 남성의 성적 쾌락의 일회적 소비 대상으로 전락되는 것이다.

둘째, 기녀는 사회적 신분 지위가 매우 낮다. 기녀는 사회적 지위가 낮고 권력 관계(포주와의 관계, 손님과의 관계 등)에서 낮은 위치에 있기 때문에 폭력과 학대에 노출되어 있을 뿐 아니라, 그로부터 보호되지 못한다. 치엔쉐이홍이 손님에게 살해되어 상처투성이의 몸으로 버려진 것은 이러한 현실을 잘 보여 준다. 치엔쉐이홍의 죽음은 그 전날 밤 그녀를 서로 차지하려고 두 손님이 다투다가 치엔쉐이홍을 차지하지 못한 손님이 화가 나 상대방에게 성 무능이라고 비웃었고, 그것 때문에 화가 난 손님이 자신의 비밀을 떠벌렸다며 치엔쉐이홍에게 노기를 발산하며 위협하고 폭력을 자행한 결과다. 치엔쉐이홍이 아무리 잘 나가는 기녀라 하더라도 기녀라는 신분이 사회적 지위가 낮고 자기 몸에 대한 권리가 없기 때문에 남성들의 이러한 폭력과 학대를 피할 수가 없다. 더구나 그녀의 죽음이 다른 사람에게 알려지지 않도록 은폐된 채 강물에 버려지는 것은 그녀가 얼마나 비천한 위치에 있는가를 잘 보여 준다. 치엔쉐이홍의 죽음이 대변하는 타자의 종말은 기녀인 판위량의 미래이며 운명이기도 하다.

셋째, 기녀는 더럽고 불결한 오명화汚名化된 사회적 타자다. 기녀 출신이라는 것은 그 사람이 어떤 사람인가와 전혀 상관없이 그 자체가 영원히 지워지지 않는 오명汚名이다. 이것은 각인되어 다른 사람들과 구분되는 기호로 작용하며 더럽고 불결한 것으로 배척된다. 그래서 기녀 출신인 위량과 결혼을 감행한 판찬화는 결혼한 그 이튿날 관직을 사직하고 판위량과 우후를 떠날 수밖에 없었다. 또한 판위량은 기녀 출신이라는 사실이 세상에 알려지면서 교수직을 지속할 수 없었고, 판찬화도 그 일로 압박을 견디지 못해 또다시 다니던 직장을 그만두었다. 이것은 사회가 기녀를 육체적 · 도덕적으로 불결한 것으로 규정하고 거부하기 때문이다.

기녀가 사람들에게 육체적 · 도덕적으로 더럽고 불결한 것을 대변하는 기호로 읽히는 것은 그 배후에 여성의 '정조貞操'와 관련된 남성 중심의 이데올로기가 작동하기 때문이다. 가부장 사회에서 여성의 '정조'는 사유 재산과 관련이 깊다. 우선은 재산을 상속받을 자녀가 확정된 아버지에게서 태어나는 것이 보장되도록 하기 위한 혈통의 순수성이 강조되면서 필연적으로 여성의 정조가 요구되었다. 또한 가부장 사회에서 남성들은 혼인한 여성을 남성의 소유물이라고 인식하기 때문에 여성의 정조에 대한 요구가 엄격하다.

기녀는 이러한 남성들의 사유 재산의 범주에 속하지 않고, 또 일회성으로 돈을 주고 육체의 쾌락을 즐기고 버리는 소비 대상이다. 그래서 남성 중심사회는 기녀를 육체적으로 불결하고, 도덕적으로 유해한 범주로 규정해 다른 여성과 구분하는 오명화를 진행했다. 이 오명화의 목적은 기녀의 존재를 통해 여성들의 정조를 강조하고 사회 규범을 강화하는 데 있고, 그 배후에는 가부장 사회의 존립과 이익을 유지하고 보호하기 위한 욕망이 은폐되어 있다.

넷째, 남성 중심사회에서 여성의 육체는 언제나 성 상품이 될 수 있다. 여성이 생계를 위해 선택할 수 있는 일이 많지 않은 남성 중심의 사회 구조에서 여성의 육체는 언제나 성 상품화될 수 있다. 판위량의 대학 친구인 허총賀瓊이 돈을 벌기 위해 파리의 사창가에서 매춘을 하는 행위는 이를 잘 보여 준다. 허총은 화가의 꿈을 이루기 위해 파리로 갔지만 화가가 되지 못했고, 기생충처럼 그녀에게 빌붙어 생활하는 남자 친구와 생계의 위협에 직면한 그녀가 남성 중심의 사회 구조에서 그녀가 선택할 수 있는 일은 어떤 것이 있을까? 그녀가 남자였다면 스스로 기녀가 되는 것 이외에 더 많은 선택의 여지가 있지 않을까? 치엔쉐이홍의 죽음이 기녀 판위량의 운명을 은유하듯, 영화는 스스로 기녀가 된 허총의 비참한 최후가 또한 같은 길을 선택한 여성으로 화가로 성공하지 못하고 생계에 몰렸다면 판위량의 운명이 될 수도 있음을 암시한다. 감독은 이 암시를 통해 남성 중심으로 안배된 사회 구조 안에서 여성의 운명이 왜 비참할 수밖에 없는지를 보여 준다.

이상으로 영화에 묘사된 타자화된 여성인 기녀의 불행한 운명을 살펴보았다. 남권 사회의 성 도덕 관념(여성 정조에 대한 요구)에 의해 타자로 규정된 기녀는 남성 중심사회의 매음賣淫 제도를 통해 남성 욕망의 대상으로 억압, 유린되어 왔다. 기녀는 성 상품으로 물화된다는 점에서 여성 타자 가운데서도 가장 억압되고 주변화된 타자다.

### 처/첩의 운명

위랑은 판찬화와 정식으로 결혼을 했지만, 판찬화는 고향에 먼저 혼인을 맺은 부인이 있다. 그러므로 전통 시대의 관념에서 보면 판위랑의 신분은 첩에 해당된다. 처첩 제도는 전통 사회의 부권夫權 중심의 혼인 제도에 의해 규정된 일종의 등급 제도다. '부위처강夫爲妻綱'의 문화 관념에서 여성은 남편 주체에 대한 타자의 위치에 있다. 그러나 처와 첩은 신분과 지위에서 완전히 다르다. 처는 가정 내의 권리가 있는 안주인으로 그 신분이 법률로 보호되지만, 첩은 혼인 관계에 포함됨에도 불구하고 가정 내의 지위가 없고 법률상 인격이 존재하지 않는다. 첩은 처와 마찬가지로 주인 남자의 성 파트너로 자식을 생산하지만, 또한 주인 남자의 몸종이기 때문에 매매와 양도가 가능하다. 그러므로 첩은 가정 내에서 주인 남자와 정실부인(처)에게는 종이고 종에게는 주인인, 말하자면 처와 종의 중간에 위치하는 존재라 하겠다. 이 점에서 첩은 처에 대해서도 타자의 위치에 있다(龔佩華, 李啓芬, 1991: 150-151; 張樹棟 · 李秀領, 1990: 94-107 참조).

전통 사회의 법률, 사회 습속, 도덕에 의해 이렇게 타자로 규정된 첩은 20세기 초 민국 시기에도 여전히 사회 제도적 승인 하에 보편적 타자로 존재했다. 중화민국이 성립된 후 '잠행신형률보충조례暫行新刑律補充條例'에서 첩의 존재를 승인하고 민국 16년(1927) 민국정부의 고등법원에서 첩을 가속家屬의 일원으로 인정한 것은 이러한 사실을 증명한다(劉達臨 · 胡宏霞, 2007: 105).

그러나 또 다른 한편, 서양 문화가 유입되고 신식 교육을 받은 사람들 중, 집안에서 맺어 준 혼인 대상을 거부하고 자신이 선택한 사람과 혼인함으로써 배우자가 둘인 경우가 많았다. 이 경우 둘째부인은 전통 시대의 첩 개념과 다르다. 대체로 첫째부인이 교육 수준이 낮고 농촌 출신인 것에 비해, 둘째부인은 도시에서 서양식 고등 교육을 받은 여성으로 사회적 독립 능력을 갖추고 있어 남편과 인격적으로 대등한 대우를 받았다. 그러나 이런 경우도 다른 사람들과의 관계에서는 전통적인 후실의 잣대로 평가되기도 했다.

이처럼 민국 시기는 전통적인 구舊관념과 새로운 사상을 받아들인 신新관념이 얽히고 병존하는 과도기였다. 판위량은 처이면서 첩의 위치에 있다. 즉 전통 사상인 구관념으로는 첩의 신분이고, 새로운 사상을 받아들인 신관념에서는 처의 신분인 것이다. 그러므로 판위량이 어떤 정체성으로 위치하는지는 그를 둘러싼 관계에서 전통 관념과 신관념이 어떻게 작용하는지를 통해 알 수 있다.

남편인 판찬화는 신관념을 가진 사람이며, 위량을 첩으로 대하거나 그렇게 인식하는 장면은 영화에서 보이지 않는다. 판위량은 판찬화를 만나 결혼함으로써 자신의 비참한 환경에서 벗어났고, 남편의 지원으로 고등 교육도 받았다. 그런데 그녀는 여전히 불행한 운명에서 벗어나지 못했다. 왜 그럴까? 판위량은 부권夫權 중심의 거대한 전통 문화의 의식 형태 속에서 소외되고 타자화되었다. 이 의식 형태는 개인이 선량하고 착한 것과 상관없이 개개인의 사유 속에 깊숙이 침투되어 그 자신도 인식하지 못하는 상태에서 개개인을 주체로 호환한다. 판찬화도 남권 사회의 남성 주체로서 자신도 모르게 여성을 주체로 인정하지 않는 남성 중심주의적 사고에 지배되었다. 이것은 두 가지로 표현된다.

첫째, 판찬화는 여성이 자신의 일을 추구하는 범위가 남성들처럼 가정을 넘어설 수 없다고 생각한다. 그는 여성이 아무리 뛰어난 재능이 있고 일의 성과가 특출하다 하더라도 일이 가정보다 앞설 수 없다고 생각한다. 판찬화의 이러한 사고는 판위량이 자신을 그린 나체화를 개인전에서 전시하는 문제로 두 사람이 충돌하는 데서 선명하게 드러난다. 판위량이 그린 그녀의 누드화는 서양에서 상을 수상하고 가치를 인정받은 예술품이지만 그에 앞서 그녀가 평생 추구한 예술 이상이다. 그렇기 때문에 그 누드화는 그녀에게 생명보다 더 소중하다. 그러나 판찬화는 그것이 판위량의 오점(기녀였던 것)을 드러내는 것이며, 무엇보다 사회가 용납하지 않는 것이므로 남편인 자신과 가정에 위협이 된다고 생각하고, 판위량에게 그것을 "칼로 찢어 없애"라고 요구하며 자기 아내가 된 이상 아내로 조용히 살아달라고 단호하게 말한다. 판찬화의 이러한 태도에서 여성의 위치가 가정 내에 있음이 강조된다. 그는 시대가 변해 여성도 남성과 같이 교육을 받고 밖에서 자기 일을 할 수 있지만 그것은 어디까지나 가정에 영향을 주지 않는 범위에서만 허용된다는 생각을 가지고 있다. 이것은 남자들이 밖에서 하는 일은 모두 정당화되는 것과 다르다. 이런 남녀 불평등의 남권주의 사유 관념이 판찬화의 무의식적 행위를 통해 드러났다.

둘째, 판찬화의 의식 속에 여전히 아내의 육체는 온전히 자신의 소유, 즉 여성을 사유 재산의 일부로 인식하는 전통 관념이 남아 있다. 중국 사회에서 여성 누드화는 심미 대상이 되지 못할 뿐 아니라, 도덕을 해치고 사회를 문란하게 하는 저급한 것이라고 인식되었다. 판찬화의 사유 의식 속에서도 여성의 육체가 그림으로 그려져 다른 사람 앞에 전시되는 것은 기녀의 육체가 욕망과 유희의 대상으로 소비되는 것과 다르지 않다. 그래서 그는 "어떤 사람이 자기 마누라가 알몸으로 사람들 앞에 전시되는 것을 견디겠느냐?"며 판위량의 누드화가 전시되는 것을 강력하면서도 단호하게 거부한다. 이러한 판찬화의 단호한 거부 행위는 아내를 자기의 소유물로 인식하고 있다는 것을 드러내 보인다. 그는 아내를 자신의 소유라고 생각하기 때문에 판위량의 누드화가 다른 사람 앞에서 욕망과 유희의 대상의 되는 것을 견딜 수가 없는 것이다.

그러나 판찬화가 누드화 전시를 반대하는 더 큰 이유는 다른 사람들이 판위량을 어떻게 보는가였다. 판찬화는 판위량의 누드화가 사람들에게 공개되면 판위량은 도덕적으로 깨끗하지 못한 여자로 낙인이 찍힐 것이고, 자신 또한 도덕성을 의심받게 될 거라는 것을 예감했다. 중국 전통 문화에서 성 도덕에 대한 관념은 남성 중심주의가 존립하기 위한 절대적 이데올로기 담론이다. 판찬화는 자신이 권력 주체인 남성이지만 그 거대하고 강력한 의식 형태(이데올로기)에 저항할 수 없다는 것을 알고 있었기 때문에 두려웠다. "여기는 중국이야. 나는 대항할 수 없어." 이렇듯 판찬화는 남성 중심사회의 남성 주체로서 부권주의 주류 의식 형태를 수행하는 대행자지만 또 다른 한편으로는 그 의식 형태에 억압되는 대상이 된다는 점에서 또한 희생자라고 할 수 있다. 그리고 이것은 주류 의식 형태가 지배하는 힘이 얼마나 강력하고 무서운가를 잘 보여 준다. 이것으로 판위량을 처/첩으로 타자화하는 주체는 표면적으로 남편이지만 실상은 그는 대행자일 뿐 진짜 주체는 남성 중심주의 이데올로기라는 것을 알 수 있다.

판찬화가 새로운 의식을 가진 사람이라면, 판찬화의 부인(처)은 전통적인 구관념 체계에 속하는 사람이다. 부인이 등장하기 전까지 판위량은 판찬화의 부인(처)이었다. 전통 관념 체계에서는 판찬화의 부인이 처이고 판위량은 첩이지만, 신관념 체계에 속하는 판위량의 생활 무대인 도시 공간에서 판위량은 첩이 아니라 사람들에게 공인된 판찬화의 부인이다. 또한 농촌과 도시는 공간적으로 거리가 있기 때문에 농촌에 있는 판찬화의 부인은 판위량의 혼인 생활에서 그동안 의식되지 않았다. 그러나 판찬화의 처가 등장하면서 판위량은 첩으로 그 위치가 분명하게 규정된다. 전통 관념 체계에 속하는 판찬화의 처는 엄격하게 처와 첩의 신분적 차이와 등급 질서를 구분하고 판위량에게 그것을 요구했고, 판위량은 부인의 요구에 무릎을 꿇어 자신의 위치를 승인했다.

그러나 판위량이 첩의 위치가 되도록 상황을 조성한 것은 사실상 그녀 자신이다. 그녀는 자신이 여성으로서 자식을 생산할 수 있는 기능이 상실된 것에 대한 깊은 열등감이 있었고, 남편에게 자식을 낳아 주어야 한다는 강한 의무감 때문에 시골에 있는 부인을 남편의 이름으로 자신이 직접 불러들였다. 그것으로 인해 그녀의 위치는 첩으로 확정되었다. 판위량의 이런 행위는 남성 중심의 전통 사회가 여성에게 부여한 여성의 역할과 의무에서 기인하며, 이것은 또한 그녀가 남성 중심주의 이데올로기의 지배를 받고 있음을 의미한다. 이 이데올로기는 그것이 규정한 타자로 하여금 자신이 깨닫지 못하는 사이에 스스로 주체가 되어 행동하도록 작동한다는 점에서 대단히 강력하고 초월적인 힘이 있다. 그럼에도 불구하고 판위량은 판찬화를 부인에게 보내고 난 후 그들이 동침하는 방을 바라보며 체념한 듯 쓸쓸한 표정을 짓는 것은 자신을 판찬화의 처로 인식하고 있기 때문이다. 전통 관념에서 첩은 주인 남자가 처와 잠자리하는 것을 보고 괴로워할 수 없다. 이런 측면에서 판위량은 스스로 처와 첩 사이에 존재한다. 그리고 이 둘은 모두 타자다.

### 여성 화가의 운명

여성으로서 세계적인 화가가 된다는 것은 쉬운 일이 아니지만, 판위량은 세계적으로 인정을 받는 화가가 되었다. 그럼에도 불구하고 그녀는 중국 사회에서 여전히 철저히 소외되고 배제된 타자였다. 그 이유가 무엇일까? 그녀의 예술 주체성이 사회 주류 의식 형태와 충돌해 억압되었기 때문이다.

첫째, 예술가로서 예술 창조의 자유를 추구하는 것이 억압되었다. 중국 전통 사회에서 문학과 예술은 사회 주류 의식 형태인 '도道'(유가의 사상)

를 표현하고 전달하는 것이었다. '문이재도文以載道'는 바로 이러한 문예 관념과 기능을 표현한 것이다. 중국에서 문학과 예술을 창조하는 예술가는 당시 사회의 주류 의식 형태에 복종하고 그 주도 하에서 예술을 창조하므로 예술가는 사회 주류 의식 형태에 강하게 구속되었다. 만일 예술가가 사회의 주류 의식 형태에 복종하지 않고 그것이 허용하는 범위를 벗어난 예술을 창조할 경우 사회 주류 의식 형태는 가차없이 그것에 제제를 가했다. 영화에서 사람들이 누드화를 그리는 것에 격분해 상하이上海미술대학에 쳐들어와 '저속한(下流)' 그림을 그려 사회 도덕을 해친다며 미술 작업실을 파괴하고, 학교가 폐쇄되고, 누드화를 주도한 류교장이 10년 동안 법정에서 투쟁을 하는 것은 이러한 주류 의식 형태의 메커니즘이 작동한 결과라 하겠다.

예술가로서 판위량은 사회의 주류 의식 형태에 복종하지 않았고 오히려 그것이 용인하지 않는 누드화를 선택했다. 그것은 사회 주류 의식 형태와 충돌했고. 그 때문에 그녀의 예술 활동은 끊임없이 억압되고 배제되었다. 처음으로 여성의 육체를 표현한 치엔쉐이홍의 나체화가 상하이미술대학 작업실을 점거한 사람들에게 찢기어 파손되고, 누드화 때문에 학교가 문을 닫아 여성 누드를 그릴 기회를 갖지 못한 것, 공중목욕탕에서 여성의 나체를 그리다 수모를 당하는 것, 귀국한 후 연 개인전 전시장이 사람들에게 처참하게 파괴된 것 등은 그녀의 예술 활동이 사회의 주류 의식 형태의 힘에 억압되고 그녀의 예술적 주체성과 자율성이 거부되는 것을 보여 준다.

둘째, 여성 누드화의 예술 창작에 대한 자유가 사회의 성 도덕에 의해 억압되었다. 판위량은 여성의 나체화에서 예술 이상을 추구했다. 여성의 육체는 그녀에게 완벽한 심미 대상이었고, 그 어떤 인위적 구속이나 속박이 가해지지 않은 자연이며 자유였다. 그녀는 이 아름다운 여성의 육체를 통해 생명의 가치와 자유를 표현하고자 했다. 그러나 여성 나체 회화는 사회적으로 용인되지 않았다. 사회 주류 의식 형태는 그것을 성 도덕을 해치는 것으로 규정했다. 중국 전통 사회에서 여성의 육체는 심미의 대상이 아니라, 남성의 성 욕망의 대상이다. 여성의 육체는 남성들이 그것을 보는 순간 성을 연상하는 성적 기호였고, 성은 또한 은밀하게 행해지는 것이므로 육체의 표현은 금기였다. 거기다 여성의 육체가 다른 사람에게 보이는 것은 순결의 상실을 의미하는 것이었다. 그것은 도덕적으로, 육체적으로 오점을 몸에 새기는 것과 같았다. 이 때문에 여성 누드는 사회가 터부시하는 사회적 금기였고 그것을 위반하는 것은 절대 용납되지 않았다. 판위량이 공중목욕탕에서 목욕하는 여성들을 그리다 발각되어 수모를 겪는 장면은 바로 이러한 사회 주류 의식 형태를 잘 보여 준다.

목욕을 하고 있던 한 여자가 판위량이 자신들을 그리고 있다는 사실을 알리자 목욕을 하던 여인들이 모두 합세해 판위량을 공격하면서 그녀가 그린 나체 그림을 빼앗았다. 목욕탕 안에서 다른 사람들이 자기의 몸을 보는 것은 상관없지만, 자신의 알몸이 그림으로 그려져 다른 사람들에게 보여지는 것은 그녀들에게 견딜 수 없는 도덕적 수치였다. 여성들의 이러한 행동은 여성의 몸이 한 남자를 위해 깨끗하게 보존되어야 한다는 '정조'에 대한 관념에서 비롯된다. 주지하듯이 이 정조 관념은 남권 사회의 존립과 유지를 위해 남성 주체가 만든 허위 의식이다. 그러나 그것은 훈육 과정을 통해 여성들에게 각인되어 있어 자신도 모르는 사이에 스스로가 주체가 되어 남권주의 주류 의식 형태를 대변하고 그것을 위해 행동한다. 그 때문에 사회적 금기인 여성 누드를 추구한 판위량은 배제되고 억압되었다.

셋째, 자기 자신의 누드화를 통한 주체성 표현이 사회의 주류 의식 형태에 의해 철저하게 억압되었다. 판위량은 자신의 누드를 통해 위의 두 가지 예술 추구, 즉 예술가의 창작 자유의 이상을 실현했고, 또 여성 육체를 미의 상징으로 긍정했다. 그리고 무엇보다 그녀는 그것을 통해 자신의 육체를 미의 상징으로 표현함으로써 자신의 생명과 인생의 가치를 긍정했다. 거꾸로, 그녀가 추구한 예술 이상, 여성 육체의 미적 상징으로서 긍정, 자기 자신의 가치를 자신의 누드화에서 모두 실현했다. 이런 점에서 그녀의 누드화는 그녀(여성)의 주체성이 최고 정점에 도달한 표지라고 할 수 있다. 판위량에게 그것은 '자신의 내면에서 나온', '자신의 생명보다 더 중요한' 예술 이상의 예술이었다. 그러나 그것이 바로 여성 주체성 표현의 최고 정점이기 때문에 사회의 주류 의식 형태와의 충돌이 가장 격렬하고 그것의 억압과 배제가 가장 극렬하다. 왜냐하면 주체성 표현의 정점은 주류 의식 형태에 대한 위반과 반역, 저항이 가장 극에 달하는 지점이기 때문이다. 주류 의식 형태는 그 때문에 그녀를 타자로 규정했고 잔혹하게 억압하고 배척했다. 판위량이 철저하게 소외된 타자로 중국 사회를 떠난 이유는 바로 여기에 있다.

그러면 판위량이 사회 주류 의식 형태에 의해 그토록 강하게 거부된 구체적 이유는 무엇일까? 그것은 그녀가 사회 주류 의식 형태가 규정한 성 도덕과 관련해 세 층위의 엄중한 부도덕의 죄를 지었기 때문이다. 첫째, 부도덕은 위에서 언급했듯이 사회가 허용하지 않는 누드화를 그림으로써 사회의 성 도덕 규범을 위반한 것이다. 류교장의 10년간의 법적 투쟁은 이 규범을 위반한 것에 대한 사회 주류 의식 형태의 징벌이며, 그것은 사회적 성 도덕을 위반하고 예술 창작의 자유를 추구한 모든 화가의 운명을 대변한다. 판위량이 범한 이 층위의 부도덕의 죄로 인해 치를 대가는 류교장과 같은 운명이다.

그러나 그녀가 여성 화가이기 때문에 이 부도덕 죄는 한 층위의 부도덕 죄가 더 덧붙여진다. 왜냐하면 남성 중심의 사회에서 남녀가 똑같이 부도덕한 행위를 했다면 여성이 남성보다 한 등급 더 죄과가 높기 때문이다. 그런 측면에서 판위량은 류교장보다 부도덕의 죄가 더 크다. 여기에다 판위량은 또 자기 자신의 나체를 그려 그것을 전시했다. 사회 주류 의식 형태의 논리로 볼 때, 자기 나체를 그려 다른 사람들에게 보이는 것은 기녀가 몸을 파는 것과 동일한 의미다. 판찬화가 "다른 사람들이 너의 상처(기녀였던 과거)를 들추어내지 않는 것만으로 다행인 줄 알아야지. 꼭 그렇게 천한 짓을 해야 해?", "칼로 찢어 없애고 추한 것을 보이지 마"라고 한 말은 이러한 주류 의식 형태를 잘 대변한다고 하겠다. 그러므로 자신의 나체를 그려 공개적으로 전시한 것은 앞의 두 층위의 부도덕과는 비교할 수 없을 정도로 부도덕한 것이다. 그 때문에 판위량의 죄는 또 한 층의 엄중한 부도덕 죄가 더해졌다.

판위량이 류교장보다 더 잔혹한 방식으로 사회 주류 의식 형태에 의해 억압된 것은 판위량이 세 층위의 부도덕을 모두 범했고, 특히 세 번째 층위의 부도덕은 가장 엄중하고 용납 불가능한 것이기 때문이다. 판위량의 부도덕에 대한 사회 주류 의식 형태의 징벌은 사람들이 판위량의 개인전 전시장의 작품들을 '음화하류淫畵下流'로 규정하고 그것들을 때려부숨으로써 표현된다. 사람들이 자기의 나체를 그려 사람들 앞에 전시하는 화가를 몸을 파는 창녀와 똑같이 천하고 불결하다고 인식하고 그를 거부하고 능멸하는 것은 모두 주류 의식 형태가 작동한 것이라고 볼 수 있다.

판위량의 부도덕 죄에 대한 주류 의식 형태의 징벌은 판위량 본인에게서 끝나지 않고, 그 가족 모두를 상처받고 불행하게 만듦으로써 그 위력을 보여 준다. 판찬화가 주변 사람들이 주는 스트레스를 견디지 못하고 직장을 그만둔 것은 바로 그 위력을 증명한다. 판위량은 예술가로서 사회 주류 의식 형태에 복종하지 않고 세 층위의 사회의 성 도덕을 위반한 순간 그녀는 중국 땅에서 추방될 수밖에 없는 타자 운명으로 정해졌다.

## 여교수의 운명

교수 판위량은 화가로서의 운명과 같은 맥락이다. 신문에 "청루의 기녀가 대학 교수가 되다", "창녀가 화가가 되다"라는 기사가 실리면서 판위량이 기녀 출신이었다는 사실이 만천하에 알려졌고, 그것은 자신의 나체화를 그린 판위량의 도덕성을 의심하는 사람들에게 확신을 주었다. 그들은 타고난 속성 자체가 '천하고 불결한' 사람으로 그녀를 기호화했다. 교수라는 직업은 다른 사람을 가르치는 직업이므로 도덕적 소양과 인격적 존엄이 요구된다. 판위량은 그 일로 교수로서 갖추어야 할 이러한 도덕적 소양과 인격적 존엄을 완전히 상실했다. 그래서 그녀는 더 이상 교수로서 학생들 앞에 설 수가 없게 되었다.

여기서 주목해야 할 것은 판위량을 세상에 '천하고 불결한' 사람으로 낙인찍히도록 그녀가 기녀였다는 사실을 폭로한 사람이 바로 같은 학교 동료 교수 중의 한 사람인 하夏 강사라는 점이다. 하 강사는 "남자인 자신들은 십 년 동안 강사인데, 오자마자 교수가 된" 판위량이 여자임에도 "한 달에 400달러"를 받는 높은 지위에 있는 것을 심리적으로 받아들일 수가 없었다. 그런데 판위량을 교수로 받아들이기 어려웠던 것은 하 강사뿐만이 아니다. 남자 동료들은 모두가 여자가 교수가 되는 것을 받아들이기 어려워 "교수로 뽑을 사람이 없어 여자를 뽑아!"라며 불만을 토로했고, 더구나 여성이 자기들보다 지위가 높은 것을 그들은 더더욱 용납하기 힘들었다.

남자 동료들은 또한 그녀의 재능을 인정하고 싶어하지 않았다. 그래서 그들은 "가슴이 크네. 교수보다는 누드 모델을 시키는 것이 더 낫겠어", "저 여자의 자본은 몸매인데"라며 판위량의 재능을 폄하했고, 여성이 성공하는 것은 자신의 능력이나 재능으로 인한 것이 아니라 외모나 다른 조건, 즉 "외국 유학을 다녀왔기" 때문인 것이라는 편견을 가지고 있다. 이렇듯 남성 동료들의 태도에는 본질적으로 여성이 남성보다 못하다는 남존여비의 의식 형태가 깔려 있다. 이러한 의식 형태는 여성이 남성보다 사회적 지위가 높은 것을 용납하지 않는다. 왜냐하면 사회적 지위는 뛰어난 재능을 상징하기 때문이다. 남성 중심주의 의식 형태는 남성보다 뛰어난 재능을 가진 여성을 발견하는 순간 그것을 강력한 힘으로 억압한다. 하 강사가 판위량이 기녀였던 사실을 들추어내 교수직을 지속할 수 없게 한 행위는 표면적으로는 개인의 질투가 일으킨 것으로 보이지만, 실상 그것은 남성 주체에 대해 영원히 복종하고 순종해야 하는 여성이 더 뛰어난 재능으로 자신을 위협하는 것을 용납할 수 없는 남권주의 의식 형태가 작동한 것임을 알 수 있다. 그리고 이러한 억압의 배후에는 남성 주체의 무능과 허약함을 은폐하려는 욕망이 숨어 있음이 드러난다.

이상으로 판위량의 운명을 분석했다. 분석에서 드러나듯이, 판위량은 자신의 운명을 바꾸기 위해 노력했고, 분투해 기녀에서 화가, 교수가 됨으로써 다양한 신분 역할을 담당했지만, 그 어느 역할에서도 그녀는 불행한 운명에서 벗어날 수 없었다. 왜냐하면 남성 중심의 사회 구조에서 여성은 멸시와 억압과 배제의 대상이기 때문이다.

## 3. 중국 전통 문화와 타자로서 서양 근대 문화

영화 〈화혼〉은 여성을 타자로 묘사한 것 이외에, 또 중국 전통 문화와 대립되는 서양 근대 문화를 타자로 묘사했다. 이것은 영화 속 인물의 사상과 행동을 통해 표현되는 서양 근대 문화 요소가 당시 중국 사회의 주류 의식 형태인 중국 전통 문화에 의해 억압, 배제되는 것을 통해 표현된다. 영화에서 표현된 서양 근대 문화는 크게 두 측면이다. 하나는 평등, 자유, 독립의 관념이고, 다른 하나는 서양 누드화다.

### 평등, 자유, 독립의 관념

평등, 자유, 독립의 관념을 내용으로 하는 서양 근대 문화는 주로 판찬화와 판위량을 통해 체현된다. 판찬화는 외국 유학을 하고 서양 문화를 받아들인 개방적인 사람으로 남녀 평등의 사상을 가지고 있다. 이 평등 사상은 서양 근대 문화를 대표한다. 그의 평등관은 여성을 대하는 태도, 구체적으로 판위량을 대하는 태도에서 체현되고, 다음 몇 가지로 나타난다.

첫째, 그는 성애性愛에서 남녀가 평등하다는 의식을 가지고 있다. 이것은 우후의 상인들이 성 접대로 판위량을 보내왔을 때, 판찬화가 애정 없이 하룻밤을 보내는 것은 강간이라며 판위량을 거절하는 데에서 드러난다. 그는 기본적으로 성애는 남녀가 모두 사랑하는 감정이 있을 때 가능한 것이지, 그렇지 않고 일방의 성적 쾌락을 위해 다른 일방이 도구가 될 수 없다고 생각한다. 그래서 그는 여성을 자신의 성 욕망을 충족하기 위한 노리개로 삼지 않았다. 이러한 관념은 서양 문화에서 나온 것으로, 중국 전통 사회에서 여성은 남성 주체의 대상으로, 자식을 낳기 위한 도구로서, 그리고 남성 성 욕망의 대상으로 성애의 대상이 되었던 것과 다르다.

둘째, 인격적으로 평등하다는 의식을 가지고 있다. 판찬화는 위량을 자신과 대등한 인격체로 대했다. 이것은 판위량에게 독립적인 삶을 살 수 있도록 글을 가르쳐 주고 공부를 할 수 있도록 도와 주는 데에서도 나타나지만, 무엇보다 판찬화가 판위량과 결혼하는 것에서 가장 선명하게 드러난다. 판위량이 사회적 지위가 낮은 기녀 신분임에도 그는 그녀의 사회적 신분이나 지위가 아닌 인격체로서 그녀를 존중했다. 그가 신문의 결혼

광고를 통해 합법적이고 공개적으로 판위량을 아내로 맞이한 것은 그의 이러한 평등 의식을 잘 보여 준다.

셋째, 부부 관계에서 평등 의식을 가지고 있다. 판찬화가 위량과 결혼한 후 판위량이 미술 공부를 할 수 있도록 도와 주고 7년 동안이나 파리 유학을 보내 준 것 등은 판찬화가 판위량을 자신의 부속물이 아닌, 독립된 개체로서 그녀를 존중했음을 의미한다. 그러나 그가 이러한 행위를 통해 추구한 가치관이 사회가 암묵적으로 동의한 관념, 즉 사회 주류 의식 형태가 규정한 행위 방식과 달랐기 때문에 그는 자신이 속한 문화 환경에서 주변화되고 소외되었다. 판찬화가 다니던 직장을 그만둔 것은 이를 잘 보여 준다.

판찬화가 추구한 서양 문화 관념은 판위량과 분리될 수 없다. 판위량이 판찬화의 지원에 힘입어 자신의 일생을 바쳐 추구한 자유와 독립은 서양 근대 문화의 핵심 요소다. 앞에서 살펴보았듯이, 그녀는 불행한 자신의 운명에서 벗어나고자 노력했고 일생을 다해 여성 누드화를 고집했다. 그리고 그녀는 그것을 통해 그 어떠한 속박도 받지 않는 자유를 획득하고 싶어했다. 판찬화는 그녀에게 자유를 주었고 독립된 삶을 살 수 있도록 지원하고, 그녀를 위해 희생을 아끼지 않았다. 유학을 비롯해 그녀가 가정에 구속되지 않고 예술을 추구할 수 있도록 배려해 준 것은 이를 증명한다. 판찬화의 지원과 희생에도 불구하고 판위량은 여전히 불행한 운명에서 벗어나지 못했고, 두 사람이 추구한 가치는 당시의 주류 의식 형태인 중국 전통 문화에 압도되었다. 한 사람은 자신을 억누르는 환경을 감당하지 못해 사랑하는 아내와 생이별을 하는 것으로, 또 한 사람은 자기 때문에 사랑하는 사람이 고통으로 불행한 것을 견딜 수 없어 떠나는 것으로 두 사람 다 중국 문화 환경에서 실패했다. 서양 근대 문화의 대변자인 그들의 실패와 좌절은 중국 전통 문화와 충돌한 서양 근대 문화의 실패와 좌절을 의미한다.

### 누드화

누드화는 서양 문화 관념을 대표한다. 즉, 서양 문화 전통에서 인간의 육체는 최고의 심미 대상이다. 누드는 고대 그리스 시대부터 조형 예술의 대상이 되어 왔고, 특히 르네상스 이후에는 여성 누드화가 대중화되었다. 서양 예술 관념에서 생명이 있는 인간의 육체는 조화와 균형에서 미의 최고 원칙이었다. 또한 여성 육체의 아름다움은 완전한 미의 상징이었으므로 이상적인 육체의 소유자를 모델로 한 누드의 표현은 서양 문화의 오랜 전통이다. 그러나 중국에서 인간의 나체를 그린 누드는 성과 관련해 은밀하게 감상하는 춘화春畵에서나 보이는 저급한 것이었다. 중국 문화 전통에서 여성의 육체는 예술 표현의 대상이 아니라 남성 성 욕망의 소비 대상이었다. 그러므로 여성의 육체가 공개적으로 다른 사람들에게 보여진다는 것은 도덕적으로 더럽혀진다는 것을 의미했다. 그러므로 '정조'가 강조되는 중국의 성 도덕 문화에서 여성의 벗은 몸이 공개적으로 드러나는 것은 사회 금기였다.

서양 문화에서 심미 이상인 누드화가 중국 전통 문화에서는 부도덕의 상징이었기 때문에 중국 전통 문화 환경에서 그것은 타자였다. 그래서 그것은 중국 전통 문화의 주류 의식 형태에 의해 파괴되고 억압되었다. 영화에서 사람들이 미술실에 쳐들어가 여성 누드 모델을 수치를 모르는 천하고 부도덕한 여자로 내몰고 작업장을 파괴하고 그림을 훼손하는 것, 누드를 가르쳤던 상하이미술대학이 문을 닫게 된 것, 누드화를 주도하고 가르친 류교장이 구속된 것, 판위량의 개인전 전시장의 그림들이 사람들에게 파손되어 난장판이 된 것 등은 서양 근대 문화를 받아들일 수 없는 중국 전통 문화의 주류 의식 형태가 그것을 타자로 규정했기 때문이다.

## 4. 영화에 표현된 '타자'의 기능과 의의

이상에서는 영화에서 표현된 타자로서의 여성과 서양 근대 문화를 살펴보았다. 여기서는 감독인 황수친이 왜 그러한 타자의 이미지를 표현했으며 그것을 통해 무엇을 표현하려고 했는지에 대해 살펴보고자 한다. 이 문제를 좀 더 명확하게 설명하기 위해서는 영화가 원작인 스난石欄의 전기 소설(이하 전기로 칭함) 『화혼 판위량』과[3] 어떻게 다르게 묘사했는지를 살펴볼 필요가 있다.

사실상 판위량은 사회적으로 비천한 신분인 기녀에서 세계적인 화가가 된 전기적 삶을 산 여성이다. 그런데 그녀의 이러한 전기적 삶을 영화 〈화혼〉은 매우 비극적이면서 소외된 타자로 묘사했다. 이러한 비극과 소외의 이미지는 전기와 다르게 처리된 부분이다. 기녀 출신으로 사회적 편견과 싸웠고 자신의 이상을 위해 중국을 떠나 타지에서 생을 마감했다는 점에서 전기와 영화에서 묘사된 판위량은 모두 타자다. 그러나 타자의 표현은 둘의 묘사가 다르다.

우선, 타자의 대상과 내용이 다르다. 판위량의 역할 신분은 기녀, 첩, 화가, 교수로 다양하다. 영화는 판위량의 이 역할 신분 모두를 소외된 타자로 묘사했다. 그러나 전기에서 타자 표현은 주로 기녀의 역할 신분에

3 안후이安徽 출신 작가 스난이 쓴 『화혼』은 서명이 『화혼 장위량전』(1983)으로 되어 있다. 그러나 여기서는 이 논문이 참조한 한국어 번역본의 서명 『화혼 판위량』(북폴리오, 2004)을 쓰기로 한다. 판위량은 본래 이름이 장위량이나 남편 판찬화를 만나 자신의 성을 판으로 고쳐 판위량이란 이름을 사용했다.

단일하게 집중되어 있다. 전기는 판위량이 기녀 출신인 것에 대한 편견과 정서적인 멸시를 표현하는 것 이외에, 다른 신분 역할은 타자로 표현되지 않았거나 혹은 그러한 표현이 두드러지지 않다.

예술가로서 판위량은 사회적으로 충분한 인정을 받았다. 유학에서 돌아와 상하이미술대학 주임 교수를 하면서 난징南京중앙대학 교수 요청을 받아 겸직을 했고 여러 차례 국내 개인전을 열어 호평을 받았다. 또한 동서양화를 접목해 발전시킨 새로운 화법을 발전시켜 미술계의 찬사를 받으면서 왕성한 활동을 했다. 영화에서는 상하이미술대학 교수가 된 것만 묘사되고 나머지는 생략되었다. 전기에도 그녀가 나체화를 그린 것에 반감을 가진 사람들이 그녀의 전시장을 훼손하는 장면이 있다. 나신裸身의 중국 장사壯士의 유화가 전시된 다섯 번째 개인전에서 한밤중에 전시회장이 파손되고 그림이 분실되었다. 이것은 나신에 편견을 가진 사람들이 판위량이 기녀 출신인 것을 빗대어 비난하며 저지른 일이다. 판위량은 이 일로 개인적 정서에는 타격을 받았지만 전시회 자체는 사람들의 찬사와 함께, 교육부 장관이 그 그림을 높게 평가해 고액으로 구매할 정도로 성공적이었다. 이것은 영화에서 국내 개인전이 '음화하류'로 규정되어 파괴되고 사회적으로 거부되었던 것과 다르다.

교수로서는 동료 교수들이 출신이 천한 판위량이 자기들보다 지위가 높은 학과 주임을 하는 것에 대해 불만을 드러내고 동료 여교수가 암암리에 기녀를 암시하는 발언을 하는 내용이 전기에 있다. 그러나 그것은 판위량의 사회 활동에 영향을 주지 않았다. 영화에서 묘사된 동료 교수가 판위량이 기녀였던 사실을 폭로해 판위량이 도덕성을 비난받으며 더 이상 사회 생활을 할 수 없게 된 내용은 전기에는 없다.

첩으로서도 전기는 타자 표현이 두드러지지 않다. 영화는 판위량이 임신 기능을 상실한 것과 남편의 대를 잇는 것을 부각시켜 판찬화의 부인을 등장시킴으로써 판위량이 첩임을 드러냈다. 그러나 전기에서 판찬화는 이미 아이들이 있을 뿐 아니라, 판위량도 임신 기능이 상실되지 않았다. 또 판위량이 판찬화의 부인을 처음 만난 것은 교수가 된 후이며, 이미 사회적 지위가 높은 판위량에게 처첩의 신분 질서와 예의를 부인이 요구한 것에 대해 굴욕을 느낀 판위량이 중국을 떠나겠다고 결심하는 것으로 묘사되어 첩의 타자 표현은 매우 약화되고 오히려 인격적 존엄에 대한 의지가 강하게 묘사되었다.

기녀 신분에 대해서도 전기와 영화가 다르게 묘사되었다. 전기는 판위량이 기녀 출신인 것에 대해 사회의 편견과 반감이 있지만 생활에 영향을 줄 정도는 아니다. 판위량 본인은 화가로서 인정받고 교수로 생활하는 데 영향을 받지 않았고, 남편인 판찬화도 판위량과 결혼한 후에 여전히 우후蕪湖에서 세관 감독관의 일을 계속했다. 그러나 영화에서 사회 주류 의식 형태의 기녀에 대한 태도는 잔혹하고, 그에 대한 핍박과 억압은 생활이 어려울 정도로 잔인했다. 판위량은 화가로서, 교수로서 더 이상 일을 할 수가 없었고, 판찬화도 스트레스를 견디지 못해 사직할 수밖에 없었다.

마지막으로 서양 근대 문화를 대표하는 누드화가 전기에서는 타자로 묘사되지 않았다. 전기에는 영화에서 묘사된 상하이미술대학의 인체 소묘 수업이 사회 도덕에 해가 된다는 이유로 작업장이 파손되는 내용이 없다. 비록 모델 구하기가 어려워 목욕탕에서 목욕하는 여인들을 그리다 봉변당하고, 개인전 전시장이 한밤중에 파손되는 등의 장애가 있지만 전기에서는 누드를 그리고 전시하는 것이 모두 사회적으로 용인되고 받아들여졌다. 판위량이 자신을 그린 누드화를 얼굴을 알아볼 수 없게 하여 학교 전시회에 출품해 유학을 가게 된 것, 유학에서 돌아와 그린 나신 중국 장사가 전시회에서 높은 평가를 받은 것들은 이를 설명한다. 그런 반면 영화에서 누드화는 사회적 생존 자체가 어려웠다. 인체 소묘 수업장이 파괴되고 누드화로 인해 학교가 문을 닫아 누드화를 그릴 수 없게 되고, 개인 전시회가 사람들에게 파손되어 누드화 전시 자체가 불가능했던 것들로 알 수 있다.

둘째, 타자의 주체성과 운명에 대한 처리가 다르다. 전기에서 판위량의 인생에서 가장 중요한 가치는 인격적 존엄과 평등이다. 판위량은 예술 이상의 실현을 통해 그것을 획득하고자 했고, 그러한 의지가 매우 강하게 표현되었다. 상하이미술대학에 우수한 성적을 받고도 기녀 출신이라는 것 때문에 불합격 처리가 되자 죽으려 한 것, 유학을 가기 위해 임신된 아이를 낙태한 것 등은 이를 잘 보여 준다. 그러나 영화에서는 이런 것들이 모두 삭제되어 여주인공의 주체적 의지가 약화되었다. 영화는 판위량이 기녀로 양성될 때 마신 육신차 때문에 아이를 낳지 못하는 것으로 표현함으로써 타자를 더욱 부각시켰다.

판위량이 중국을 떠나게 된 이유도 영화는 전기와 다르다. 전기는 판찬화의 부인이 처첩 신분 질서를 요구한 것이 계기가 되어, 판위량은 국내에서는 아무리 예술인으로 성공한다 하더라도 자신의 치욕스러운 신분(기녀, 첩)에서 벗어날 수 없어 인격적 평등과 예술 이상, 두 가지를 모두 실현하기 위해서는 중국을 떠나야 한다고 생각하고 자신의 주체적 선택으로 중국을 떠났다. 그러나 영화는 그녀가 누드화를 그린 것과 기녀 출신이라는 것이 사회에서 부도덕으로 규정되어 거부되면서 판위량은 예술 활동과 교수직을 모두 지속할 수 없었고, 남편인 판찬화까지 직장을 그만두어야 했으므로 가족의 생존이 위협되었다. 그래서 판위량은 중국을 떠나지 않을 수 없었다.

결론적으로 전기에서 판위량은 많은 것(아이, 남편과 조국을 버림)을 희생했지만 자신의 과거 신분이 문제가 되지 않는 곳에서 신분의 구속에서 벗어나 자신이 추구한 인격적 존엄과 평등, 예술 이상을 모두 성취함으로써 성공을 거두었다. 그러나 영화는 판위량이 추구한 예술 이상과 자기의 가치가 중국 사회의 주류 의식 형태의 강한 힘에 억압되어 실패함으로써 불행한 운명에서 벗어나지 못했다.

이상에서 살펴본 바와 같이 영화는 전기와 상당 부분 다르게 처리되었다. 바로 이런 차이들이 영화와 전기의 사상 의의 및 정서적 기조를 다르게 만들었다. 전기는 자신의 불행한 환경과 맞서 이상을 실현한 판위량의 강한 주체성과 의지, 불굴의 용기를 찬양함으로써 전체적인 기조가 밝고 명랑하고 고무적이다. 그런 반면 영화는 뛰어난 재능을 가졌음에도 사회의 주류 의식 형태의 힘에 의해 자기의 이상을 펼치지 못한 여성 예술가의 불행한 운명을 묘사함으로써 영화의 전반적 기조가 음울하고 쓸쓸하고 비극적이다.

감독 황수친은 왜 성공 신화를 이룬 여성 화가를 영웅적 인물이 아닌 사회의 주류 의식 형태에 의해 철저히 소외되고 배제된 타자로 묘사했을까? 그리고 여성과 서양 근대 문화를 타자로 표현한 이유는 무엇일까?

예술 작품은 그것을 둘러싼 역사적 맥락과 사회문화적 환경의 영향을 받지만 무엇보다 창작자의 예술 성향과 습성이 가장 직접적인 영향을 미친다고 할 때,[4] 이 영화는 특히 창작자인 황수친 감독의 예술 창작 환경과 그녀가 자신의 환경에서 경험하고 감지한 것들이 영화에 직접적으로 투영되어 독특한 시각을 만들어냈다.

우선, 황수친이 여성 예술가로서 겪었던 불운한 예술 인생과 그것을 통해 중국 사회에 대해 느낀 사상, 감정이 이 영화에 깊이 투사되었다. 황수

4 피에르 부르디외Pierre Bourdieu에 의하면, 예술가의 출신, 가정 교육 및 성장 과정은 예술가의 예술 경향과 습성에 영향을 준다. 그리고 예술가의 예술 습성은 예술 창조의 생산 환경과 만났을 때 상호 작용을 통해 만들어지는 요소가 의식적 혹은 무의식적으로 예술가의 예술적 풍격과 주장을 결정한다(부르디외, 1999: 284-314 참조).

친의 예술 운명은 판워량의 예술 운명과 상당 부분 유사하다. 황수친은 예술 창작에 대한 열정과 의지가 강했다. 그러나 그녀의 예술 이상에 대한 실현이 사회 환경에 의해 좌절되었다. 황수친이 고등학교를 졸업하던 해에 베이징北京영화학교에서 학생을 뽑지 않았고, 그녀는 오로지 그 학교 입학을 위해 2년 동안이나 자원해서 하향下鄕 노동을 할 정도로 그녀의 영화 창작에 대한 열정이 강했다. 그러나 황수친은 사회 정치 환경으로 인해 그 열정을 펼칠 수가 없었다. 대학을 졸업하고 정치 운동에 동원되어 농촌에서 7년을 보내고,[5] 다시 돌아왔을 때는 문화혁명으로 예술 창작이 전면 중단되었다. 그 때문에 그녀는 영화를 찍을 기회가 없었다. 황수친은 중국 사회의 강력한 주류 의식 형태에 눌려 17년 동안이나 자신의 예술 이상을 실현하지 못하는 동안 자연스럽게 예술가와 사회의 관계에 대해 깊게 생각하게 되었다.

> 그때부터 의식하기 시작했어요. 인간은 단지 사회의 일개 작은 벌레에 불과하다는 것을. 스스로 주체가 될 수 있는 게 아니라는 것을. 17, 18세의 젊은이들이 영화에 애정을 가지고 공부했지만 결국은 어떻게 됐나요? 아무것도 못 했어요(張仲年 · 顧春芳, 2009: 33).

> 그러나 마음속에 영화에 대한 추구와 기다림은 멈추지 않았어요. 물론, 당시 이런 생각은 아름다운 상상일 뿐이었지요. 어느 날 무엇을 얻게 되고, 또 그것을 잃게 될지 아무도 알 수가 없었어요(張仲年 · 顧春芳, 2009: 36).

5 황수친은 1964년 베이징영화학교를 졸업하던 해 '사청운동四淸運動'에 동원되어 농촌에서 생산부대 대장으로 2년간 보냈고, 1966년 문화혁명이 시작되고 난 후 '오칠간교五七干校'에 보내져 5년 동안 농촌에서 생활했다.

예술가의 예술 이상 추구가 사회에 의해 억압되었기 때문에 황수친은 예술가로서 깊은 좌절감을 느꼈고, 그녀의 그러한 정서는 의식적으로 또는 무의식적으로 판위량이라는 인물에 투영되었다. 그 당시 사회 환경에서 예술 이상을 추구하는 것은 누구나 힘들었지만, 여성 예술가는 특히 더 어렵고 힘들었다. 이는 그녀의 말처럼 "주류 사조는 반드시 남성 시각의 세계"이기 때문이다(張仲年 · 顧春芳, 2009: 33). 감독의 이러한 사유와 정서는 원래 기녀 출신인 판위량에게 타자 이미지를 더 가중시켜 타자화를 극대화했고, 사회적 타격으로 예술 이상의 추구는 물론, 개인 생활을 하는 것도 어려울 만큼 불행한 여성 타자로 판위량을 묘사함으로써 사회 주류 의식 형태가 얼마나 잔인하고 냉혹한지를 폭로했다.

황수친이 영화에서 서양 근대 문화를 타자로 묘사한 것에 관해서는 다양한 요인이 작용했을 것이다. 예를 들면, 그녀의 가정 환경을 하나의 중요한 요인으로 볼 수 있다. 황수친의 아버지와 어머니는 모두 유명한 예술가였다. 화극 연출가인 아버지 황줘린黃佐臨은 두 차례 영국 유학을 했던 서양화된 지식인이고, 배우인 어머니 또한 영국에서 생활했기 때문에 황수친은 어려서부터 서양 문화에 익숙했다. 그런데 1949년 이후 중국에서 서양 문화는 줄곧 비판받아 왔고, 특히 서양 유학 출신의 지식인들은 부르주아 계급 의식의 개조라는 명분으로 비판의 대상이 되어 왔다. 황수친은 부모를 통해 이런 비판을 직접 보고 겪었던 사람이다. 그러나 황수친이 영화에서 서양 근대 문화를 타자화한 것은 이보다 1989년 6 · 4 민주화 운동의 영향이 더 직접적이었을 것으로 생각된다.

지식인들이 중국에 들여온 서양 민주 관념이 무력으로 진압되면서 당시 지식인들 모두 커다란 충격에 휩싸였다. 그때 마침 1987년부터 제작이 계획된 영화 〈화혼〉이, 촬영을 위해 극본을 수정하는 중에 있었으므로 감독 황수친은 이런 지식인들의 주류 의식 형태의 억압과 폭력에 대한 분노와 좌절을 이 영화를 통해 표현한 것으로 생각된다.

그렇게 보는 근거는 영화에서 주류 의식 형태와 충돌한 서양 누드화는 지식인들이 서양에서 들여온 서양의 심미 관념인 반면, 당시 주류 의식 형태와 충돌한 민주 개혁운동은 지식인들이 서양에서 가져온 서양의 민주 정치 관념이라는 점에서 모두 서양 문화 관념이라는 공통점이 있다. 또한 이러한 서양 문화 관념이 중국에 들어와 당시 중국의 주류 의식 형태와 충돌했을 때, 중국의 주류 의식 형태는 그것을 단순히 용납하지 않은 것이 아니라, 폭력의 방식으로 그것을 진압했다는 점에서 이 둘은 공통점이 있다. 그리고 영화에서 표현된 두 번의 폭력 장면, 특히 인체 소묘 수업 시간에 작업실을 파괴하고, 그림 그리는 학생들에게 폭력을 휘두르는 장면은 주류 의식 형태의 폭력적이고 잔혹한 부분을 드러내는데, 이러한 폭력 장면은 판위량 전기에서는 물론, 황수친이 이전에 찍은 다른 작품에도 모두 등장하지 않는다는 점이다. 무엇보다 황수친 자신이 인터뷰에서 여성 감독들은 폭력적 장면을 찍는 것이 익숙지 않다고 밝혔듯이(張仲年 · 顧春芳, 2009: 부록의 황수친 인터뷰 DVD 참조),[6] 폭력적 내용에 익숙지 않은 여성 감독이 이런 폭력 장면을 직접적으로 묘사한 것은 민주운동에 대한 정부의 무력 진압에 대한 실망, 분노를 영화를 통해 간접적으로 표현하고자 했기 때문인 것으로 볼 수 있다.

그 밖에, 영화 〈화혼〉이 제작된 1990년대 초, 당시 제작된 영화들 대부분이 정부의 무력 진압에 대한 불만과 좌절을 다양한 역사 문화적 알레고리를 사용해 표현했던 것으로도 영화 〈화혼〉이 서양 근대 문화를 타자로 표현한 것과 6 · 4 민주화 운동 사이의 연관성을 설명해 준다. 1980년대 정치 문제에 무관심했던 5세대 감독들이 1990년대 초 중국 현대 정치

6 張仲年, 顧春芳 著, 『黃蜀芹和她的電影』(上海人民出版社, 2009) 부록의 황수친 인터뷰 DVD 참조.

사와 개인의 운명을 다룬 영화, 예를 들면 〈인생〉(장이모), 〈패왕별희〉(천카이거), 〈푸른 연〉(텐좡좡)을 다투어 창작했다. 이는 천안문 사건으로 좌절한 지식인들이 문예의 방식으로 정부와 당시 주류 의식 형태를 비판한 것이다. 이에 대해서는 필자의 다른 논문에서 피력한 바 있다(김영숙, 2006). 이렇게 볼 때 1990년 초에 제작된 영화들이 천안문 민주 운동의 실패를 목도한 지식인들의 공통된 사유와 정서를 표현하고 있음을 부정할 수 없다.

## 5. 나오는 말

지금까지 타자 개념으로 영화 〈화혼〉을 분석했다. 이 분석은 두 부분으로 이루어진다. 첫 번째 부분은 텍스트에 대한 독해, 즉 영화에서 표현된 타자 이미지를 분석했고, 두 번째 부분은 그것을 창작자 및 창작 환경과 연결해 이 타자 이미지의 기능과 의의를 논증했다.

우선, 영화에서 표현된 타자 이미지는 타자로서의 여성과 서양 근대 문화에 집중해 분석했다. 여성 화가 판위량의 다양한 신분의 운명 분석을 통해 그가 늘 소외되고 불행한 운명에서 벗어나지 못했던 이유가 어떤 특정인 혹은 나쁜 일을 당해 조성된 것이 아니라, 남권주의 의식 형태가 지배하는 사회 환경에서 그녀가 여성이었기 때문임을 밝혔다. 또한 서양 근대 문화를 대표하는 평등, 자유, 독립의 관념과 누드화가 중국 사회에서 사람들에게 거부되고 잔혹하게 핍박받는 양상을 분석함으로써 그것을 타자로 규정하고 배제하는 실체가 다름 아닌 중국 전통 문화 관념이라는 것을 밝혔다. 남권주의와 중국 전통 문화는 모두 당시 사회의 주류 의식 형태의 구체적인 내용이다. 이렇게 볼 때 영화에서 타자 이미지를 통해 표현한 것은 사회 주류 의식 형태의 강력한 파워와 잔혹성이다.

그리고 영화 속의 타자 이미지를 영화 생산의 콘텍스트, 즉 창작자의 생활 경력과 당시 사회의 역사 문화 환경 안에서 고찰한 결과 영화 텍스트에서 묘사된 타자 이미지가 갖는 기능과 의의가 좀 더 중층적이고 은유적인 것임이 드러났다. 감독 황수친은 영화에서 표현된 여성과 서양 근대 문화의 타자 이미지를 통해 현실 사회 정치 환경이 얼마나 사람들을 억압하고 있는지를 표현했다. 황수친은 자신이 현실 사회에서 직접 겪은 예술가로서의 불운과 6 · 4 민주화 운동의 실패로 인한 지식인으로서의 좌절과 패배감을 영화의 타자 이미지에 직접 투영함으로써 작금의 중국의 주류 의식 형태의 억압과 잔혹성을 고발했다. 특히 신중국이 성립된 후 중국 공산당이 공표한 남녀 평등과 1980년대 이래 개혁 개방 정책을 표방하면서 민주 관념을 포함한 서양 문화 수용의 허용이 실상은 허구임을 폭로한 것이라고 하겠다. 이런 의미에서 영화에서 표현된 타자 이미지는 민국 시기의 남권주의와 중국 전통 문화를 중심으로 한 사회 주류 의식 형태의 잔혹성을 비판하는 것인 동시에 당대 중국 공산당 중심의 주류 의식 형태의 거대한 힘과 잔혹함을 비판한 것이라고 하겠다. 이렇게 볼 때 여기서 사용된 타자 이미지는 이중적 알레고리다.

## 참고 문헌

### 1. 자료

영화 〈畵魂〉, 감독 황수친, 1993.

2. 논저

김영숙, 「영화 〈인생(活着)〉의 원작에 대한 각색 특징 : 소설과 영화 비교를 중심으로」, 『중국어문학논집』 제36호, 2006.

부르디외, 피에르, 『예술의 규칙 : 문학 장의 기원과 구조』, 하태환 옮김, 동문선, 1999.

스난(石欄), 『화혼 판위량』, 김윤진 옮김, 북폴리오, 2004.

龔佩華 · 李啓芬, 『中華民族親屬團體史』, 中國 : 德宏民族出版社, 1991.

戴錦華, 『霧中風景』, 中國 : 北京大學出版社, 2000.

鄧建華, 「他者/他者性 *Other/Otherness*」, 王曉路 外著, 『文化批評關鍵詞研究 *Study of Concepts in Cultural Criticism*』, 中國 : 北京大學出版社, 2007.

劉達臨 · 胡宏霞, 『中國性文化史』, 中國出版集團 東方出版中心, 2007.

李秀領, 『中國婚姻家庭的嬗變』, 中國 : 浙江人民出版社, 1990.

張意, 『文化與文化權力 : Bourdieu文化社會學導論』, 中國 : 中國社會科學出版社, 2005.

張仲年 · 顧春芳, 『黃蜀芹和她的電影』, 中國 : 上海人民出版社, 2009.

Cavallaro, Dani, 張衛東 · 張生 · 趙順宏 譯, 『文化理論關鍵詞』, 中國 : 鳳凰出版傳媒集團 江蘇人民出版社, 2006.

# 노년은 타자이기만 한 것인가:

## 여성 노년소설의 노년과 성숙*

이경란

### 1. '우리 안의 타자': 페미니즘과 여성 노년

평균 수명의 급격한 증대와 출생률의 저하로 우리 사회도 2000년을 기점으로 전체 인구에 대한 65세 이상의 노인층 인구 비율이 7%를 넘어서는 고령화 사회로 접어들었다. 2018년에는 노인 인구가 14%인 고령 사회로, 2026년에는 20%인 초고령 사회로 진입할 예정이다.[1] 역사적으로 유례없는 긴 노년의 시간을 많은 동년배들과 보내야 하는 상황은 노인의

* 이 글은 『영미문학페미니즘』 제18권 1호(2010)에 실린 논문, 「여성 노년소설의 노년과 성숙: 메이 시튼의 『지금의 우리』와 폴리 마셜의 『과부를 위한 찬가』」를 수정 · 보완한 것이다.

1 OECD(2006) 자료에 의하면, 한국이 고령화 사회로 진입한 2000년에 국가별 65세 이상 노인 인구 비율(%)은 일본 17.4, 프랑스 16.1, 영국 15.8, 미국 12.4, 한국 7.2, 2005년에는 일본 19.9, 프랑스 16.6, 영국 16.0, 미국 12.4, 한국 9.1이다. 국가별 인구 고령화 속도에 대한 통계청(2006e) 자료에 의하면, 프랑스 · 독일 · 영국은 1970년대에, 일본은 1994년에, 한국은 2000년에 노인 인구 비율 7%인 고령화 사회로 진입했고, 미국은 2015년 진입 예정이다(김수영 외. 2009: 19–21 참조).

삶의 질에 관한 문제들을 중요한 사회적 의제로 만들고 있으며, 노인들에게 "아무도 가보지 않은 길을 지도도 없이 여행하면서 노년의 삶의 의미를 새로이 만들어 가야 하는 '문화적 전위'의 역할"(정진웅, 2006: 14)을 담당시킨다. 이렇게 놀랍도록 증가하는 노인들 중 여성 노인의 수는 대부분의 나라에서 남성 노인의 수를 훨씬 웃돈다. 여성의 평균 수명이 남성보다 길기 때문이다. 중요한 노인 문제 중 하나인 경제적 빈곤도 남성 노인보다 여성 노인의 경우 훨씬 심각하다. 그래서 노인 문제는 곧 여성 문제라는 의식도 강화되고 있다.

하지만 연점숙의 글 「페미니즘과 노년 차별: 페미니즘 안팎의 타자, 노년 여성」(2009)이 보여 주듯, 우리보다 페미니즘 역사가 길고, 먼저 고령화 사회로 진입한 영국과 미국 같은 서양 국가들에서도 페미니즘 담론과 현장에서 노년과 여성 노인의 문제는 흔히 주변적이고 침묵되는 영역이며, 한국의 상황도 크게 다르지 않다.

> 20세기 후반 열정적으로 등장한 페미니즘은 그때까지 남성 중심문화에서 침묵된 타자로 위치했던 여성들을 복원하려는 노력을 기울여 왔음은 주지의 사실이다. 그러나 그 여성들의 중요한 일부인 노년 여성에 대한 비가시성, 배제, 침묵, 억압의 문제는 그동안 페미니즘 안에서도 거의 공백 상태로 남겨져 왔다. 페미니즘이 약자에 대한 억압의 문제와 닿아 있다면 노년과 노년 차별 문제를 비가시적인 것으로 간과해 온 것 자체가 페미니스트 학문과 현장의 짐이며 문제다(연점숙, 2009: 110).

페미니즘이 노년 여성의 문제를 침묵시켜 온 이유에 대해 여러 설명이 가능하다. 여성의 재생산, 경제적 · 정치적 불평등, 여성 교육과 여성 폭력 등 페미니즘이 주력해 온 문제들이 여성 노인의 문제보다 더 긴급했다고 인정할 수도 있고, 젠더 차별에 예민한 페미니스트들도 젊음 숭배와 노년 혐오에서는 벗어나지 못했다고 비판할 수도 있다. 하지만 20세기 후반 페미니즘 운동에 참여했던 여성들이 60세를 넘어가는 상황에서도 여성 노년의 문제가 여성학의 중요 의제로 잘 다루어지지 않는 흥미로운 현상을 다루는 마거릿 크뤽생크Margaret Cruikshank는 페미니즘 담론이 여성의 몸을 다루는 방식에 주목한다. 즉 "나이듦은 논의의 여지없이 몸을 변화시키는데, 우리 여성 학자들은 몸에 너무 많은 의미를 두지 않으려 해왔다. 해부학이 운명이 아니라면 생물학도 운명이 아니어야 했다" (Cruikshank, 2009: 180-181)는 것이다. 페미니즘은 여성의 열등한 지위를 생물학적 몸에 근거해 자연적인 현상으로 설명하는 여성 담론들을 거부하고, 여성은 태어나는 것이 아니라 만들어진다는 문화구성론에 의거해 여성의 지위를 변화시키고 여성의 힘을 확보해 왔는데, 바로 이 점 때문에 페미니스트들에게 노년, 특히 여성의 노년은 다루기 어려운 주제가 되고 있다는 것이다. 나이듦에 대한 논의의 출발점이 불가피하게 몸의 늙음이라는 생물학적 사실이어야 한다는 사실이 페미니스트들로 하여금 여성의 행위주체성을 확보하기 위해 애써 부인해 온 몸의 결정론을 다시 논의의 중심에 놓아야 할지 모를 위험을 담고 있는 의제에서 눈을 돌리게 하고 있다는 것이다.

1997년 『우리 안의 타자*The Other Within Us*』라는 제목으로 여성과 나이듦에 대한 다양한 영역의 논문들과 글들을 모아 출판하면서 그동안 페미니즘 안에서 여성 노인의 존재가 '우리 안의 타자'였음을 인정하고 반성하는 마릴린 피어설Marilyn Pearsall 역시 페미니스트들이 자신의 늙어가는 몸에 대해 느끼는 곤혹감을 책을 여는 첫 문단에 분명하게 진술하고 있다.

여러 해 동안 우리는 개인적으로 정치적으로 대중 매체와 선전이 여성들에게 부과하는 불가능한 몸의 이상들과 아름다움에 대한 집착을 비판해 왔다. …… 하지만, 이제 우리 얼굴이 서서히 나이든 여성의 모습이 되는 것을 보면서, 아름다움의 기준에 대한 우리 페미니스트적 거부는 가장 어려운 시험에 놓인다. 우리가 마침내 여성 삶의 사이클에서 가장 불명예스러운 단계인 노년에 도달해 자신이 가치가 없다고 느끼게 될 때, 우리는 그런 느낌이 주는 손상에 저항할 수 있을까?(Pearsall, 1997: 1)

'위치 설정', '문제삼기', '재현하기', '특권 주기' 네 범주로 여성 노년의 문제를 담론적, 재현적, 사회적, 개인적 차원에서 분석한 글들을 분류 · 배치하고 긍정적인 여성 노년 서사들을 찾아내고자 하는 피어설의 시도는 넓게는 사회 전체에서 좁게는 페미니즘 안에서 이중의 타자였던 여성 노년의 문제를 전경화하고 의미 있는 여성 노년의 삶을 전망하고자 한다는 점에서 중요하다.

여성 노년이 페미니즘 안의 타자임을 역설한 피어설의 책이 출판되고 10여 년이 넘은 현재까지도, 2006년 미국의 NWSA National Women's Studies Association가 발행한 『나이듦과 나이 차별 *Aging and Ageism*』을 제외하고는, 페미니즘 관련 학술지에서 나이든 여성을 다루는 글은 아직도 드물다. 하지만 1997년 피어설의 책에 실린 글들이 비록 산발적이지만 1970년대부터 발표된 글이라는 사실은 개별 페미니스트들이 여성 노년에 대해 가지고 있던 꾸준한 관심을 드러낸다. 페미니스트들이 여성/노년에 보인 관심 중 가장 두드러진 예의 하나는 『제2의 성 *The Second Sex*』에서 여자는 태어나는 것이 아니라 만들어진다는 페미니즘 운동의 기본 명제를 개진한 프랑스의 시몬 드 보부아르Simone de Beauvoir의 『노년 *The Coming of Age*』(1970)이다.[2] 보부아르는 "노년은 생물학적 사실만이 아니라 문화적 사실이기도 하다"(20)고 주장하면서 노년의 사회 구성성과 타자성을 논증한다. 『여성의 신비 *The Feminine Mystique*』(1963)로 미국 사회에 여성해방운동의 불을 붙였던 베티 프리던Betty Friedan은 1993년 『나이의 샘 *The Fountain of Age*』에서 노년의 긍정적인 면모를 탐색하며, 여성 순종성의 젠더 정치학을 분석한 『여성 내시 *The Female Eunuch*』(1970)의 호주 태생 저자 저메인 그리어Germaine Greer 역시 1991년 여성과 나이듦의 문제에 천착한 저서 『변화: 여성, 나이듦과 폐경 *The Change: Women, Ageing and the Menopause*』을 출판한다. 바버라 맥도널드Barbara Macdonald와 신시아 리치Cynthia Rich의 『내 눈을 보라: 나이든 여성, 나이듦과 나이 차별 *Look Me in the Eye Old Women, Aging and Ageism*』(1985), 캐슬린 우드워드Kathleen Woodward의 『나이 그리기: 여성, 몸, 세대 *Figuring Age Women, Bodies, Generations*』(1999) 등도 노년과 여성 노년에 대한 창의적이고 도전적인 담론들을 개진한 저서들이다.

노년과 여성에 관한 페미니스트들의 창의적이고 도전적인 글들이 마땅한 받아야 할 담론적 · 사회적 주목을 받지 못했고, 사회적으로 강력한 영향력을 행사하지 못한 것은 안타까운 일이다. 하지만 위대한 페미니즘 저술서의 작가들이 대표적인 노년 연구서의 저자들이라는 사실은 주목할 필요가 있다. 그리어의 『변화』는 전적으로 여성의 나이듦에 대한 저서이지만, 보부아르와 프리던의 『노년』과 『나이의 샘』은 나이듦과 젠더의 문

2 노년을 다룬 보부아르의 저서 *La Vieillese* 제목이 각국마다 다르게 번역되고 있음은 흥미롭다. 영국에서는 *Old Age*로 번역된 반면, 미국에서는 *The Coming of Age*로 번역되어 '노년old age'이라는 말조차 사용하기 꺼리는 미국 문화의 젊음 중시 경향을 극단적으로 드러낸다. 한국의 1994년 초판 번역본은 『노년』으로 번역되었지만, 2002년 개정판은 원제에는 없는 부제가 붙은 제목, 즉 『노년: 나이듦의 의미와 그 위대함』으로 출판된다. 원저에는 의도되지 않는 '노년의 위대함'을 제목에 부가하는 한국의 번역본은 전통적으로 나이듦에 권위와 지혜를 인정해 주었던 동양 문화권의 부담이 엿보인다.

제를 날카롭게 견지하면서도 여성 노년만의 문제가 아닌 노년 전반의 문제를 다룬다. 보부아르가 노년에 대한 침묵의 공모를 깨뜨리겠다고 주장하면서 쇠락하는 노년의 부정적인 현실에 집중했다면, 프리던은 노년의 삶에도 발전이 지속될 수 있다는 긍정적 나이듦의 패러다임을 모색하려고 노력한다. 하지만 두 저자 모두 페미니즘과 노년 연구 사이에 의미있는 연결 고리가 존재한다는 사실을 보여 준다는 점에서 중요하다. 시간적 지연에도 불구하고 대표적인 페미니즘 저작의 작가들이 결국 여성 노년만이 아닌 노년 전반의 문제에 관심을 가지게 된다는 것은, 페미니즘이 여성의 이해 관계에만 주목하는 담론이 아닌, 사회적 타자로 주변화되는 다양한 존재와 집단의 이해 관계를 그 안에 담을 수 있는 잠재력을 가진 담론임을 증명한다. 페미니즘이 노년 연구에서 젠더의 중요성을 부각시켜 의미 있는 연구 결과들을 낼 수 있는 담론이면서도 동시에 여성뿐 아니라 다양한 타자와 약자에 대한 기본적인 윤리 감각을 붙잡고 있는 담론임을 잊지 않는 것, 그것만이 페미니즘을 지속적으로 살아 있게 할 것이다.

노년과 여성 노년이 사회 전반이나 페미니즘 안에서 오랫동안 타자의 위치에 놓여 있었으며 1990년대 이후에야 조금씩 그 불가시성과 침묵에서 벗어나고 있는 상황은 문학 연구에서도 예외가 아니다. 한국 문단에서 여성 노인의 경험을 다룬 장편은 아직 보이지 않지만, 이선 · 박완서 등의 여성 작가들이 쓴 노년 여성의 경험을 다루는 훌륭한 단편들이 눈을 끈다. 노년문학 혹은 여성 노년문학에 대한 비평적 연구 역시 크게 활발하지 않지만, 1990년대 중반부터 『한국 문학에 나타난 노인 의식』(1996), 『노년문학연구 Ⅱ』(1998), 『노년문학연구 Ⅲ』(2001), 『노년문학연구 Ⅳ』(2004) 등 노년문학 관련 논문들을 꾸준히 모아 출판한 '문학을 생각하는 모임'의 작업은 주목할 만하다.

영국과 미국 문학계에서도 여성 노년문학에 대한 연구는 크게 활발하지 않지만, 여성 노년소설을 발굴해내고 여성 노년의 주제를 찾아내며 여성 노년소설의 미학을 시도하는 의미있는 연구서들이 1990년대부터 나오고 있다. 1990년에 출판된 바버라 왁스먼Barbara Waxman의 『벽난로에서 한길로: 현대문학의 나이듦에 관한 페미니스트적 연구*From the Hearth to the Open Road: A Feminist Study of Aging in Contemporary Literature*』는 미국 여성 노년문학 연구의 기본서다. 이 책은 여성 노년문학에 대한 최초의 비평서이면서 여성 노년소설 미학을 시도하고 있다는 점에서 주목할 만하다. 왁스먼은 노년을 쇠락으로 보면서 노년 여성을 가정의 벽난로 옆에 가두어 두는 기존의 담론을 거부한다. 그는 청년들의 성장 소설 장르인 '빌둥스로만bildungsroman'을 염두에 두고, 여성 노년소설들을 "라이퉁스로만reifungsroman(성숙소설)'으로 범주화한다. 노년 서사들도 젊음에 대한 서사들처럼 물리적 · 정신적 여행의 모티프와 성장과 성숙의 서사를 가지고 있음을 강조함으로써 젊음과 노년을 이분법적으로 대립시키는 문화적 구성을 해체한다.

왁스먼이 여행과 성숙 모티프를 통해 여성 노년 서사의 가능성을 확대한다면, 샐리 치버스Sally Chivers의 『늙은 여성에서 더 나이든 여성들로*From Old Woman to Older Women*』(2003)는 캐나다 문학을 중심으로 나이듦의 긍정적 요소와 부정적 요소 모두를 담아내는 '건설적 나이듦' constructive aging(xxvi) 개념을 개진한다. '늙은 여성' 대신 '더 나이든 여성들'이라는 용어를 선택해 '늙은 여성'이라는 말이 시사하는 젊음과 늙음의 이분법적 대립을 폐기하고, 삶과 나이듦을 단절이 아닌 점진적 연속성으로 이해할 것을 촉구한다. 나이듦을 부정적인 측면이나 긍정적인 측면 한쪽으로만 단순화하는 담론들을 경계하는 치버스는 경험과 리얼리티의 복잡성과 모순과 역설을 모두 담아낼 수 있는 문학 서사의 미학적 잠재력을 높이 평가한다. 문학이 나이듦의 복잡한 경험과 본질에 대해 독자들의 이해를 높일 수 있다고 강조하는 치버스의 입장은 노년소설의 사회적 기능을 부각시키고 있다는 점에서 중요하다. 치버스가 문학과 영화를 넘나들며 '나이든 몸'이 죽음이나 노쇠만이 아닌 다양한 문화적 해석에 열려 있음을 지적하고 있다면, 조 브레넌Zoe Brennan의 『최근 소설의 나이든 여성*The Older Woman in Recent Fiction*』(2005)은 나이든 사람들에게는 아무 일도 일어나지 않는다는 경멸적인 담론을 문제삼으며 열정, 성적 욕망, 분노 등 다양한 욕망을 표현하는 나이든 여주인공들에 초점을 맞춘다. 같은 해에 출판된 영국의 작가 크리스틴 사이즈모어Christine Sizemore의 『여성들의 삶에서 정체성 협상하기: 최근 및 포스트콜로니얼 영국 소설*Negotiating Identities in Women's Lives: English Postcolonial and Contemporary British Novels*』(2005)은 여성 노년만을 다루는 연구서는 아니다. 하지만, 여성의 정체성 문제를 폭넓게 다루는 문학 비평서에 노년 여성에 대한 독립된 장을 포함시킴으로써, 여성 문학이 노년 문학을 포함해야 한다는 것을 보여 준다는 점에서 새롭다. 더욱이 사이즈모어의 저서는 백인 여성 중심의 기존 여성 노년문학 연구에서는 잘 다루어지지 않는 비백인 노년 여성의 다문화적 정체성 협상 문제를 다룸으로써 여성 노년문학이 젠더뿐 아니라 인종, 민족, 지역, 계급 등 다양한 교차 분석의 대상이 되어야 한다는 것을 보여 준다는 점에서도 주목할 만하다.

위에 언급한 여성 노년문학 연구자들은 공통적으로 여성 노년을 페미니즘에서뿐 아니라 사회적 차원과 개인적 차원 모두에서 '우리/나 안의 타자'로 만드는 문화적 구성과 담론에 도전한다. 이들은 노년을 쇠퇴와 쇠락으로만 보는 부정적 노쇠 담론에 도전하기 위해 현대 여성 작가들이 어떻게 효과적인 대안 담론들을 만들어내는지 주목하고, 문학이 어떻게 나이듦 같은 어려운 문제들을 다루는 효과적인 공간이 될 수 있는지 탐색한다.

필자 역시 문학 서사의 잠재력을 높이 평가한다. 여성 노년의 문제를 외적 혹은 양적으로 접근하는 다른 학문 영역의 연구가 잘 드러내지 않는 여성 노인 자신들의 목소리와 내적 경험을 다룰 수 있기 때문이다. 문학 서사의 상상력이 현실을 놓치지 않으면서도 노년 여성 삶의 다양한 잠재태들을 전망함으로써 현실을 변화시킬 가능성을 가지고 있다는 믿음도 가지고 있다. 미국의 백인 여성 작가 메이 사튼May Sarton의 소설 『지금의 우리*As We Are Now*』(1973)와 미국의 카리브계 흑인 여성 작가 폴리 마셜Paule Marshall의 작품 『과부를 위한 찬가*Praisesong for the Widow*』(1983)는 똑같이 여성의 노년과 성숙의 문제를 다루면서 인종과 문화적 배경에 따라 노년의 문제 설정과 해결 방식이 어떻게 다르게 전망되는지 보여 주는 텍스트들이다. 똑같이 노년 여성의 문제를 다루면서도 다른 해결의 전망을 제시하는 두 작품을 같이 연구함으로써 여성 노년문학 연구의 지평을 넓혀보고자 한다.

## 2. 『지금의 우리』: 노년과 성숙의 신화

늙어가는 여성의 몸을 둘러싼 페미니즘 내부의 미묘한 갈등은 노년과 여성 노년의 문제에 접근할 때 늙어가는 몸과 쇠약해지는 정신의 문제, 즉 나이듦을 정신적 · 육체적 쇠락과 연결시키는 노년 신화와 그에 대한 우리의 두려움을 직면하는 일에서부터 시작하는 것이 중요하다는 것을 상기시켜 준다. 이런 맥락에서 83세로 죽을 때까지 나이듦에 대해 꾸준히 숙고한 여성 작가 사튼의 글, 특히 심장병으로 홀로 살 수 없게 된 70대 중반의 나이든 여성 주인공을 통해 노년의 몸과 정신의 쇠락에 대한 두려움, 노년과 죽음, 노년과 성숙 문제를 진지하게 다루는 『지금의 우리』는 주목할 만하다.

사튼의 『지금의 우리』의 서술 화자이며 주인공인 캐롤라인 스펜서 Caroline Spencer가 시골 외딴 양로원에 보내진 직후 쓰기 시작한 일기에서 "노년은 우리가 그곳에 도달하기 전까지는 흥미없는 나라, 젊은이나 중년도 그 언어를 모르는 낯선 나라"(Sarton, 1973: 23)[3]라고 정의한다. 이 소설이 단지 나이든 여성을 주인공으로 나이든 여성의 경험을 다루는 작품이 아니라 노년 그 자체에 대한 숙고가 소설의 핵심적 주제인 작품임을 시사하는 구절이다. 노인은 사회의 특정 집단이다. 하지만 노년은 누구나 필연적으로 도달할 나의 미래의 모습이기도 하다. 그런데 그 노년이 젊은이들에게 '흥미 없는 낯선 나라'인 이유는 무엇일까. 노년은 왜 우리 안의 타자이면서 동시에 내 안의 타자일까. 그 나라에 들어가서야 알게 된다는 노년의 흥미로움은 과연 어떤 것이며 그 원천은 무엇일까. 76세의 캐롤라인, 즉 캐러Caro가 쓴 이 양로원 일기는 독자들을 "의존적인 노쇠의 낯선 나라로 보내는 운송 수단"(Waxman, 1990: 140)이면서 동시에 독자들이 노년 주인공의 눈으로 세상을 보고 그녀의 몸과 마음으로 노년의 위태로운 일상을 살아내는 동일시 경험을 통해 낯선 나라의 언어를 배우는 교육장이기도 하다.

이 소설의 줄거리 혹은 사건은 아주 간단하다. 수학 교사였던 독신 여성 노인 캐롤라인 스펜서가 심장 발작 후 혼자 살 수 없게 되자, 80세인 오빠 집에 잠시 기거하다 올케와의 불화로 어느 여름 '느릅나무 두 그루 Two Elms'라는 외딴 시골 양로원으로 보내지면서 이야기는 시작된다. 가족끼리 작은 양로원을 운영하는 해리엇Harriet과 그의 딸 로즈Rose는 이 양로원에 수용된 노인들을 가족들에게 버려진 불쌍한 그래서 열등한 존

3 앞으로 메이 사튼의 『지금의 우리』에서의 인용은 괄호 안에 쪽수만 기입한다.

재로 보고 자신들의 돌봄 노동을 손쉽게 하기 위해 노인들을 수동적이며 무력한 존재로 길들인다. 자율적이며 존엄한 인간이고자 하는 캐러는 자신이 가족에게서 이 외딴 곳으로 버려졌다는 사실, 양로원의 길들이기가 야기하는 수치심, 저항의 희망 없음 등에 절망하고 분노한다. 결국 자신의 정체성과 기억들이 양로원의 절망적인 환경 속에서 점점 파편화되는 과정을 세세하게 기록한 일기장 3권만을 남긴 채 모두가 잠든 겨울밤 양로원을 불태우고 자신도 죽는다. '후기'는 이 원고가 미스 캐롤라인 스펜서가 일기장 안에 남긴 편지의 요청에 따라 그녀의 오빠 존 스펜서의 허락을 받아 출판되었다고 알려 준다.

이 짧은 줄거리는 많은 사람의 상상력을 끈질기게 사로잡는 노년의 두려운 양상들을 모두 다루고 있다. 여주인공 캐러의 상황은 늙어서 무력하게 양로원에 버려지는 두려움, 특히 가족도 돈도 없는 독신 여성 노인의 비참한 말로, 감정적으로 불안정한 노망난 노인이 되어 죽는 결말 등 흔히 노년과 연상되는 부정적인 상황들을 담고 있다. 그래서 이 작품은 일견 노년을 부정적인 시기로 단순화하는 기존 담론을 따라가는 듯하다. 이 소설의 장점은 이렇게 노년의 쇠락과 무력과 의존성이라는 부정적 현실을 결코 부인하지 않으면서도 노년이 그 이상의 의미를 가지는 시기임을 보여 준다는 데 있다.

이 소설은 분명하게 노인들을 제대로 돌보지 않는 양로원 시설에 대한 분노 어린 고발이다. 캐러가 거주하는 양로원은 불결한 환경, 단조로운 음식, 플라스틱 일회용 집기들로 노인들의 감각적 즐거움을 박탈한다. 음악, 신문, 책 등 노인들이 즐길 수 있는 감정적 · 지적 자원을 제공하지 않아 노인들의 삶을 단조롭고 무기력하게 만든다. 문제를 더 악화시키는 것은 양로원을 운영하면서 돌봄 노동을 하는 해리엇과 로즈가 자신들이 돌보는 노인들을 대하는 태도다. 해리엇과 로즈에게 노인들은 언제나 "그들"(16)이다. "그들"은 마치 "차 밖으로 던져 버려진 동물들"(16)처럼 열등한 존재다. 해리엇과 로즈는 "그들"과 인간적 대화를 시도하지 않으며, "그들"의 사적인 생활도 허용하지도 않는다. 지속적으로 안정제를 먹여 둔하고 수동적이도록 만들 뿐이다. 격한 감정을 표현하거나 자신들의 지시에 따르지 않으면 창문도 없는 방에 가두는 처벌도 서슴지 않는다.

하지만 캐러가 간파하듯, 해리엇과 로즈가 운영하는 이 양로원의 문제는 단지 어떤 특정한 노인 시설만의 문제가 아니다. 이곳에 맡겨진 사람들 중에는 가족이 전혀 찾아오지 않는 사람들도 있다. 가끔 찾아온 사람들도 결코 오래 머물지 못한다. 이 양로원의 노인들이 돌봄이 필요한 가족과 친척을 버린 일을 사람들에게 상기시키는 "도덕적 문둥이, 불가촉천민"(27)이 되었기 때문이다. 젊음과 건강과 생산성을 중시하는 사회에서 양로원이 약하고 늙은 존재를 보이지 않게 치워버리는 곳이라면 캐러가 이 시골 양로원을 감옥으로, 양로원 안의 자신을 우리 안에 갇힌 동물로 느끼게 되는 것은 당연하다. 가족과 친척만이 아니라 사회 전체가 자신과 같은 노인들을 버리고 있기 때문이다. 캐러는 자신이 결혼을 거부한 독신 여성이란 사실이 '버려진 노인' 신화의 젠더화된 판본을 살아가도록 운명지은 것인지 곰곰이 숙고해 보지만, 이곳에 수용된 남성 노인들도 젠더와 무관하게 똑같은 운명에 놓여 있다. 가족이 있어도 사정은 다르지 않다. 양로원의 어떤 문도 잠겨 있지 않지만, 이들은 다른 어느 곳에도 갈 곳이 없다. 양로원 밖의 어느 누구도 이곳의 삶에 관심을 두지 않는다. 그래서 이곳의 삶은 나아질 가능성이 전혀 없다. 이곳 노인들은 자신들의 삶에 "출구가 없다는 것을, 죽음에 이를 때까지 …… 단지 조금씩 하강할 뿐임을"(22) 알고 있다. 사회 안에서 양로원이 차지하는 의미에 대한 캐러의 이러한 통찰들이 이 소설을 단지 양로원 소설이 아닌, 노인들을 제한된 공간과 영역에 감금시키고 유폐시키는 사회에 대한 항의 소설로 만든다.

사회적으로 노인에 대한 관심과 배려가 적기 때문에 개별 양로원을 개선하려는 개인의 노력이나 감독 기관의 노력도 별 효과가 없다. 캐러는 약자에게 도움을 주려는 사람들에게도 노인의 우선순위가 아주 낮다는 사실을 알고 있다. 어쩌다 이 외진 곳을 찾아온 마을 목사에게 캐러는 날카롭게 그의 마음을 읽어 준다. "문제는 나이든 사람, 노망난 사람에게 해 줄 일이 별로 없다는 거지요. 당신은 이 외진 곳으로 오면서, 차라리 이 시간에 마약하는 소년이나 이혼하려는 절망적인 젊은 어머니를 돕는 편이 낫지 않을까 마음속으로 생각하겠지요"(57). 양로원에 대한 외부의 관심이 양로원의 삶을 낫게 할 수 있으리라 기대했던 캐러는 목사의 도움을 받아 감독관을 오게 한다. 하지만 결과는 참담했다. 감독관들은 더러운 시설과 환경을 모두 보았지만 말기 암 환자는 더 이상 받지 말라는 손쉬운 행정명령만 내릴 뿐, 양로원의 일상적인 돌봄의 질을 변화시킬 어떤 조치도 취하지 않는다. 자신의 침대에서 인간답게 죽고자 했던 말기 암 환자 스탠디시Standish만 강제로 병원으로 옮겨지다 앰뷸런스 안에서 외로운 죽음을 맞이하고, 감독관이 오도록 조처한 캐러만 해리엇의 미움을 사 사소하지만 치명적인 처벌을 받게 된다. 가끔 찾아와 다정한 이야기를 나눠 주고, 캐러의 옛 제자를 데려와 준 목사의 딸 리사Lisa, 휴가를 간 해리엇 대신 양로원 노인들을 따스하게 돌봐 준 마을 농부의 아내 애너Anna 등은 캐러의 삶을 잠시 인간다운 삶으로 회복시켜 준다. 하지만 그들의 개인적인 노력은 양로원의 삶 자체를 변화시키지도 캐러의 비극적인 죽음을 막지도 못한다.

사튼은 그의 다른 글 「다른 차원을 향하여…… Toward Another Dimension……」에서 노인을 "양로원에 넣어 치워버린, 박탈된 사람"(229)으로 간주하고 좋은 양로원과 돌봄만 있으면 노인 문제는 해결된다고 생각하는 경향이 노년의 더 큰 리얼리티, 즉 노년이 언제나 "모험이며 새로운 성장의 단계이며 대단한 용기와 정신이 요구되는 시기"(229)임을 보지 못하게 한다고 지적한다. 사튼은 구체적인 양로원 시설의 개선만이 아니라 노년에 대한 사람들의 인식 전환을 요구한다.

유대인 학살 이후 뒤에 남은 사람들이 할 수 있던 유일한 것이 사실을 "아는 것"(48)이었던 것처럼, 캐러는 자신이 죽은 후 자신에게 죽음을 강요한 양로원 시절을 개선하라고 요구하기보다는 양로원에서의 자신의 삶을 알고 이해해 주기를 간절히 요청한다. 일기장을 냉장고에 넣어 불에서 보호하면서 "언젠가 나의 일기장을 읽을 그대여, 부디 이해하려고 노력해 달라"(133)고 간절히 요청한다. 젊은이들이 한 번도 경험해 본 적이 없어서 그 언어를 이해할 수 없는 낯선 나라, 죽음과 질병과 무력함과 소외에 대한 부정적인 신화로 가득해 결코 진입하고 싶지도, 보고 싶지도 않은 타자화된 곳, 바로 그 세계와 그 세계에서의 삶을 이해해 달라고 주인공 캐러는 자신의 일기를 통해, 작가 사튼은 캐러의 일기로 구성된 이 텍스트를 통해 간절히 호소한다. 우리가 양로원에 관한 이 소설을 노년에 대한 우리들의 편견과 두려움과 실재를 치열하게 들여다보게 하는 소설로 인정하게 하는 요소들이다.

브레넌의 지적처럼 "이 소설에서 일어나는 많은 '사건들'은 내면적인 것, 즉 캐러의 심리적 투쟁에 관련되어 있다"(Brennan, 2005: 59). 노년 주인공의 내면성을 그대로 드러내는 일기 쓰기 형식은 독자들이 노년 주인공의 생각과 감정을 거리를 두고 판단하기보다는 공감하고 경험하게 하는 서술 전략이다. 일인칭 화자의 목소리를 통해 여성 노인 캐러가 놓인 상황과 두려움에 동참하면서 독자들은 자신들이 노년에 대해 가지고 있는 두려움과 신화적 개념들을 대면하고, 정형화된 노년 개념들이 간과하는 복잡한 상황을 경험한다.

노년에 대한 치명적인 두려움 중 하나는 '노망' 즉 늙어 제 정신을 잃는 상황에 대한 두려움이다. 캐러의 일기는 "나는 미치지 않았다. 단지 늙었을 뿐이다"(9)라고 시작한다. 일기를 쓰기 시작한 이유가 자신이 제 정신임을 스스로에게 증명하기 위한 노력이라는 주인공의 진술은 노망에 대한 모두의 두려움을 건드리는 발언이다. 시간이 지날수록 주인공은 바로 이전의 사소한 일들이 생각나지 않는 자신을 발견한다. "내가 편지를 베껴 썼는지, 편지를 봉했는지 기억나지 않는다"(16)고 말하면서 약화되는 기억력에 대한 두려움을 토로한다. 사소한 것을 잊곤 하는 자신이 제 정신인지 불안해하는 노년 여성의 근심은 독자에게도 전달되며, 이러한 과정은 육체적으로 노쇠해지면 정신적으로도 약해진다는 노망 신화를 지지하는 듯하다.

하지만 작가는 캐러의 심해지는 건망증과 이에 대한 그의 극심한 불안을 나이들면서 필연적으로 나타나는 자연적 현상으로 그리지 않는다. 양로원에 오기 전까지 캐러는 70대 중반임에도 주변 사람들과 격렬한 토론을 벌이던 논리적인 여성이었다. 작가는 캐러가 자신이 과연 제 정신을 유지하고 있는 것인지 의심하는 상황들이 이 양로원에 들어온 후 생겨난 현상으로 그려냄으로써, 노인들의 사소한 건망증과 혼잣말 등 노망의 흔한 증상들을 맥락화한다. 캐러는 이 양로원이 너무 "제한되고, 끔찍하게 고독한 곳"(26)이어서 리얼리티와 판타지의 경계가 불분명해지고 있다고 인정한다. "언제 의사가 올 것인지, 우리가 무슨 약을 먹는지"(59) 등에 관한 해리엇과 로즈의 수많은 사소한 거짓말이 노인들로 하여금 어느 것도 믿을 수 없게 만드는 나쁜 영향을 미친다고 비판한다. 더 나아가 해리엇은 감독관 사건 이후 자신을 보호하기 위해 캐러를 의도적으로 노망난 노인으로 몰아간다. 양로원 방문객들에게 캐러가 "망상에 빠져 [양로원에 대한 나쁜] 말을 만들어내는 불쌍한 미스 스펜서"(78)이므로 그녀의 말을 믿지 말라고 암시한다. 캐러에게 그녀가 생각 안 나는 말과 행동을 했다고 말해 줌으로써 캐러의 혼란을 가중시킨다. 이렇게 "불신당하는 고문, 미친 사람으로 몰리는 두려움"(78)이 일으키는 공포 때문에 캐러는 자신이 정말 제 정신인지 아닌지 스스로도 믿을 수 없는 상황으로 몰린다. 이러한 양로원 상황은 노인이 우울과 건망증이 많은 경우 무분별한 약물의 처방보다는 돌보는 사람들의 친절과 배려로 다루어질 수 있는 환경적인 것일 수 있음을 시사한다.

'노년은 모든 것을 초월한 온화한 시기'라는 노년 신화 역시 이 양로원과 같은 상황에서는 근거가 없어 보인다. 캐러는 믿지 못할 사람 혹은 미친 사람으로 몰리면서 공포와 격한 분노의 감정을 느낀다. 캐러가 자신의 격한 감정들 때문에 느끼는 당혹감은 어느 정도는 '온화한 노인' 신화의 압력이다. "저항하는 사람은 누구든지 미친 사람, 위험한 사람"(78)으로 간주하는 양로원 관례가 노인의 분노와 분노의 표현 둘 다를 위험한 노망의 증상으로 만들고 있지만, 캐러는 자신의 분노의 맥락을 스스로 인정하고 그 분노를 일기에 표현하는 과정을 통해 자신이 정말로 살아 있다고, 다시 자기 자신이 되었다고 느낌으로써, 분노가 "절망과 파편화의 좋은 항생제"(Waxman, 1990: 148)일 수도 있음을 증명한다. 캐러는 자기가 제 정신이 아니어서 즉 노망이 들어서 화를 내는 것이 아니라, 자신이 제 정신이기 때문에 화를 내는 것임을 인정한다. 이렇게 노인들, 특히 여성 노인들의 분노를 긍정적으로 평가하고 그 맥락을 인정해 주는 여성 노년 소설은 여성뿐 아니라 사회 안에서 분노의 표현을 억압당하는 주변인들과 약자들의 분노를 논할 수 있는 장을 열어 준다는 점에서 중요하다. 캐러의 분노는 노인의 노망에 대한 판단 기준의 인위성을 드러내고, 감정적 흔들림이 없는 온화한 시기라는 노년 신화가 노인들을 수동적으로 순응하게 만드는 이데올로기적 힘을 발휘할 수 있음을 폭로한다.

캐러의 서사가 도전하는 또 다른 수사는 '여생'으로서의 노년 신화, 즉 노년을 삶의 모든 모험이 끝나고 죽음만을 수동적으로 기다리는 생으로 보는 신화다. 하지만 캐러는 자신이 죽을 때까지 양로원에 갇혀 살아야 한다는 것을 인정하는 절박한 상황에서도 자신의 삶을 "위대한 마지막 여행"(10)으로 만들겠다고 기획한다. 또 그는 "죽음을 향해서 숙성하여 열매를 맺고자"(18) 하며 자신의 삶이 "여전히 하나의 발전 과정"(19)이라고 믿는다. 보부아르는 여성이 노년에 누리는 자유가 초월의 기획이 되기에는 너무 늦은 자유라고 했지만, 죽음을 향해 성숙해지겠다는 캐러의 기획은 초월적 실존을 위한 기획이 되기에 모자람이 없다.

> 나는 여기 이 지옥에서 나 자신을 온전하게 만들고자 한다. 그것이 내 앞에 놓여 있는 내가 할 일이다. 어떤 면에서, 내면으로 들어가고 과거로 되돌아가는 이 길은 지도, 내 세계의 지도와 같다. 만약 내가 그것을 정확하게 그린다면, 나는 내가 어디에 있는지 알게 될 것이다(10).

과거와 내면으로의 여행은 그녀의 기억과 판단과 숙고를 통해 이루어진다. 캐러는 영국 남성 알렉스Alex와의 오랜 사랑, 전문직업인으로 살았던 독신 여성 이모에 대한 믿음, 제자들로부터 받았던 존경을 되새긴다. 비혼의 교사로 살았던 자신의 삶이 독신 여성에 대한 주변의 부정적인 판단에도 불구하고 자기 자신에게 충실한 삶이었다고, 그래서 성공적인 삶이었다고 재확인한다. 자신을 이곳에 버린 오빠와 올케에게 자신이 교만했음을 진심으로 반성한다. 로즈와 소통할 수 있었던 가능성을 망친 것도 자신의 속물성과 계급적 자만심이었다고 인정하게 된다. 과거와 내면을 들여다보며 자신의 세계의 지도를 정확하게 그리려는 캐러의 시도는 나름대로 진전을 보이고 있는 셈이다.

하지만 죽음을 향해 성숙하려는 캐러의 기획에도 불구하고 그녀의 마지막 삶은 분노와 혼란, 자살과 방화로 얼룩진다. 그는 자신을 온전하게 만들려는 싸움이 지는 싸움이었으며 "더 큰 좌절과 분노로 끝이 났다"(125)고 일기의 마지막 부분에서 고백한다. 극단적으로 선택된 죽음을 향해 걸어간 그녀의 마지막 삶은 과연 실패이기만 한 것인가. '노년과 노망' 사이의 관계가 단순하지 않은 것처럼, '노년과 미래/기획/여행'의 관계 역시 단순하지 않다. 캐러의 서사는, 캐러 기획의 성공 혹은 실패 여부와 무관하게, 70대 중반의 노인 여성의 삶이 미래를 향해 현재의 삶을 기획하고 그 기획을 성취하고자 노력하는 삶일 수 있다는 사실을 보여 준다. 사람이 나이가 들어 노인이 된다 해서 결코 당연하게 죽음을 수동적으로 기다리는 존재가 되는 것이 아니다. 캐러의 서사는 또한 죽음을 향해 열매맺는 방식으로 성숙하려는 주인공의 계획이 결과적으로 실패했다면, 그것은 노년이 그 자체로 위대한 여행을 허용하지 않는 시기여서가 아니라, 사회와 양로원이 노년의 기획을 허용하지 않는 공간이기 때문임을 설득력 있게 보여 준다. 노인이 생생하게 몸과 마음과 감정이 깨어 있도록 고무하기보다는 수동적으로 잠들어 있기를 강요하는 사회 안에서 주인공은 노인들이 온전하게 자기 자신을 유지하는 것이 참으로 어렵다는 것을 고통스럽게 일기에 적고 있다. 그녀의 자존감과 불같은 성격이 어떻게 길들여지고 수동적으로 되어 가는지, 그 미묘하고 세세한 과정을 치밀하게 보여 준다.

그녀의 결과적인 실패들 즉 성숙이 아닌 분노, 온전함이 아닌 파편화, 열매맺듯 자연스럽게 오는 죽음이 아닌 부자연스러운 극단적 죽음은 역설적으로 그녀가 온전한 자신이 되려는 기획을 포기하지 않았기 때문에 나타난 결과다. 그녀의 기획이 그녀가 원하는 방식대로 성공해서가 아니라, 적대적인 환경에서도 자신이 원하는 방식대로 자신의 삶을 유지하려는 노력 그 자체가 그녀의 삶을, 목사의 말처럼, "용기 있고 아름다운" (131) 것으로 만든다. 캐러의 서사는, 그녀의 기획의 성공 여부나 그녀의 자살과 방화에 대한 윤리적 판단과는 별도로, 노년이 결코 죽음만을 수동적으로 기다리는 여생에 불과하다고 말할 수는 없게 한다.

노인들을 식물처럼 무력하게 만드는 양로원, 그 안에서 비인간적인 존재로 숨만 쉬는 노인들, 그리고 양로원과 자신의 삶을 더 이상 개선할 힘이 없는 자기 자신까지도 불로 정화해야 한다고 결심한 후, 캐러는 죽음을 확고한 사실로 눈앞에 둔 사람만이 가지는 시각의 변화를 보여 준다. 자신의 온전함에만 몰두했던 캐러는 사물 자체의 본질과 아름다움에 몰두하는 자신을 발견한다. 나에 대한 집착에서 벗어나 사물의 핵심을 볼 수 있게 된 캐러의 변화, 그 변화야말로 인간이 죽음으로 걸어가면서 이루는 성숙의 핵심이 아닐까. 흥미롭고도 안타까운 점은 캐러가 사물의 아름다움을 보게 되면서 삶에 대한 애정도 되살아나고 있다는 사실이다. 그는 죽음을 분명하게 계획하면서도 살고 싶다고 느끼는 자신을 발견한다. 만약 그 마지막 겨울날 해리엇이 그녀의 일기를 훔쳐보고 그녀의 소중한 내면 감정들을 모욕하는 결정적인 사건만 일어나지 않았더라면, 양로원을 방화하려는 그녀의 계획은 사물과 생명의 아름다움에 대한 사랑 때문에 아주 오랫동안 미루어지지 않았을까.

캐러의 삶은 육체적 의존성이 수동성, 노망, 노쇠로만 읽혀질 수는 없다는 것을, 그리고 노년이 육체적으로 쇠약해지는 시기라는 점이 오히려 노년을 새로운 성장의 단계로, 엄청난 용기와 정신을 요구하는 시기로 만들어 주고 있다는 역설을 보여 준다. 사튼의 이러한 복합적 시각이 이 소설을 양로원 시설에 대한 비판 이상의 사회 비판적 노년소설로 만든다.

## 3. 『과부를 위한 찬가』: 포스트콜로니얼 라이풍스로만

메이 사튼의 『지금의 우리』가 병들고 늙고 가난한 여성이 외진 시골 양로원에서 죽음으로 몰려가는 과정을 통해 기존의 노년 신화들을 맥락화하고 있다면, 폴리 마셜의 『과부를 위한 찬가』는 노년의 문턱에 선 중류층 흑인 여성 주인공을 중심으로 미국의 비주류 인종인 흑인 여성이 노년의 삶으로 진입하는 것의 의미를 숙고한다.

백인 중심의 미국 사회에서 인종적 주류에 속하는 사튼의 주인공은 자신의 인종적 정체성에 대한 자의식이 없다. 하지만 인종적으로 주변적 존재인 마셜의 주인공 아베이 존슨Avey Johnson은 자신이 서 있는 노년의 문턱에서 가장 문제가 되는 것이 그녀의 인종적 정체성임을 발견한다. 결론부터 말하자면 자신이 백인 사회에서 흑인이기 때문에 문제인 것이 아니라 백인 중심 사회에서 백인의 가치에 맞추어 살기 위해 자신의 흑인됨을 버렸던 것이 문제였음을 깨닫게 되는 것, 이것이 노년의 입구에 선 그녀에게 가장 큰 도전이 된다. 아베이 존스 부부가 흑인됨을 포기하는 것는 백인 중심 세계에서 물질적 부를 획득해 안정된 삶을 살기 위한 피나는 노력의 결과로 그려진다. 경제적으로 무력해 양로원에서 벗어나지 못하는 사튼의 노년 주인공과 달리 마셜의 주인공이 비교적 독립적이고 자유롭게 노년의 삶을 살고 있는 것은 죽은 남편이 남겨준 충분한 재산 덕분이다. 그런데 안정된 노년을 보장하는 그 물질적 성취를 획득하기 위한 평생의 노력이 노년으로 진입하는 바로 그 시점에서 아베이의 삶을 위협하는 힘으로 작동한다.

뉴욕 중산층 교외 거주지인 노스 화이트 플레인즈North White Plains—중류층 흑인들 중 일부가 진입한 이 동네의 이름은 이곳이 흑인들이 백인적 가치를 받아들이고 있음을 시사한다—에 살고 있는 아베이 존슨은 소설의 제목처럼 아이들과 남편에 대한 의무가 더 이상 없는 '과부'이며 은퇴를 앞둔 노년 여성이다. 그녀가 현재 살고 있는 집은 혼자 살기에 크지만, 그녀는 아직 남편과 더불어 평생을 바쳐 획득한 사회경제적 지위를 상징하는 이 집을 포기할 마음이 없다. 남편이 남겨준 넉넉한 재산, 화려한 찻잔들로 꾸며진 저택, 세련된 취향의 옷과 장식품, 남편의 죽음 이후 매년 여름마다 친구들과 떠나는 호화 카리브해 유람 등으로 이루어진 그녀의 노후는 중산층 미국 노년 여성으로서 더 바랄 것이 없는 삶이다.

아래 인용하는 카리브 해 한 호텔에서의 결정적인 장면에 도달하기 전까지, 아베이는 아픈 등이나 삐걱거리는 관절에도 불구하고 자신을 전혀 늙은 여자로 인식하지 않는 만족스러운 삶을 영위하고 있었다. 그런데 작품의 딱 중간에 나오는 이 장면, 비싼 카리브 해 호화 유람을 중도에서 포기하고 집으로 돌아가기 위해 묵은 호텔에서 아까운 돈을 낭비했다고 꾸짖는 남편의 목소리를 환청으로 듣고 자신들이 돈을 모으기 위해 평생 어떤 삶을 살았는지 회상한 이후의 아베이의 모습을 그리고 있는 이 장면은, 아베이의 노년이 이 장면에서의 깨달음 뒤에 결코 물질적 안정에도 불구하고 만족스럽지 못할 것임을 암시한다.

> 아베이 존슨이 마침내 간신히 몸을 일으켰을 때 그곳에 있던 불은 모두 꺼져 있었다. 그녀는 천천히, 지갑도 잊은 채, 어두운 발코니를 더듬어 방으로 통하는 옆으로 미는 유리문 쪽으로 갔다. 갑자기 아픈 아래등과 삐걱거리는 뻣뻣한 관절을 지닌 늙고 허약한 여자가 되어 알아들을 수 없는 말을 중얼거렸다. "너무 했어!……" 발코니에 있는 동안 시간이 갑작스런 마술을 걸어, 몇 시간 만에 그녀를 삶의 노망난 끝으로 데려온 듯하다. 멀리까지 내다본 세월들, 단 하루 저녁 동안 그녀는 나머지 삶을 다 살아낸 듯하다.
>
> 안으로 들어온 그녀는 전기 스위치를 찾으려 하지 않았다. 그곳 거울들 중

하나에서 자기 자신을 만나고 싶지 않았다. 무덤으로 비틀거리며 걸어가는 늙은 여자가 된 자신을 자신의 뼈 안에서 느끼는 것만으로도 충분히 끔찍했다(Marshall, 1983: 143).[4]

아베이를 갑작스럽게 "무덤으로 비틀거리며 걸어가는 늙은 여자"로 만든 깨달음은 과연 무엇인가. 인생의 어느 시점에서 갑자기 늙은 여자가 된다는 것은 무엇을 의미하는 것일까. 아베이의 변화와 카리브해라는 특정한 장소는 과연 어떤 관련이 있는 것일까.

사튼은 「다른 차원을 향하여……」에서 우리가 "노년에 진정한 자아가 될 자유를 더 많이 가진다"(Sarton, 1997: 231)고 말한다. 하지만 아베이 존슨의 상황은 나이가 들면서 진정한 자아가 되는 과정이 결코 쉽게 이루어지는 것도, 당연하게 이루어지는 것도 아니라는 것을 보여 준다. 나 자신이 되기 위해서는 무엇이 나 자신이 아닌 것인가에 대한 인식이 있어야 하며, 내가 왜 평생 동안 나 자신이 아닌 것으로 살아왔는지에 대한 반성과 깨달음도 있어야 한다. 그런 반성은 흔히 지금까지 살아온 방식을 부정하는 것이기 때문에 결코 쉬운 과정이 아니다. 동시에 나 자신이라는 것, 나 자신으로 살아간다는 것이 도대체 어떤 것인지, 사적인 의무는 면제되고 공적인 역할은 박탈당하는 노년의 일상 속에서 그것을 어떻게 구체화할 수 있을 것인지에 대한 분명한 전망을 획득하는 것도 쉬운 일은 아니다.

위의 인용문이 묘사하는 장면, 불 꺼진 호텔 발코니에서 아베이가 밤새 겪어낸 일은 바로 60대 중반의 여성 아베이가 자기 자신으로 살기 위해 통과해야 할 중요한 첫 번째 관문, 즉 자기 자신이 아니었던 과거 삶을 되

4 앞으로 폴리 마셜의 『과부를 위한 찬가』에서의 인용은 괄호 안에 쪽수만 기입한다.

돌아보고 그 의미를 깨닫는 과정이었다. "잠든 자의 경야Sleeper's Wake"라는 2장의 제목처럼, 이 장은 잠든 자 즉 죽은 남편에 대해 아베이가 처음으로 진정하게 애도하는 장이면서 동시에 잠든 자로 살았던 자신에 대해 뼈아픈 깨달음을 얻는 장이다.

노래와 춤과 시와 사랑을 즐길 줄 알았던 젊은 흑인 남편 제이Jay는 끔찍한 가난에서 가족들을 빼내기 위해 수십 년 동안 쉬지 않고 노력하는 사이에 제롬 존슨Jerome Johnson이라는 공적인 이름이 어울리는 딱딱하고 재미없는 사람으로 변모한다. 강건한 개인주의라는 미국적 가치에 동화되어 부를 축적하면서 그는 가난한 흑인들을 게으른 '그들'로 타자화한다. 흑인으로서의 문화적 뿌리를 버리면서까지 백인의 가치를 받아들이며 백인 사회로 동화되어 들어간 남편 제롬이 "혼란과 모순과 분노"(135)에 빠져 들어가는 미묘한 변화를 지켜보면서도, 아내 아베이는 중산층의 안락한 집, 작은 회계 사무실, 노후를 보장할 만한 경제력을 얻기 위해 그의 변화를 묵인하고 그에 동조한다. 더 정확히 말하면, 안정된 물질적 삶을 간절히 바란 아베이 자신이 남편의 변화를 촉진한 동력이다. 이미 4년도 지난 이제 아베이는 처음으로 남편의 죽음과 변화를 가져온 것이 바로 자기 자신이라는 사실을, 자신이 지금 누리는 물질적 풍요가 남편과 자신의 진정한 자아를 죽이고 획득한 허망한 결과라는 사실을 인정한다. 유람선을 가득 채운 백인들 사이에서도 결코 주눅들지 않았던 세련되고 당당한 60대의 흑인 여성 아베이를 단번에 "무덤으로 비틀거리며 걸어가는 늙은 여자"(143)로 만들어버린 것은 물질적으로 성공한 삶이 치른 대가에 대한 뼈아픈 반성이며, 과거의 상실에 대한 몰두다. 과거를 되새겨 본 결과가 "무덤으로 비틀비틀 걸어가는 늙은 여자"로의 변모라면, 과거에 대한 재평가가 언제나 건설적이고 발전적인 미래를 가져오리라는 보장은 없는 듯하다. 자신의 과거의 삶이 실패였다는 깨달음이 미래로 연결되지 않는

한 현재는 단지 과거 상실에 대한 애도의 기간이 될 뿐이며 미래는 단지 죽음만 담게 된다.

노년의 입구에서 잠든 자/죽은 자를 위한 애도가 잠든 자/살아 있는 자의 깨어남으로 전환되었을 때, 깨어남이 절망이 아닌 희망, 과거에의 부정적인 몰입이 아닌 미래에의 전망으로 연결되려면 어떻게 해야 하는 것일까. 작가는 아베이의 치명적이고 사적인 깨어남 앞뒤에 그녀에게 진정한 정체성에 자양분을 제공해 줄 문화적 원천들을 배치시키고, 그녀의 미래가 노예제, 백인적 가치, 그리고 물질적 안락함의 추구가 상실시키거나 억압한 아프리카계 미국인의 문화와 역사의 회복에 있음을 보여 줌으로써 이 소설을 "포스트콜로니얼 라이풍스로만"(Sizemore, 2002: 108)으로 만든다. 성장 소설이 흔히 기존 문화 질서 속으로의 성공적인 진입과 동화를 다룬다면, 포스트콜로니얼 성숙 소설은 "나이가 들어서 동화가 야기한 상실을 애도하고 상실한 문화적 유산을 회복"(114)하는 과정을 다룬다는 사이즈모어의 지적은 이 소설의 핵심을 건드리는 통찰이다.

아베이의 사적 역사에 대한 재검토와 반성을 촉진한 것이 아프리카계 미국인의 공동체적 문화 서사라는 사실은 소설의 첫 장면에서부터 암시된다. 소설의 첫 시작에 아베이 존슨은 비앙카 프라이드Bianca Pride라는 백인의 우월성을 시사하는 이름의 호화 유람선에서 급히 내릴 준비를 하고 있다. 호화 유람선에서 탈출하는 아베이는 1장의 제목처럼 백인 세계에서 탈출하는 "도망자, 도망 노예runagate"다. 이유를 알 수 없는 소화불량, 비싼 옷을 찢으면서라도 자신을 데려가려는 돌아가신 고모할머니 큐니Cuney에 대한 심란한 꿈, 거울 속에 비친 깔끔한 흑인 여성인 자신의 모습이 낯설게 느껴지는 기이한 경험, 서로 무관한 듯 보이는 이 이상한 경험들이 아베이를 '하얀 자부심' 배에서 도망/탈출하게 하는 요인들이다. 아베이는 이 경험들의 의미를 분명하게 인식하지 못하지만, 독자는 그녀의 단편적인 기억과 꿈, 혼란스러운 경험 조각들을 연결시키면서 아베이가 새삼 백인 세계와 그 세계 속의 자기 모습에 불편함을 느끼게 된 것이 그녀가 어린 시절 풍부하게 전수받았던 흑인 문화와 흑인들의 경험과 정신이 담긴 이야기들에 대한 기억 때문이라는 사실을 알게 된다.

카리브 해는 백인들에게는 관광의 대상에 불과하다. 하지만 아메리카 흑인들에게는 아프리카에서 끌려온 노예 선조들의 과거와 현재가 현존하는 터다. 마르티니크 섬 토착인들의 파투아는 그래서 아베이에게 어린 시절 들었던 미국 남부 캐롤라이나의 한 섬 테이텀Tatem 노인들의 언어를, 테이텀 고모할머니 큐니가 자신에게 의식을 치르듯 경건하게 들려 주던 이보족의 전설을 기억나게 한다. 노예선을 타고 쇠사슬에 묶여 미국 남부 테이텀 섬에 내려진 이보Ibo족들이 먼 미래를 보는 예지로 자신들이 아메리카에서 겪을 미래를 보고는 곧바로 뒤돌아서서 바다를 걸어 고향으로 되돌아갔다는 이보 랜딩 전설은 흑인 노예제의 고통스러운 현실과 그에 저항한 흑인들의 정신을 담고 있다. 그 저항 정신은 아베이가 남편과 더불어 물질적인 풍요를 추구하면서 상실한 바로 그 정신이다. 고모할머니의 꿈을 꾸고 이보 랜딩의 이야기를 기억해낸 아베이가 '하얀 자부심' 배에서 불편을 느끼게 된다는 것은 고모할머니가 그녀에게 심어 주었던 백인들에 대한 이보족의 저항 정신이 자신도 모르게 되살아나고 있음을 의미한다. 바로 이러한 기억들이 남편과 자신의 결혼 생활의 진실을 정면으로 보고 인정할 수 있게 하는 힘이 된다. 흑인 여성인 아베이가 백인들의 세계로 성공적으로 진입했음을 과시하는 수단으로 선택했던 카리브 해 여행이 그녀가 상실했던 아프리카계 문화와 정신과의 접촉을 되살려 주는 여행이 되고 있는 것은 역설이 아니다.

작가는 아베이의 여행을 단순히 탈식민화의 여행이 아닌, 상실한 문화적 정체성을 회복하는 치유의 여행으로 만들기 위해 카리브 해의 작은 섬

캐리어쿠Carriacou를 방문하게 하고, 그곳에서 아프리카 종족 문화와 역사를 직접 경험하게 한다. 르버트 조셉Lebert Joseph 노인의 안내로, 노예선을 타고 아메리카로 온 옛날 흑인들처럼, 작은 배를 타고 심한 배멀미를 겪으며 바다를 건너는 의식을 치른 아베이는 아주 나이든 노인들이 선조들의 아프리카 부족 춤을 기억해 젊은 세대들에게 몸으로 직접 보여 주는 의식에 참여한다. 아프리카 뿌리를 기억하는 노인들의 공동체적 춤 의식은 아베이로 하여금 자신이 백인 사회에서 부유한 개인이 되기 위해 무엇을 버렸는지 상기시킨다. 나이든 노인들의 춤은 조상들의 문화와 인종적 정체성을 상실한 신세계 후손들을 위해서 조상들에게 '큰 용서Big Pardon'를 비는 의식이기도 하며, 동시에 자신이 어느 부족인지 모르는 젊은 세대들의 크레올 춤을 포용해 아프리카계 아메리카인들의 변화와 혼종성을 인정하는 의식이기도 하다.

나이든 노인들이 아프리카 뿌리를 기억하고 그 과정에서 모든 섬사람들을 하나로 묶어내는 의식을 보면서 아베이는 자신이 상실한 것, 자신이 회복해야 하는 것, 자신이 앞으로 해야 할 일들에 대한 분명한 전망을 얻는다. 조셉 노인의 '큰 용서' 노래를 들으며 기억에서 잃어버리고 억압했던 고모할머니 큐니와 고모할머니의 할머니 아바르타Avarta의 이보 랜딩 이야기를 되살려낸다. 아프리카 춤을 기독교 전통과 접목시켜 보존했던 테이텀 교회에서의 링샤우트Ringshout 걸음걸이 춤도, 뉴욕의 가난한 아파트에서 남편과 추던 엉덩이 춤사위도 기억해 낸다. 몸의 춤으로 그 모든 기억들을 되살려낸 아베이에게 섬 노인들이 불러주는 찬양의 노래는 그녀가 아프리카 영웅시를 헌사받을 만큼 먼 고난의 길을 돌아 온전한 문화적 정체성의 원천으로 귀향했음을 인정해 주는 찬가다.

카리브 호화 유람선에서 탈출한 후 나흘 만에 뉴욕 집으로 귀향길에 오른 아베이는 이야기를 멈출 수 없는 노수부처럼 스스로에게, 그리고 주변 사람들에게 이야기를 하는 구술역사가의 임무를 부여한다.

> 노스 화이트 플레인즈의 작은 구역에 있는 거리 모퉁이들과 잔디밭들이 그녀의 영토가 될 것이다. 쇼핑 몰과 기차역, 맨해튼의 좁은 거리와 사무실 빌딩들이 그녀의 영토가 될 것이다. 고층 건물의 입구를 돌아다니다가 군중 안에서 젊고 똑똑하고 겁날 정도로 분명하게 의견을 말하는 몇 안 되는 그들, 그들을 위해 그녀의 세대가 두서너 가지 일을 동시에 했던 그들을 만날 때마다, 그들을 멈춰 서게 할 것이다(255).

스스로 구술역사가의 임무를 맡은 노년 여성 아베이가 감당하고자 하는 영토는 카리브 해의 섬들과 미국 북부 뉴욕과 미국 남부 테이텀 모두를 망라한다. 여성 노인 구술역사가 아베이가 전수하고자 하는 이야기도 자신이 목격한 아프리카 부족 춤을 추는 카리브 노인들 이야기, 할머니들을 통해 자신에게 전수된 미국 남부 테이텀 섬의 이보 랜딩 이야기, 그리고 자신이 직접 살아왔던 북부 뉴욕의 삶 모두를 포함한다. 아메리카 노예제를 거부한 아프리카 이보족, 백인 사회로 진입하려다 자기 자신을 잃어버리는 아프리카계 미국인 후손들, 그런 후손들을 위해 조상들께 '큰 용서'를 비는 카리브 해 섬의 노인들, 이 모든 이야기는 아프리카계 미국인이라는 거대한 이산 공동체의 이야기면서 아베이라는 한 흑인 여성이 아프리카계 미국인의 역사의 어디에 위치해 있는지 그 좌표를 드러내 주는 이야기다.

아메리칸 드림을 좇는 아프리카계 미국인이 흔히 빠지는 혼란과 상실의 역사를 살아온 노인, 남편의 삶과 생명을 대가로 치르고 뼈아픈 지혜를 얻은 나이든 '과부'만이 가지는 권위 있는 목소리로 흑인 정신의 탈식민화를 말할 수 있게 된 아베이는 소설의 제목에서처럼 '찬가'를 받을 만한 존재가 된다. 도로시 해머 데니스튼Dorothy Hamer Denniston의 설명처럼, '찬가'가 "아프리카의 다양한 의식에서 암송되거나 노래로 불렸던 전통적인 영웅시 혹은 아프리카계 미국인 교회에서 흔히 사용되던 종교적 노래"(Denniston, 1995: 126)를 지칭하는 것이라면, 그러한 공동체적 영웅시나 종교적 찬양을 60대의 '과부' 흑인 여성에게 바치는 이 텍스트는 여성도, 흑인 여성도, 노년을 홀로 사는 여성도 영웅시를 헌사받을 만큼의 공동체적 삶이 가능하다는 전망을 열어 준다는 점에서 사적 삶에 갇히기 쉬운 여성 노년의 삶에 중요한 대안을 제시한다.

## 4. 나오는 말

여성 노년소설을 연구하고자 하는 이 글이 선택한 『지금의 우리』와 『과부를 위한 찬가』는 둘 다 노년과 노년 여성에 대한 치밀한 숙고를 보여 주는 텍스트다. 쇠락, 노망, 여생 등으로 설명되는 노년에 대한 부정적 신화들에 도전해 나이든 여성의 삶도 초월의 기획과 모험적 여행과 공동체적 역할이 가능하다는 것을 보여 준다. 하지만 이 글은 두 텍스트가 여성 노년소설의 전형적인 특징을 가지고 있다거나 여성 노년소설을 연구하는 이론적 모델이 될 분석방법론을 구축하는 데 유용한 텍스트들이라고 주장하기보다는, 여성 노년소설의 다양한 전망과 목소리를 노년 여성 내부의 시각과 목소리를 통해 드러내고자 했다. 노년소설의 전형적인 특징이나 연구방법론을 찾는 시도만큼이나, 노년에 들어선 여성들의 다양한 경험과 목소리를 가시화시킴으로써 독자들로 하여금 노년의 삶이 가질 수 있는 다양한 전망에 주목하게 하는 것도 중요하기 때문이다. 섣불리 여성 노년소설의 이론화를 시도하기보다는, 현재까지 거의 비평가들의 관심을 받지 못하는 여성 노년소설과 여성 노년이라는 주제에 더 많은 비평가과 독자의 관심을 불러내고, 그 과정을 통해 더 많은 작품의 생산과 더 다양한 상상적 전망과 더 활발한 소비와 즐기는 것이 가능하도록 자극하는 것, 그것도 충분히 의미있는 일이라고 생각된다.

노년, 특히 여성 노년에 대한 문화적 · 문학적 상상은 한국에서나 미국에서나 여전히 빈곤하다. 위에서 분석한 두 작품은 아주 다른 노년의 문제를 설정하고 아주 다른 방식으로 그 문제를 다룬다는 점에서 노년에 대한 다양한 통찰을 자극한다. 사튼의 작품이 미국 문화의 핵심적 이념인 개인적 자율성을 실천하고자 하는 여성 노인의 고투를 통해 비자율적인 노년을 가정하는 부정적 신화에 도전한다면, 마셜의 작품은 소수 인종/소수 민족 여성을 주인공으로 하여 사적 · 가정적 의무에서 자유로운 나이든 여성에게 어떤 의미있는 공동체적 역할이 가능할지 전망한다. 인종적 · 계급적 정체성과 경험이 다른 주인공을 다루는 두 작품을 나란히 놓음으로써 이 연구는 여성 노년의 문제를 다룰 때 나이나 젠더만이 아니라 인종과 계급 등의 차원도 같이 고려해야 한다고 시사한다. 여성 노년이라는 주제가 노년에 문화적 의미를 처방하는 각 사회의 문화적 특징과 가치를 두드러지게 드러나게 한다는 점을 고려한다면, 동양과 서양, 혹은 여러 국가의 여성 노년문학들을 비교 연구했을 때 어떤 흥미로운 결과가 나올지 자못 기대된다.

두 작품은 여성 노년의 삶과 젠더의 관계에 대해서도 흥미로운 사고를 자극한다. 두 작품 모두 주인공이 노년 여성이고, 여성이 노년에 겪는 문제들에 대한 천착을 보여 주고 있다. 『지금의 우리』는 독신 여성의 노후에 대한 공포를 중요하게 다루고 있으며, 돌봄 노동을 하는 사람들이 주로 여성이기 때문에 생기는 문제들도 보여 준다. 돌봄 여성 노동자들의 과로와 저임금, 남성 노인들의 성적 환상이나 모성성에 대한 기대가 제기하는 문제들과 같은 여성들끼리의 계급적 차이에서 나오는 질투 등이 이야기 안에 잘 섞여 들어가 있다. 『과부를 위한 찬가』에서도 끔찍한 가난 속에서 아이들을 책임져야 했던 흑인 여성들의 절망, 가난과 육아로 집안에 갇힌 여성들이 자유롭게 밖으로 도는 남편들에 대해 가지는 불안과 질투, 여성들의 고통이 야기하는 부부 관계의 악화 등이 여주인공 아베이의 삶을 추동했던 중요한 요소로 등장한다. 또한 할머니에게서 손녀로, 어머니에게서 딸로 세대를 건너 전수되는 구전문화 전승가로서 여성의 역할에 대한 마셜의 강조는 미국의 소수 민족/소수 인종 문화가 나이든 여성들에게 허용하는 역할과 백인 사회가 나이든 여성들에게 허용하는 역할의 차이에 흥미로운 관심을 끈다.

여성 노년의 삶에 젠더가 미치는 영향이 크기 때문에 페미니즘이 여성 노인의 문제에 관심을 가짐으로써 해명될 수 있는 문제들도 많다. 여성들이 노년으로 진입하는 시기에 받는 늙어가는 몸에 대한 충격과 소위 '빈 둥지 증상empty nest syndrome'은 남성과 달리 몸의 아름다움과 가족 관계에서 여성의 정체성을 구축하게 하는 가부장제의 문제점을 더 분명하게 드러낸다. 여성 노인의 가난에 대한 페미니즘의 관심은 여성 노인의 가난이 단순히 여성이 노인이 되어서가 아니라 여성들을 가정 안의 무보수 노동, 노동 시장의 저임금, 비정규 노동에 묶어 놓는 가부장적 자본주의 사회의 경제적 구조 때문임을 드러낼 수 있다. 더욱이 노인들을 보살피는 돌봄 노동자가 대부분 여성들인 상황은 여성들을 무임금 혹은 저임금 돌봄 노동에 몰리게 하는 가부장적 사회 구조와 가족 구조의 문제를 동시에 드러낸다. 이러한 몇몇 예는 페미니즘이 여성의 삶을 제대로 다루기 위해서는 여성의 모든 삶의 단계를 다루어야 한다는 자명한 주장에 더 힘을 실어 준다.

하지만 두 작품 모두 여주인공이 겪는 노년의 문제들, 즉 죽음을 향해

가는 과정에서 자신의 정체성을 온전하게 보존하려는 개인주의적 기획이나 백인 사회에서 물질적 성취를 추구하다 잃어버린 인종적 · 문화적 정체성을 회복하려는 포스트식민 노년 성숙 여행을, 남자가 아닌 여자만의 특이한 경험이라기보다는 남성과 여성 모두가 겪을 수 있는 보편적인 노년 경험으로 다루고 있음도 주목할 만한 특징이다. 젠더적 시각이 개입해야 설명되는 구체적인 상황들의 차이에도 불구하고, 이 두 작품에서 다루어지는 여주인공들의 문제는 '여성' 노인만의 문제라기보다는 '인간' 여성 노인의 문제로 보인다. 두 텍스트의 이러한 특징들은 여성의 노년을 다룬 소설 혹은 노인이 된 여성을 다루는 소설을 페미니즘 시각에서 읽어낼 때, 여성 노년이 남성 노년과 어떻게 다른지, 여성 노년소설이 남성 노년소설과 어떻게 다른지 차이를 부각시켜 젠더가 노년의 문제에 개입하는 지점들을 드러내는 것만큼이나, 여성 노인이 경험하는 문제들이 인간의 문제로 보편화될 수 있는 차원들을 찾아내어 그것을 부각시키는 시각도 필요하다는 것을 보여 준다. 젊음과 늙음의 이분법적 경계에 도전하는 것이 남성과 여성의 이분법적 경계를 강화하지 않도록 주의할 필요가 있다.

## 참고 문헌


김수영 · 모선희 · 원영희 · 최희경, 『노년사회학』, 학지사, 2009.

연점숙, 「페미니즘과 노년 차별 : 페미니즘 안팎의 타자, 노년여성」, 『영미문학 페미니즘』 17.1 (2009) : 107-129.

정진웅, 『노년의 문화인류학』, 한울, 2006.

Beauvoir, Simone de, *The Coming of Age*. Trans. Patrick O'Brian. New

York: G. P. Putnam's Sons, 1972.

_____, *The Second Sex*. Trans. H. M. Parshley. London: Picador, 1988.

Brennan, Zoe, *The Older Woman in Recent Fiction*, North Carolina: McFarland, 2005.

Chivers, Sally, *From Old Woman to Older Women: Contemporary Culture and Women's Narratives*. Columbus: Ohio State University Press, 2003.

Cruikshank, Margaret, *Learning to Be Old: Gender, Culture, and Aging*, Lanham: Rowman & Littlefield, 2009.

Denniston, Dorothy Hamer, *The Fiction of Paule Marshall: Reconstructions of History, Culture, and Gender*. Knoxville: University of Tennessee Press, 1995.

Marshall, Paule, *Praisesong for the Widow*, New York: Plume, 1983.

Pearsall, Marilyn, *The Other Within Us: Feminist Perspectives on Women and Aging*, Westview Press, 1997.

Sarton, May, *As We Are Now*, New York: Norton, 1973.

_____. "Toward Another Dimension……," *The Other Within Us: Feminist Explorations of Women and Aging*. Ed. Marilyn Pearsall. Colorado: Westview, 1997.

Sizemore, Christine Wick, *Negotiating Identities in Women's Lives: English Postcolonial and Contemporary British Novels*. Westport: Greenwood, 2002.

Waxman, Barbara Frey, *From the Hearth to the Open Road: A Feminist Study of Aging in Contemporary Literature*, London: Greenwood, 1990.

# 외국인 이주자의 형상화와 우리 안의 타자 담론*

오윤호

## 1. 다문화 사회와 외국인 이주자의 소설적 재현

기획재정부와 통계청에 따르면 2009년 말 기준 외국인 등록 인구는 87만 636명이다(연합뉴스, 2010년 2월 14일자). 여기에 불법 체류자까지 포함하면 100만 명 이상의 외국인이 우리나라에 거주하고 있다. 우리나라 인구 수의 2% 이상을 차지하는 수치다. 이는 우리나라가 다양한 사회문화적 조건 속에서 다인종 · 다문화 사회가 되어가고 있음을 반증한다. 이러한 현상이 전자 미디어의 발달과 커뮤니케이션 수단의 발달, 신자유주의를 기치로 한 세계 경제 여건의 변화 속에서 전 세계적인 규모로 발생하고 있다는 점(Parrenas & Siu, 2007: 1)[1]에서, 한국에서만 벌어지

* 이 글은 『현대문학이론』 40집(2010.3)에 게재된 논문을 수정 · 보완한 것이다.

1 디아스포라, 트랜스내셔널, 글로벌라이제이션 등은 우리 시대의 중심 이슈가 되고 있다. 이러한 경험은 전 세계적으로 이미 수백 년 전부터 이루어졌지만, 대중적이고 학술적 담론에서 본격적으로

는 일시적인 사회문화적 현상이 아닐뿐더러 더욱 그 상황이 확대되리라는 것은 자명하다.

2000년대 이후 정부와 외국인 노동자 지원단체가 사용하기 시작한 '다문화'라는 용어는 이러한 현상을 가장 잘 대표한다. 2005년경 국제결혼 이주 여성의 수가 급격하게 증가함에 따라 이들에 대한 처우가 주요한 사회적 이슈로 다루어지게 되었고 그 과정에서 '다문화', '다문화주의' 등 새로운 정책 및 담론이 내국인과 외국인 사이의 경계, 문화적 혼종성, 새로운 다가치적 사회를 문제삼게 되었던 것이다. 그러나 '다문화'에 대한 이러한 관심은 우리 사회에 이주해 와 있는 소수 민족, 인종, 문화를 이해한다는 측면에서는 긍정적이지만, 다인종 · 다문화에 대한 배타적이거나 우월한 시각이 배제되어 있다고 말하기 힘들다(박홍순, 2007: 116).[2] 외국인 이주자를 한 명의 시민으로 대할 것인지 그렇지 않으면 경제적 노동력으로만 볼 것이지, 그들의 문화와 우리의 문화가 변증법적인 관계를 맺을 것인지 그렇지 않으면 우리 문화를 일방적으로 강요할 것인지의 문제는 다양한 사회문화적 역학 속에서 그 가능성과 한계를 모두 가지고 있다.

이에 2000년대 소설 속에 형상화되어 있는 외국인 이주자의 정체성과 그들의 삶을 경제 · 문화 · 법적 차원에서 살펴보면서, 우리 사회의 다문화적 현실이 사실주의적 소설 속에서 재현되는 과정과 우리 안에 내면화되어 있는 타자 담론화 양상을 구체화할 필요가 있다.

다루어지며 극적으로 전개된 것은 20~30년도 채 되지 않았다. 증가하는 과학 기술과 커뮤니케이션 발달, 냉전 이후로 특징지어지는 전 세계적인 정치적 · 경제적 변화, 신자유주의 하에서의 규제 철폐, 사유화, 시장 중심 원칙 등이 전 지구적인 이주의 증가와 확대를 가져왔다.

2 다문화주의는 북미를 중심으로 한 서구 국가들이 다인종 · 다언어 · 다종교 그리고 다문화의 사회로 발전되어 가는 과정에서 사회적, 정치적 그리고 경제적 갈등을 해소하려는 목적에서 비롯되었다(구견서, 2003: 30).

2000년대 이후 소설은 다른 매체보다도 예민하게 '다문화 시대의 외국인 이주자'에 대해 다각도로 관심을 가져왔다. 조선족 결혼 이주자들의 사랑과 결혼을 다룬 천운영의 『잘 가라 서커스』와 공선옥의 『유랑가족』, 네팔인 카밀의 한국 여성과의 사랑을 형상화한 박범신의 『나마스테』, 유쾌한 사춘기를 보내는 혼혈아 완득이를 그린 김려령의 『완득이』, 남한 사회에 적응해 나가는 새터민를 다룬 이대환의 『큰돈과 콘돔』 등이 외국인 이주자들의 생활상을 다루고 있는 대표적인 장편소설이다. 또한 김재영의 「코끼리」와 손홍규의 「이무기 사냥꾼」, 김애란의 「그곳에 밤 여기의 노래」 등의 단편소설도 우리 문단에서 외국인 이주자의 문제를 본격적으로 제기했다.

물론 이러한 작품들이 2000년대 소설의 문학적 의의와 다문화 사회의 조건과 다양한 주체성의 공존을 고민하는 진지한 사회적 문제를 담아내고 있다는 점에서는 공감하지만, '디아스포라 문학',[3] '트랜스문화 텍스트'나 '트랜스내셔널리즘 문학'으로 이 작품들을 규정하는 문제는 그리 간단하지 않다.[4]

무엇보다도 이 작품들은 한국인의 입장에서 외국인 이주자를 바라본다는 점에서 앞서 우려를 나타냈던 정치적으로나 경제적으로 '우월한 시선'이 서술 과정에 내재하면서 인종적 편파성과 왜곡된 동정주의가 나타나기도 한다. 이 소설들 속에서 백인이나 중산층 이상의 외국인을 찾아보기가 힘든데 반해 경제적 디아스포라를 경험한 동남아시아인(『나마스

3 외국인 이주자의 삶을 다룬 소설을 '디아스포라 문학'이라고 말할 수 있을지는 문제가 있다. 이에 대해서는 정은경이 쓴 『디아스포라 문학: 추방된 자, 어떻게 운명의 주인공이 되는가』(이룸, 2007)의 '총론'을 살펴보면 좋을 듯 싶다.

4 이창래의 『영원한 이방인』이나 수키 김의 『통역사』, 로라 옥자 켈러의 『여우소녀』처럼 미국 내 코리안 디아스포라 문학이라 불리는 문학들이 가지고 있는 소수 인종으로서의 타자적 목소리, 다문화적 디아스포라 경험을 내면화하는 시선들을 『잘 가라 서커스』, 『나마스테』, 「코끼리」 등의 작품에서는 발견하기 어렵다.

테』)이나 중국 조선족(『잘 가라 서커스』『유랑가족』「그곳의 밤 여기의 노래」), 동유럽 국가의 이주자들은 절대적 가난에 찌든 모습(「아홉 개의 푸른 쏘냐」)으로 그려진다. 스피박은 「하위 주체는 말할 수 있는가?」에서 "하위 계층이 스스로 말할 수 있는가 아니면 하위 계층은 언제나 왜곡되고 '이해 관계가 개인된' 형태로 인식되고 재현되고 대변될 뿐인가"(무어-길버트, 2001: 200)라는 포괄적인 질문을 던지며, 하위 주체의 정체성을 균열시키는 식민주의와 그 담론화 양상을 비판한다. 2000년대 소설 속 서술 태도 역시 타자를 규정하는 주체의 내면화된 목소리로 환원될 수 있다는 점에서 외국인 이주자를 형상화하는 데 일정한 한계를 갖는다.

또 한 가지 특징은 이들 소설 속에 형상화되어 있는 '다문화적 현상'이 한국 문화와 이국 문화와의 차이와 갈등, 혼종의 양상으로 드러나는 것이 아니라, 그들만(외국인 이주자)의 문화적 현상처럼 그려지고 있다는 점이다. 『유랑가족』의 가리봉동이나 안산과 마석 등 공장 노동자가 사는 공간은 다인종의 다문화적 공존을 특징적으로 보여 주지만, 철저하게 한국의 주류 문화와 사회적 환경으로부터 소외되어 '마이너리티' 문화를 형성하고 있다. 이러한 문화적 혼종성을 재현하는 텍스트를 분석하기 위해서는 트랜스문화 연구[5]의 시각보다는 우리 사회의 문화적 성격을 이해하고 그 안에 내재된 타자화 전략을 연구해야 한다.

다문화 사회의 외국인 이주자 현상을 소설화할 때 성급한 리얼리즘적 소설 창작에 대해 경계[6]해야 하면서도, 그 사안이 안고 있는 사회 비판적이면서도 윤리적 조건을 형상화하는 서술적 태도는 우리 시대의 소설의

5 "트랜스문화 연구는 소수 인종 문화가 주류 문화와 접촉하는 과정에서 피차에 인코딩되어 있는 상대방의 문화적 특성들을 얼마나 잘 해석할 수 있는가를 탐색하고 천착한다. 그 과정에 필연적으로 개입하는 권력과 이데올로기의 문제도 탐색하게 된다. 지배 문화와 주변 문화의 관습적인 경계가 해체됨에 따라 일반적 시각보다는 좀 더 복합적인 시각에서 둘을 바라보려고 한다"(김성곤, 2009: 36).

역할에 대해 다시금 생각해 보게 만든다. 하위 주체인 외국인 이주자의 정체성은 어느 만큼 정당하게 형상화될 수 있을 것이며, 소설적 형상화 속에 내면화되어 있는 주체-객체 간의 관습적이면서 권력적인 억압의 논리를 어떻게 폭로하고 객관화할 것인가의 문제가 중요하다. 또한 다양한 정치경제적 디아스포라를 경험[7]한 우리나라 사람들이 자국에 이주해 온 '새로운 디아스포라'(외국인 이주자)를 내면화하는 과정에서 어떻게 주체가 되어 가는지를 살피는 작업도 필요하지 않을 수 없다. 이에 외국인 이주자들이 겪는 다문화 경험의 핵심에 놓여 있는 '경제적 측면', '문화적 측면', '법적 측면'을 구체적으로 살펴보아야 하며, 외국인 이주자에 대한 우리 시대의 문학적 상상력이 가지고 있는 트랜스내셔널리즘 문학[8]으로서의 가능성과 가치를 갖고 있을 것인지를 검토해야 한다.

## 2. 경제적 결핍과 내부 타자와의 동일시

'외국인 이주자'를 소재로 한 소설들 속에서 이들은 기본적으로 '가난'하다. 우리나라에 있는 대부분의 외국인 이주자는 경제적 디아스포라 상

6 "리얼리즘으로 구체화되는 반영론은 일종의 모순 개념이다. 반영의 대상인 현실은 물질적 차원의 구체적 삶의 실상이면서 동시에 이념과 역사 전망을 포함한다. 이념은 그것이 현실에서 빗어지더라도 현실을 초월하는 속성을 지닌다. 반영이되 원망과 염원의 반영인 셈이다"(우한용, 2008: 10).

7 북간도로 이주해 간 우리 동포나 사할린 동포들이 그 좋은 예이지만, 이러한 이주는 제국주의 시대의 산물이었다. 많은 사람이 제국주의 정책에 의해 강제로 또는 제국주의가 싫어 자의로 타지에서 살게 되었기 때문이다. 그 후에는 빈곤과 독재 같은 자국의 척박한 풍토에 대한 불만이 이민의 또 다른 이유가 되었다. 미국으로 떠난 한국 이민들도 그랬지만, 많은 사람은 더 나은 삶이나 교육을 위해, 또는 군사 독재가 싫어 해외로 이민을 떠났다(김성곤, 2009: 25).

8 김성곤은 "이민 문학과 디아스포라 문학이 트랜스내셔널리즘 문학에 속한다. 이민자들이나 국외 거주자들은 국경을 초월해 두 나라 사이에 위치해 있으며, 두 나라의 문화를 모두 포용하면서, 자신이 태어나지 않은 나라에서 살고 있는 사람들의 사회적 공간과 지리적 공간의 의미, 그들의 다중 정체성, 그리고 그들의 방황과 고뇌를 성찰하는 문학적 특징을 가지고 있다"(김성곤, 2009: 26)라고 설명하며, 외국 이주 작가들의 작품을 트랜스내셔널리즘 문학으로 다루어야 한다고 주장한다.

황에 놓여 있다. 경제적 디아스포라란 디아스포라 개념을 포괄적으로 사용해, '돈' 때문에 어쩔 수 없이 외국으로 혹은 도시로 이주할 수밖에 없는 디아스포라 경험을 말한다. 외국인 이주자가 디아스포라하는 1차적인 목표는 자국에서의 빈곤을 극복하는 일이다. 이주국host nation에서의 '부'는 이들이 갖고자 하는 최선의 욕망 대상이다. 자국에서의 '빈곤'과 이주국에서의 '부'라는 상황 변화는 자본주의가 만들어낸 이데올로기적인 상상력이 가미된 '하나의 삶'이 되고 '욕망'이 된다. 이러한 경제적 디아스포라 경험은 자본주의적 욕망을 깊숙이 내면화한 것이다. 외국인 이주자를 다루는 문학에서의 가난 역시 자국에서의 가난의 연장일 뿐만 아니라, 자본주의화된 세계화의 그늘이 만들어낸 필연적인 현상으로 보아야 할 것이다. 외국인 이주자에 대한 가난의 형상화는 강대국과 약소국의 권력적 관계, 공간지리적 경제 구조, 인종적 차별에 기반한 정체성 문제, 가족이라는 사회 최소 공동체의 위기 등을 다양하게 내포하고 있다.

우리나라는 식민지를 경험하고 자본주의 시대의 제3세계를 경험했지만 서구의 경제 구조와 지식 담론을 답습할 뿐만 아니라, 뛰어난 과학 기술과 경제 활동으로 세계를 선도하는 입장이다. 그러다 보니 자본과 노동의 역학적 관계 속에서 제3세계 노동자들에 대해 철저하게 자본주의적 주체로 기능하는 우리 자신을 쉽게 발견할 수 있다.

「코끼리」에서 비재 아저씨는 아들이 심장병에 걸려 그 치료비를 벌기 위해 한국에 왔으며, 마리나는 아버지가 체첸 전쟁에서 죽고 혼자 생계를 책임지던 어머니마저 병들어 한국행 배를 탔다. 이들에게 한국으로의 이주는 가족의 해체를 의미하며, '돈'을 벌어야 완벽한 가족을 만들 수 있다는 욕망을 갖게 되는 것이다. 『유랑가족』에서 돈을 벌기 위해 한국으로 온 조선족 여인 명화[9] 역시 가족과 가난 때문에 한국으로 이주해 온 결혼 이주자다. 동생들의 성공을 위해 한국으로 돈 벌러 온 사비나(『나마스테』), 일을 하다 손가락이 잘린 쿤(「코끼리」), 러시아 쩨레스레스에서 와서 퇴폐업소 스트립 댄서가 된 쏘냐(「아홉 개의 푸른 쏘냐」), 한국인 용재를 등치고 도망간 알리(「이무기 사냥꾼」)는 모두가 가난할 뿐만 아니라, 이주국에서 적응하고 변화해 가는 과정에서 '돈'이라는 욕망을 좇는 존재들이다. 그들의 가난은 자국에서 비롯되었으며, 그 운명적 억압은 이주국에서도 해결되지 않은 채 그들의 삶을 침해한다. 아무리 일을 해도 그들은 그 고통의 늪에서 벗어날 수 없다. 즉 외국인 이주자의 삶을 '가난'과 결부시킴으로써 그들의 소외되고 왜곡된 삶이 다인종적이고 다문화적인 문제를 내포하고 있음을 의식하지 못하고 연민과 동정 등 '거짓 환대'를 불러일으키고 있다.

흥미로운 점은 이렇듯 가난한 외국인 이주자의 삶의 형상이 우리 안의 하층민(내적 타자)의 삶과 동일시되고 있다는 점이다. 무엇보다도 결혼 이주 여성이든 산업 연수 외국인이든 그들이 처한 타자적 상황이 내부의 하층민이 겪고 있는 '문제적 상황'(경제적 궁핍, 사회문화적 소외 계층)과 유사하다는 점에서 동일시가 이루어지고 있다.

한 권의 소설집에 외국인 이주자를 다룬 소설과 내국인의 소외된 삶을 그리는 작품이 공존한다. 공선옥의 『유랑가족』은 가난하기 때문에 삶의 벼랑으로 밀려난 사람들, 그리고 때로는 그 벼랑에서조차 밀려 떨어진 사람들의 아픈 이야기들을 담고 있다. 가난과 남편의 폭력을 견디지 못해 달아나는 부인, 병든 오빠를 고쳐 주겠다는 거짓 약속만 믿고 한국 남자와 결혼한 고달픈 조선족 여인, 도망친 부인을, 집 나간 딸을 찾아 도시의

9 "무엇보다 간암에 걸린 오빠를 치료하기 위해 가족 중에 누군가는 어디로든 가서 돈을 벌어야 했던 것인데 그때 마침 한국으로 올 기회가 생겼던 것이다. 어느 날, 한국에 가 있던 외사촌이 농촌 총각과의 결혼을 알선한다는 어떤 단체의 광고를 서울의 전철 안에서 봤다는 소식을 전화를 통해 전해 주었다"(공선옥, 2005: 61).

밤거리를 헤매는 남편 등 가족을 지키고 싶지만 가난 때문에 그러지 못한 하층민의 삶이 그려져 있다. 김재영의 「코끼리」는 화려한 자본주의적 환경에서 벗어나 고통받는 사람들, '코리안 드림'이 사라져 버린 척박한 외국인 노동자의 삶, 아버지의 죽음 후 가족을 책임져야 하는 어머니의 고독, 20여 년 동안 공장 지대를 돌아다닌 노동자, 전업 주부, 영업 사원 등 경제적 궁핍과 소외적 삶을 사는 하층민의 삶이 형상화되어 있다.

「이무기 사냥꾼」에서는 알리와 용재가 사기를 치며 번 돈으로 방을 하나 구하고, 같이 살게 된다. 이 둘의 동거는 연인 사이거나 가족 사이가 아니라 '돈'과 '사기'를 목적으로 일시적으로 구성된 하층민들의 동거다.

> 지난 여섯 달 동안 그와 알리의 사업은 순조로웠다. 알리가 못 받은 임금을 받으러 간 척 실랑이를 벌이다 상대방이 가볍게 밀치기만 하면 일은 끝난 셈이었다. 그는 알리의 동행 혹은 목격자를 위장해 알리의 시체를 처리하거나, 못 본 체하는 대가로 돈을 받아냈다. 〈중략〉 그렇게 모은 돈으로 비록 옥탑이지만, 닭장 같던 알리의 자취방을 벗어났고 비록 고물이지만 소형차도 한 대 장만하였다. 물론 옥탑방의 계약자와 고물차의 소유주는 용태였다. 이게 바로 그가 노린 것이었다(「이무기 사냥꾼」 중에서).

알리와 용재는 기득권 사회(한국 사회, 마을)에서 소외된 타자들이다. 이들이 의기투합할 수 있었던 맥락은 바로 서로가 경험적으로 소유하고 있는 타자화된 자의식과 '돈'에 대한 욕망 때문이다. 용재는 출생의 내력 때문에 우리 사회로부터 천대를 받아 왔으며 알리는 외국인이라는 이유로 우리 사회의 타자가 된다. 이 둘은 같은 방을 사용하고 있지만, 결국에는 서로를 사기칠 수밖에 없는 '슬픈 연대'를 보여 준다.

이렇게 타자화된 주체들의 '슬픈 연대'는 「그곳의 밤 여기의 노래」에서 또 다른 양상으로 전개된다. 사회 부적응자인 택시 운전사(한국인)가 암에 걸린 조선족 동포 여성에게서 진정한 '인간적 대우'를 받기도 한다. 사회적 약자들 사이의 연대는 왜곡된 결핍에 기반한다. 그녀가 죽으면서 그는 다시금 도시인의 소외된 존재가 되고 만다. 타자화된 주체들 사이의 '슬픈 연대'는 서로의 타자성을 통해 획득된 일시적 만족의 연대가 되었다.

식민지와 전쟁을 경험한 한국에서 '하층민의 가난'은 가장 일반화된 사회문화적 현상이었으며, 그에 대한 문학적 형상화는 자연스럽기까지 하다. 가난은 단순히 돈이 없다는 현실적 상황이 아니라, 그동안 한국 사회에 내면화되어 있던 탈식민지의 왜곡된 자본주의적 속성이 사회의 표층으로 드러난 것이다. 따라서 외국인 이주자를 내부의 타자와 동일시하는 것은 외국인 이주자를 '타자'를 호명하고 소외시키는 담론화 과정의 한 양상이라는 점을 알 수 있으며, 한국인과 외국인 이주자 사이의 경제적 · 문화적 경계가 사실은 자본주의화된 사회의 주체와 타자의 경계로 설정되어야 함을 시사한다.

## 3. '그들만'의 문화혼종성과 이국 문화의 신비화

2000년대 소설은 다양한 인종과 국가, 문화를 가지고 있는 외국인 이주자를 형상화한다. 그렇다면 2000년대 소설에 형상화되어 있는 문화적 혼종성은 다문화적 환경을 잘 재현하고 있는가? 그 공존의 양상은 우리 자신에게, 그리고 디아스포라를 경험한 외국인 이주자의 삶에 어떠한 영향을 미칠 것인가? 서로의 문화가 소통적 관계에 놓이면서 문화 번역[10]으로까지 전개되는가?

다인종 · 다문화 사회의 문화혼종성이란 자국의 문화적 양상과 이국의 문화적 양상 '사이'에 존재하면서, 각각의 문화가 가지고 있는 이질성과 다양성의 내면화 과정(접속과 교섭, 적응과 갈등, 수용과 배제)에서 강화된다. 그러나 대부분의 소설에서 '외국인 노동자 대 한국인', '가난 대 부'와 같은 대립은 극단적이고 필연적인 문제로 제시되는 반면, '외국 문화 대 한국 문화'의 대립적 양상은 크게 부각되지 않는다. 가난한 외국인 이주자들은 한국인 혹은 한국 문화보다는 같은 처지인 다른 외국인 이주자와 그들의 문화로부터 영향을 받는다. 이때 이들이 경험하는 문화혼종성은 지속적인 문화적 공존과 정서적 유대감을 갖는 것으로부터 형성되는 것이 아니라, 일시적이고 소통을 전제로 하지 않은 공간적 병치에 불과하다. 소설 속 다문화적 공간은 공간의 이동과 이질적 공간의 접촉, 기존 공간에 대한 인종주의적 재경험 등으로 새롭게 드러난다.

> 그 방에 살던 파키스탄 청년 알리는 도둑질을 하고 마을을 떠났다. 〈중략〉 그날따라 2호실 방글라데시 아주머니의 갓난아기는 밤새 잠을 자지 않고 보챘고, 저녁 내내 텔레비전 앞에서 시끄럽게 떠들던 1호실 미얀마 아저씨들은 나중엔 취한 목소리로 노래를 불러대기까지 했다. 밤에 일하는 5호실의 러시아 아가씨 마리나는 아예 집에 들어오지도 않았다. 4호실에서 사는 (네팔 출신) 아버지와 나만이 일찌감치 불을 끄고 어둠 속에 누워 있었다(「코끼리」 중에서).

비재 아저씨의 아들 수술비가 도둑맞은 밤을 묘사하는 서술 속에서 허

10 문화 번역이란 그동안 자신들의 경계선 안에서만 생활해 온 사람들이 문화적 경계를 넘어, 서로의 언어, 사고 방식, 행동 방식, 가치관 등에 숨어 있는 문화적 의미를 전달하고 교류하는 것을 의미한다. 그러므로 문화 번역은 단순히 한 언어를 다른 언어로 번역하는 것뿐 아니라, 모든 문화 텍스트들과 문화 양식들을 통한 '문화적 소통'을 의미한다. 문화 번역 속에 다양한 형태의 문화적 헤게모니와 문화 권력의 메커니즘이 존재한다.

름한 여관과 같은 공간에 여러 국가에서 온 여러 인종이 함께 살고 있다는 사실을 확인할 수 있다. "온갖 나라 말과 온갖 음식 냄새가 뒤섞인 마당은 벌, 나비가 윙윙대는 야생화 꽃밭처럼 향기롭고 소란하다." 표현은 축제적이지만, 그 다양성이야말로 각각의 사람들이 겪고 있는 실존의 위기를 반영하고 있으며, 디아스포라 정체성diasporic identities[11]의 불확정성을 여실히 보여 준다.[12]

『유랑가족』의 가리봉동은 돈을 벌 수도 있고, 잠을 잘 수도 있으며, 자신과 비슷한 처지의 사람들과 모여 살 수 있는 곳이다. 이때 가리봉은 하층민이 모여드는 도시 속의 타자화된 공간으로 형상화되며, 우리 사회의 마이너리티들이 존재할 수 있는 유일한 공간으로 묘사된다. 『나마스테』에서는 산벚꽃 피는 부천과 가혹한 노동과 소외로 문화 갈등을 겪는 서울 근교가 제시된다. 이 공간들은 다양한 국가와 다양한 인종의 문화가 혼재되어 있는 것이지, 이것들이 서로의 문화 경험을 공유할 수 있는 지경에는 이르지 못하고 있다. 이러한 공간에서의 삶은 한국 속에서 살아가는 것이 아니라, 자신들만의 외로운 문화를 지켜내고 있음을 의미한다. 즉, 철저하게 한국의 주류 문화와 사회적 환경으로부터 소외되어 '마이너리티'의 문화를 형성하게 된다. 이러한 공간은 주변인으로서 '비가시적 존재들'의 문화지리학적인 가치를 반영하고 있다.

문화혼종성의 한계는 외국인 이주자의 삶과 그들의 문화를 낯선 문화

11 "디아스포라 정체성은 '정체성'을 디아스포라와 트랜스내셔널한 시각에서 보려고 한다. 한 개인의 정체성을 고정된 실체로 보는 것이 아니라, '삶의 여행이거나 과정'으로 파악함으로써 '모두가 낯선 땅에서의 이방인'이라는 시각이다"(Georgiou, 2006: 46).

12 「코끼리」의 '나'가 살고 있는 마을은 온갖 외국인 노동자들이 뒤섞여 살아가는 마을이다. 아버지와 '나'는 돼지 축사로 쓰였다는 쪽방에서 살며, 제 영토를 자랑하는 곰팡이와 싸우며 살고 있다. 이 마을에는 미얀마 아버씨, 방글라데시 아주머니와 갓난아기, 프레스 기계에 손가락이 잘린 쿤과 아들의 심장 수술 비용을 모았다가 룸메이트에게 털린 비재 아저씨, 술집 무희인 러시아 아가씨 마리나 등이 혼종적 언어 속에 하층 노동자의 기묘한 연대 의식을 갖고 살아가는 마을이다.

적 양식 혹은 신비스러운 종교 관습 등으로 형상화하는 점에서도 두드러진다.

> "신의 이름이에요. 힌두교신. 힌두교에선 최고의 신, 삼, 셋 있어요. 첫째 신은 창조의 신 브라흐마, 가루다를 타고 다니시는 두 번째 신 비슈누, 세 번째 신은 무서운 시바신. 우리나라에선 각각 좋아하는 신이 달라요. 이름 있는 신만 해도 삼천이 넘는데요, 저는 비슈누, 젤 좋아해요. 세계를 유지시키는 일, 비슈누가 하니까요. 정의가 없어지고 나쁜 것, 악의 힘 세지면 비슈누 나타나요. 가루다를 타고서"(박범신, 2005: 39).

『나마스테』에서 카밀은 네팔의 신화와 종교적인 신념을 선우에게 자세하게 알려 준다. 인간의 죽음과 탄생에 대해, 윤회와 내생에 대한 우주적 관점은 동양적 신비로움을 가득 담고 있으며, 자본화된 피폐한 인간적 정서와의 대비 속에서 숭고한 인간미와 자연의 아름다움을 경험하게 만든다. 『나마스테』에서의 종교적인 표현들이 신비스럽고 숭고한 인간 삶의 행복을 추구한다면, 「코끼리」에서의 종교적인 상상력은 저주받은 일상에서 절망하는 자의 영적 슬픔을 담고 있다. 마지막 장면에서 혼혈아인 '나'는 창에 걸려 있는 코끼리 상에 한없이 빠져드는 상상을 한다. 작품 속에 강박적 상징으로 제시되는 '외'('외'는 미안마 말로 '소용돌이'라는 뜻이다. 힌두교 신화에 나오는 코끼리의 형상과 닮았다.)처럼 모든 것이 뒤섞여 혼동 속으로 빨려가는 비극적 국면으로 형상화된다.

우리나라 사람과 외국인 이주자 사이의 문화적 충돌 및 교섭 양상은 일반적으로 표면화될 수 있는 인종주의적인 측면, 자본주의적인 측면에서 두드러지게 나타난다. 『나마스테』에서 선우의 오빠가 네팔인인 카밀을 미워하고 증오하는 것은 LA폭동으로 아버지와 동생을 잃은 슬픔 속에서 카밀을 인종적으로 타자인 존재를 미워하는 것이지, 어떤 문화적 차이가 그 증오의 원인은 아니다.

마찬가지로 외국인 이주자 역시 인종주의적 차별과 자본주의 한국 사회에 대해 가장 민감한 문화적 혼란을 겪는다. 「코끼리」에서 쿤은 한국인, 한국 문화에 대한 비판을 적나라하게 드러내며, 정체성 혼란을 겪고 있다. "한국 사람들은 단일 민족이라 외국인한테 거부감을 갖는다고? 그래서 이주 노동자들한테 불친절한 거라고? 웃기는 소리 마. 미국 사람 앞에서는 안 그래. 친절하다 못해 비굴할 정도지."라고 말하는 쿤은 한국인의 외국인에 대한 이중적인 태도를 폭로한다. 그러면서도 짝퉁 리바이스 바지를 입고, 머리를 염색하며 스스로의 정체성을 혼란스러워 한다. 「코끼리」에서 매년 히말라야 풍경이 담긴 달력을 사오고, 몸이 아플 때도 고향에서 익힌 민간 요법으로 치료하는 '나'의 아버지는 '야 임마, 씨발놈아'라는 이름으로 불리는 외국인 노동자다. 네팔로 돌아가기보다는 잠들어 잠꼬대를 할 때도 "난 한국으로 돌아가야 돼. 거기 내 가족이 있어. 제발, 보내줘. 일자리도, 이웃도, 내 청춘도 다 거기 두고 왔단 말이야. 제발……!"이라고 외치는 한국에서의 삶에 밀착되어 있는 존재지만, 한국인으로서 정체성과 사회적 대우를 받지 못하고 있다.

한국 사회가 일제 식민지를 거치는 과정에서 왜곡된 민족주의와 인종주의가 내면화되어 있어, 외국인 이주자들에 대한 인종, 국가, 민족적 평등을 내세우기에는 일정한 한계를 갖고 있다.[13] 무의식적으로 내면화된 '편견'은 '다문화적 현상'에 대한 무지를 낳거나, '동정'과 '시혜'와 같은 왜곡된 인간애로 드러나기 십상이고 이들(타자)에 대한 윤리적이고 사회

13 "혼혈은 한민족의 순수함을 해치는 것, 그래서 피해야 할 대상이라고 생각하기까지 한다"(박경태, 2008: 199).

적인 관심은 우리 자신(주체)의 정체성에 대한 문제를 환기할 수밖에 없는 것이다. 이에 소설 속에서 외국 문화들 간의 이질적인 혼종성 재현이나 이국 문화의 신비화 전략은 서구의 주체가 제3세계의 타자를 바라보는 권력적 시선을 닮았으며, 현실적 갈등(인종적, 자본주의적 갈등)을 해결 불가능한 상태로 유보하는 것이기도 하다.

그런 점에서 『나마스테』는 외국인 이주자의 문화적 정체성 혼란의 문제를 좀 더 포괄적인 시각에서 해결하려고 한다. 『나마스테』에서는 선우와 카밀의 딸인 애린이 현재로부터 20여 년을 훌쩍 뛰어넘어 인종적으로 문화적으로 뒤섞여 버린 자기 가족의 정체성을 찾아 아버지의 고향인 마르파로 여행을 떠나면서 끝난다. 애린은 자신의 무적자로서 정체성 혼란[14]을 아버지의 마을 마르파에서 치유하게 된다. 결국 현재를 사는 '우리 자신'이 아니라, 다문화적 정체성 혼란을 겪는 애린을 통해 진정한 타자와의 슬픈 연대가 형성되고 있다.

## 4. 법의 경계와 환대의 역설

2000년대 소설에서 형상화되는 외국인 이주자들은 합법적인 이주자와 비합법적인 이주자(불법 체류자)로 나눌 수 있다. 외국인 이주자들이 합법적인 방법으로 우리나라에 거주할 수 있는 방법은 취업 연수 비자를 갖고 단기 취업을 하거나, 결혼 등 혼인 관계를 형성하는 것(주로 외국 여성 이주자)이다. 그러나 결혼 이주자의 경우 문화적 차이와 가족과의 권

14 "'무적자'로서의 카르마가 할아버지와 어머니의 죽음으로도 끝나지 않고 내 삶의 중심에 또아리를 틀고 있다는 사실에 나는 치를 떨었다. / 나는 누구인가. / 한국인인가, 네팔인인가, 아니면 미국인인가. / 나는 생각하고 또 생각했다"(박범신, 2005: 372).

력적 관계 속에서 결혼이 파경에 이르러 비합법적 이주자가 되고(『잘 가라 서커스』의 혜화, 『유랑가족』의 명화), 노동 이주자의 경우는 정부 정책과 부도덕한 고용인의 처우 때문에 자의든 타의든 비합법적 이주자(『나마스테』에 나오는 많은 외국인 노동자)로 내몰리게 된다. 사실 외국인 이주자에게 존재론적인 위협을 가하는 것은 가시적인 경제적 '없음'과 문화적 '차이'에 있는 것이 아니라, 실재하지는 않으며 법률적으로 규정된 주권의 소유 여부에 있다. 그들은 시민권의 법적인 공간 및 현실적 권리를 가르는 법의 경계에 존재하는 이방인 '호모 사케르*homo sacer*'[15]인 것이다.

외국인 이주자들이 합법적인 상태로 우리나라에 들어오기 위해서는 국제결혼 중개업소의 야만적 대우와 산업연수생 모집 기관의 폭리라는 비합법적인 상황을 거쳐야 한다.

> 어느날, 한국에 가 있던 외사촌이 농촌 총각과의 결혼을 알선한다는 어떤 단체의 광고를 서울의 전철 안에서 봤다는 소식을 전화를 통해 전해 주었다. 〈필자 중략〉 맞선 자리에서 기석의 어눌한 태도를 명화가 맘에 안 들어하자 중매를 선 단체 사람이 명화가 결혼만 해준다면 처갓집 식구들까지 다 한국으로 불러들일 수 있고 오빠 병까지 치료해 준다는 말을 했다. 결혼을 할 당사자 입에서 나온 말도 아닌데 왜 그때는 그 말을 철석같이 믿었던 것일까. 단체 사람의 그 말만 믿고 결혼을 했던 것이 명화는 지금도 후회막급일 뿐이다(공선옥, 2005: 61).

15 "벌거벗은 생명이란 즉 살해는 가능하되 희생물로 바칠 수는 없는 생명 즉 호모 사케르의 생명을 의미한다. 주권자의 추방령에 포섭된 생명의 근원적 형상으로 정치적 차원의 근원적 배제에 대한 의미를 함축하고 있는 존재다. 이들은 법에 의해 추방됨으로써 법적 지위를 상실했지만, 바로 법에 의해 추방당했기에 법으로부터 자유롭지 못한 존재인 것이다"(아감벤, 2008: 45-47).

국내 남성과 외국 여성과의 국제 결혼 성립 과정에서 결혼을 하게 될 외국 여성들은 '대상화된 성적 이미지'로 재현되고 소비된다. 결혼 정보회사 홈페이지에서 만나게 되는 외국 여성들의 이미지나, 결혼한 여성을 고르는 남성 앞에 일렬로 서서 '선택'을 기다리는 상황들은 남성 중심적 권력의 대상으로서 '성적 타자'가 될 수밖에 없는 결혼 이주 여성의 현실을 잘 보여 준다. 특히나 결혼 중개업체는 치외법권적 위치에서 한국인 남성과 여성의 성적 결합, 법률적 결합을 도모하기 위해, 각각의 존재들은 '주체'와 '타자'로 적절하게 배치하는 강한 힘을 갖고 있다.

'사랑'과 '가족'의 이름으로 위장 결혼을 한 결혼 이주 여성의 정체성은 한국인 대 외국인의 관계에서 남편과 아내의 부부 관계로, 한국인이 될 수 있는 예비된 시민권자로 치환 변형된다. 그러나 이러한 결혼은 문화적 차이와 언어의 벽, 원주민 남성과 이주민 여성 사이에 잠재된 권력적 관계의 표면화로 파경에 이르기 십상이다. 이때 이주 여성은 또 한 번 새로운 사회적 지위를 갖게 되는데, 한국인 남편의 아내에서 혼인 관계를 깨뜨린 사기꾼이거나 법적 예외 사항에 해당하는 불법 체류자라는 낙인이 찍히게 된다. 『잘 가라 서커스』는 농촌 총각과 중국 조선족 림해화의 이야기 속에서 내국인과 결혼 이주 여성과의 만남과 결혼, 이별의 과정을 하층민의 경제적 현실과 국경을 넘나드는 비극적 디아스포라 경험을 통해 형상화하고 있다. 림해화는 합법적인 절차에 따라 우리나라 농촌 총각과 결혼해서 살게 되지만, 가정 불화로 인해 불법 체류자 신세가 된다. 『유랑가족』에서도 조선족이었던 명화는 결혼 과정에서 '중매를 선 단체'의 거짓말에 속아 결혼을 하게 되는데, 이러한 상황은 특별한 일도 아니다. 명화 역시 자신의 기대와 다른 한국에서의 생활에 염증을 느끼고, 남편에게 받은 폭력 때문에 가출하게 되고, 불법 체류자로 쫓겨다니다가 끝내 죽임을 당한다.

『나마스테』의 카밀은 선우에게 외국인 이주자들이 어떻게 한국에 오는지, 정상적인 법적 절차를 거쳐서 왔다 하더라도 왜 불법 체류자가 되는지 설명한다.

> 한국에 가려면 최소 1,500불, 많으면 3,000불 이상이 들어갑니다. 5,000불 넘게 들여서 온 사람도 있어요. 중소기업 협동조합만 해도 외국인 노동자 한 사람 들어올 때마다 이리저리해서 최소한 이백 몇십만 원의 수입을 챙긴다고 해요. 외국인 노동자를 모아 보내는 회사, 네 송출 회사, 회사에서도 돈 벌고, 알게 모르게 대사관에서도 돈 벌고, 브로커들도 돈 벌어야 해요. 〈필자 생략〉 한국 정부에서 공식적으로 운영하는 산업연수생 제도나 관광 비자로 온 불법 체류자나 알고 보면 다 같아요. 다 뜯어먹고 착취해요. 제도부터 그렇게 돼 있어요. 정부도 알고 있는 일이에요(박범신, 2005: 81).

돈을 벌기 위해 한국으로 들어오는 과정에서 많은 외국인 노동자는 비제도적인 노동 이주 제도 때문에 많은 돈을 지불해야 한다. 결국 제도적으로든 경제적으로든 외국인 이주자는 외국인도 한국인도 아닌 위치, 불법적 존재가 될 수밖에 없다. 그러면서 앞서 살펴보았듯 한국에서 경제적 궁핍과 왜곡된 문화적 정체성을 갖고 살아가게 된다.

『나마스테』는 문제적 현상만을 제시하고 마는 다른 작품들과 달리 인간적인 측면과 법률적인 측면에서 외국인 이주자에 대한 진지한 만남과 배려를 시도한다. 선우의 카밀에 대한 사랑은 사장과 노동자의 인간적 관계와는 판이하게 다른 인간적이며 정서적인 의미를 환기해 낸다. 인종적 차이나, 나이의 차이를 뛰어넘어 인간이 인간으로서 대할 수 있는 배려와 존경심을 담아 서로 사랑하려고 한다. 그러나 그들의 사랑은 필연적인 이유를 가져다 대지 못한다면, 사랑의 감정을 정당화할 수 없다는 듯 너무나 '운명적'이다. 카밀을 만나기 전날 선우는 꿈에 '설산들과 눈빛 깊은 청년'을 보았으며[16] 그가 앞니를 다 드러내고 웃을 때는 '아버지의 환한 얼굴'을 떠올리고[17], 그와 사랑을 나눌 때는 억겁의 인연을 생각한다.[18] 이것은 한국 여성이 다른 아시아인과 사랑하기 위한 절대적 조건으로 강조된다.

선우는 카밀을 사랑하고 그의 아이를 가지게 되었으며, 그와 결혼 후 한국에서 살 생각까지 한 선우에게 카밀과의 인생은 절대적인 목표가 되었다. 그러나 선우는 '법' 앞에 좌절하고 만다.

> 난 어리석게도 그동안 카밀이 나와 결혼만 하면 카밀이 곧 한국 사람이 되는 줄 알고 있었다. 미국 국적의 여성과 결혼하여 비교적 손쉽게 미국인 신분을 획득하는 한국 남자들을 너무나 많이 봤기 때문이었다. 미국 땅에서 낳은 아이는 무조건 미국인으로 인정받는 속지주의 원칙도 우리나라엔 없다는 사실조차 그 무렵까지 나는 미처 모르고 있었다.
>
> 그 기사는 많은 걸 내게 가르쳤다.
>
> 속인주의라는 말을 첨으로 배웠고, 외국인과의 복잡한 결혼 절차도 조금씩 알게 되었다. 일단 상대편이 자기 나라로 돌아가 복잡하고 까다로운 절차를 밟아 방문 동거(F-1) 서류 비자를 받아야 한다는 사실만 알고도 한숨이 나왔다. 방문 동거 비자는 취업을 합법적으로 할 수 없는 비자였다. 게다가

16 "우연이라고 말하고 툭툭 털어버리기엔 꿈속의 설산들과 눈빛 깊은 청년의 이미지가 너무나도 잘 들어맞았다. 어쩌면 카밀이라는 청년은 우연히 춘지봉을 넘어온 것이 아니라 내 꿈속의 설산들을 쫓아서 뒤뜰의 산벚나무 그늘까지 자맥질해 들어온 것일지도 몰랐다"(박범신, 2005: 20).

17 "그가 있는 대로 앞니를 다 드러내고 웃었을 때, 내 눈앞에 찰나적으로 아버지의 환한 얼굴이 꿈결처럼 흘러갔다"(박범신, 2005: 25).

18 "그 순간의 나는, 설령 그에게 젖을 물린다고 하더라도 그것이 처음은 아닐 거라고 확신했다. 아주 오래전, 억겁을 흘러가는 시간이 어느 골에서, 늙은 암소와 같은 내가 어린 그에게 한가로이 젖을 물리고 있는 정경이 밑도 끝도 없이 떠올랐다가 꺼졌다. 먹고, 자고, 배설하고, 잠자는 것만으로 만족하는, 나는 늙은 암소가 되고 싶었다"(박범신, 2005: 68).

그때로부터 2년 이상 혼인 상태로 함께 거주해야 할 뿐만 아니라, 3,000만 원 이상의 재산을 보유해야 겨우 귀화 신청을 할 수 있었다(박범신, 2005 : 179).

결혼만이 둘의 사랑을 지켜 주고, 행복한 삶을 만들어 줄 것이라고 믿었던 선우는 국제 결혼에 대해 철저하게 배타적인 법 앞에서 제3세계 사람의 아내로 살아가는 어려움을 깨닫게 된다. 이러한 법적 위협 속에서 내국인과 외국인을 차별하는 법의 실체를 실감한 선우는 카밀 등이 벌이는 외국인 노동자 운동을 적극 지원하게 된다. 그러나 선우의 결혼에 대한 강한 욕망, 특히 카밀과 한국에서 살고 싶다는 욕망은 그 순결한 사랑의 의지와는 달리 '조건이 달린 환대'에 가깝다. 외국인으로서 카밀을 그 자체의 이방인으로 인식하는 것이 아니라, '가족'으로서 한 국가의 '시민'으로서 재규정함으로써 타자화시켜 버리기 때문이다.

마찬가지로 법률적인 측면에서도 외국인 노동자에 대한 법 제정은 법안에서 그들의 존재성을 인정하는 것이 아니라 '추방'하기 위한 경계를 구축하는 일이다.

'외국인 근로자의 고용 등에 관한 법률'이 되는 외국인 근로자 고용법 부칙은, 기왕의 불법 체류 외국인 근로자 신분에 대한 구체적 기준을 명시하고 있었다. 2003년 3월 말 기준으로, 3년 미만 불법 체류자는 최장 2년 한도로 합법화한다는 것이 그 첫째였고, 3년 이상 3년 미만인 사람에겐 사증발급인정서를 발급하여 재입국을 보장해 출국시켰다가 3개월 이내에 입국하면 재취업을 보장한다는 것이 그 둘째이고, 4년 이상 된 불법 체류 노동자는 일단 그 해, 2003년 8월 말까지 전원 자기 나라로 내보낸다는 것이 셋째였다. 정부 합동단속반의 대대적인 싹쓸이 단속이 시작되는 건 명약관화했다(박범신,

2005: 239-240).

겉으로 보기에 '외국인 근로자의 고용 등에 관한 법률'은 외국인 노동자의 이익을 보장하는 것처럼 보이지만, 이 권리는 복잡한 법적 조건 속에 특히 시간의 벽 속에 가둔 유예된 권리일 뿐인 것이다. "시민권과 같은 안정적인 법적 지위를 주지 않음으로써 이들로 하여금 고향으로 돌아가게 하려는 것이라 하는데, 문제는 이들이 불안정한 법적 지위에도 불구하고 고향으로 돌아가지 않으려는 혹은 돌아갈 수 없는 경우가 대부분"(최현덕, 2008: 26)이다. 그래서 이들은 "장기적으로 권리가 박탈되고 소외되고 인종적으로 규정된 하위 계급"(킴리카, 2005: 496)이 된다. 카말의 죽음은 이러한 이중의 환대가 갖고 있는 위선을 거부하는 것이며, 그가 꿈꾸었던 신들의 세계와 내세의 행복을 꿈꾸는 행위였던 것이다. '법이 없는 세계'[19]에서 정한 법, 이러한 조건적 환대에 길들여진다면, 결국 그가 가지고 있는 타자성은 '추방'될 수밖에 없다는 사실을 깨달은 것이다. 두 가지의 환대는 법 안에서 존재하려 하기 때문에 실패하고만다.

그렇다면 이들에 대한 '환대'는 가능한가? 2000년대 소설의 외국인 이주자 형상화에서 나타나는 '환대의 역설'은 담론화된 시각의 한계를 드러내는 것이라 하지 않을 수 없다. 자크 데리다Jaques Derrida에 따르면 "순수하고 무조건적인 환대는, 환대 그 자체는, 기대되지도 초대받지도 않은 모든 자에게, 절대적으로 낯선 방문자로서 도착한 모든 자에게, 신원을 확인할 수 없고 예견할 수 없는 도착자에게, 사전에 미리 개방되어 있"(보라도리, 2004: 234)어야 한다고 말한다. 그러나 "이러한 무조건적

19 한국에는 법, 없어요. 한국 사람 지켜 주는 법만 있어요. 미국 사람, 불란서 사람, 영국 사람, 지켜 주는 법 있어요. 그러나 네팔 사람, 스리랑카 사람, 필리핀 사람, 방글라데시 사람 지켜 주는 법 없어요. 관리 회사도 마찬가지고 중기협도 마찬가지고 노동부도 마찬가지예요(박범신, 2005: 84).

인 환대는 법제화할 수 없다"(김애령, 2009: 55). 그럼에도 불구하고 타자에 대한 환대를 고민해야 하는 것은 우리의 '현재 삶'이 갖고 있는 진정성 때문이다.

## 5. 타자로서 외국인 이주자와 타자 담론의 위험성

외국인 이주자를 다룬 2000년대 소설들은 디아스포라 문학, 트랜스 문화 텍스트, 트랜스내셔널리즘 문학으로서 일정한 한계를 갖고 있는 것이 사실이다. 그러나 이러한 다문화적 환경에 대한 재현, 디아스포라 경험을 갖고 있는 외국인 이주자와 그들을 경험하며 자신의 정체성을 탐색하는 내국인의 문제를 다룸으로써 다문화 사회의 문화혼종적 정체성에 대한 문제적 시각을 공유하기엔 충분하다고 생각한다. 그리고 앞으로 더욱 심화될 다문화적 사회 환경을 생각했을 때, 지금 우리는 이러한 타자 담론의 한계와 위험을 진지하게 고민해 보아야 할 때인 것도 사실이다.

물론 '우리' 안의 타자에 대한 환대 의식과 문화혼종성의 문제는 이러한 문학적 관심뿐만이 아니라 사회적 · 문화적 · 제도적 관심이 절실히 필요하다 하지 않을 수 없다. 1990년대 이후 외국인에 대한 형상화는 다양한 문화예술 장르에서 이루어졌다. TV드라마에서도, 연예 · 시사 프로그램에서도, 영화에서도 다양한 인종의, 다양한 문화적 조건을 내포한 외국인들이 형상화되고 있다. 각각의 매체마다 외국인을 '주체화'하는 방식이 각 매체의 소통적 기능과 매체적 특성에 많이 좌우되는 것을 확인할 수 있다. 각각의 매체가 갖고 있는 재현의 특성을 통해 좀 더 다양한 각도에서 이루어지고 있는 외국인 이주자에 대한 사회적 시각을 분석해낼 필요가 있다. 이러한 문제적 시각을 통해 소수자의 삶에 대한 연대를 꿈꾸는 문학적 · 문화적 상상력만이 시장 경제의 글로벌리즘과 우리 안의 전통적 순혈주의의 한계를 드러내며 진정한 다문화적 정체성을 긍정하게 될 것이다.

## 참고 문헌


### 1. 기본 도서

공선옥, 『유랑가족』, 실천문학, 2005.

김려령, 『완득이』, 창비, 2008.

김애란, 「그곳에 밤 여기의 노래」, 『2010 이상문학상』, 문학과사상사, 2010.

김재영, 『코끼리』, 실천문학사, 2005.

박범신, 『나마스테』, 한겨레신문사, 2005.

손홍규, 『봉섭이 가라사대』, 창비, 2008.

이대환, 『큰돈과 콘돔』, 실천문학사, 2008.

천운영, 『잘 가라 서커스』, 문학동네, 2005.

### 2. 연구 도서

구견서, 「다문화주의의 이론적 체계」, 『현상과 인식』 90호, 2003.

김성곤, 「문화연구와 미국의 소수인종 문학연구」, 『하이브리드 시대의 문학』, 서울대학교출판문화원, 2009.

_____, 「트랜스내셔널리즘 문학」, 『하이브리드 시대의 문학』, 서울대학교출판문

화원, 2009.
김애령, 「이방인의 언어와 환대의 윤리」, 『젠더와 탈/경계의 지형』, 이화인문과학원 편, 이화여자대학교출판부, 2009.
무어-길버트, 바트, 『탈식민주의! 저항에서 유희로』, 이경원 옮김, 한길사, 2001.
박경태, 『소수자와 한국사회』, 후마니스트, 2008.
박흥순, 「다문화와 새로운 정체성」, 오경석 외, 『한국에서의 다문화주의 : 현실과 쟁점』, 한울아카데미, 2007.
보라도리, 지오반타, 『테러시대의 철학 : 하버마스, 데리다와의 대화』, 손철성 외 옮김, 문학과지성사, 2004.
아감벤, 조르지오, 『호모 사케르』, 박진우 옮김, 새물결, 2008.
우한용, 「21세기 한국 사회의 다양성과 소설적 전망」, 『현대소설연구』 40, 2008.
정은경, 『디아스포라 문학 : 추방된 자, 어떻게 운명의 주인공이 되는가』, 이룸, 2007.
최현덕, 「다문화 사회에서의 사회통합을 위하여」, 『밝은사회연구』 제29집, 2008.
킴리카, 윌, 『현대 정치철학의 이해』, 장동진 외 옮김, 동명사, 2005.
Georgiou, Myria, *Diaspora, Identity, and the Media*, Hampton Press, 2006.
Parrenas, Rhacel S. & Lok C. D. Siu, *Asian Diasporas—New Formations, New Conceptions*, Stanford University Press, 2007.

# 스킨 서핑:

## 성적 타자로서 결혼 이주여성 이미지*

이수안

## 1. 스킨 서핑: 이주 여성 이미지 분석을 위한 개념적 함의

사회과학과 인문과학의 방법론적 통합을 추구하면서 이 글을 관통하는 핵심 개념으로 스킨skin[1]이라는 상징을 사용하고자 한다. 클라디아 벤티언Claudia Benthien의 표현에 의하면 '스킨은 자아와 세계 사이의 상징적 표면이자 문화적 경계'(Benthien, 2002: 1)다. 근대 의학이 피부를 꿰뚫고 몸의 내부를 드러내 왔다는 사실에도 불구하고 몸의 표피는 점진적으로 단단한 경계가 되어 왔다는 점에 주목하는 벤티언은 20세기에 들어 스

* 이 글은 *Asian Journal of Women's Studies*, Vol. 16, No. 3(2010)에 수록된 "Surfing the Skin: Images of the Brides as the Sexualized Other in Cross-Border Marriages"를 우리말로 번역한 것이다.

1 여기서는 skin을 직접적으로 사람의 해부학적 표피를 일컬을 때를 빼고는 외래어로 통용되는 스킨을 그대로 쓰는 방식으로 혼용함을 밝힌다. 그 이유는 건축이나 디지털 미디어 분야에서 통상적으로 스킨이라고 쓰면서 해부학적 의미를 넘어 다양한 정체성을 부여하고 있기 때문이다.

킨은 "자아가 결정되는" 장소로서(Serres, 1985: 17) 분리의 중심 메타포가 되었다고 선언한다. 이 경계에서만이 주체들이 서로 대면할 수 있다는 것이다. 그러므로 경계와 접촉 표면으로서 스킨은, 정체성이 형성되고 지정되는 장소로 규정될 수 있다.

벤티언의 정의를 적극 차용하면서, 스킨을 이 글에서 적어도 다음과 같은 세 가지 의미를 지닌 다중적 개념으로 규정할 수 있다. 첫째로 젠더 형성의 첫 번째 조건이자 섹슈얼리티의 터전인 몸의 물질성이 각인된 외양을 구성하는 생물학적 피부, 둘째는 이주민의 타자성을 외연적으로 드러내는 인종적 얼굴로서의 스킨, 그리고 마지막으로 신부 후보자들의 얼굴을 등록함으로써 구성되는 디지털 영상의 인터페이스로서 스킨이다.

이 개념 규정을 좀 더 자세히 살펴보면 다음과 같다.

첫째, 젠더의 관점에서 스킨은, 오랫동안 페미니즘의 존재론적 인식의 토대를 구성해 오고 있는 정체성과 섹슈얼리티를 담보하는 몸의 대표적인 첫 번째 요소로 특히 섹슈얼리티를 구성하는 내면적 기관들을 감싸는 표피다. 성별을 감싸고 있으면서 이를 드러내 주는 피부의 차이는 단지 '좀 더 매끄럽다'와 '울퉁불퉁한 근육과 핏줄을 드러낸다'는 표면적 피부의 차이로 표현될 수 있다. 그러나 젠더화된 피부는 이러한 단순한 도식을 넘어 성별 정체성의 육체적corporeal 표지로서 외피나 외양, 더 나아가 태도, 그리고 역할의 수행성으로 확장된다. 이 글에서 이 부분은 한국 남성과 이주해 온 외국인 여성의 성별 정체성과 그에 따른 원주민 남성과 외국인 여성의 피부와 외양이 토대가 된 섹슈얼리티로 구체화된다.

둘째, 지구화 논의에서 가장 논쟁적인 부분은 문화혼종성이다. 이주는 바로 문화혼종성 논의를 불러오는 일종의 출발점이자 계기다. 다문화주의 논쟁의 핵심에는 다양한 문화의 공존이라는 전제가 있고 이때 다양한 문화를 구성하는 중심 요소는 서로 다른 인종이다. 인종을 구별하는 일차적

이면서도 근본적인 기준은 바로 서로 다른 피부색과 이 피부에 둘러싸인 골격이다. 이주를 통해 여러 인종의 혼합이 이루어지면서 피부색과 얼굴 모양에서 일률적으로 말할 수 없는 *n*개의 조합이 이루어지지만 아직도 피부색은 일반적으로 인종적 분류의 대명사인 흰색, 황색, 그리고 검은색, 세 개의 색상으로 묘사된다.

마지막으로, 위의 두 가지 의미의 스킨이 재현되는 매체적 관점에서 본다면 국제결혼 중개회사 홈페이지의 표면surface, 즉 말 그대로 홈페이지의 배경 화면인 스킨[2]은 수없이 많은 외국인 신부 후보 여성들의 얼굴로 장식된다. 즉 국제결혼 중개회사 홈페이지의 스킨은 곧 결혼 이주 후보 여성들의 다양한 인종적 특징을 보여 주는 얼굴로 그 자체가 인간 피부의 표면이면서 동시에 홈페이지의 스킨 역할을 한다.

이 글의 핵심적인 논의는 바로 이 세 가지 함의를 가지고 있는 스킨을 미끄러져 가면서 전개된다. 즉 젠더와 지구화, 그리고 결혼 후보자들을 매개하는 디지털 미디어의 스킨이 결혼 성립 과정에서 어떻게 이주 여성의, 타자화되고 대상화된 이미지를 만들어내고 있는지 분석해 보는 과정을 통해 '스킨'을 매개로 자아와 세계를, 그리고 이미지와 담론 분석이 실천의 표면을 뚫고 관통하여 새로운 방식의 '스킨십' 방법론을 구축해 보고자 하는 희망을 가지고 논의를 전개한다.

이 글에서는 결혼 이주 여성의 전반적인 상황을 다루기보다는 결혼 성립까지의 과정에서 잠재적인 결혼 이주 여성, 즉 신부 후보들이 대상화된

2 인터넷에서, 스킨이란 프로그램의 사용자 인터페이스나 게임 캐릭터의 모습을 바꾸기 위해 사용되는 그래픽 또는 오디오 파일이다(http://k.daum.net/qna/view.html?qid=00Klf). 스킨skin은 컴퓨팅에서 저마다 다른 사용자의 취향에 맞추기 위해 어떠한 소프트웨어와 웹사이트에 적용할 수 있는 사용자 그래픽 배색GUI으로서의 테마와 연결된다. '스킨'은 또한 비디오 게임의 플레이어 캐릭터 위의 텍스트를 적용한다는 뜻의 속어로도 쓰인다. 스킨을 적용할 수 있는 소프트웨어를 스킨을 입힐 수 있다고 일컬으며, 이러한 스킨을 기록하거나 적용하는 과정을 스키닝skinning이라고 한다. 스킨을 적용하면 소프트웨어의 겉모습의 일부를 바꿀 수 있다(www.ko.wikipidia.org).

성적 이미지로 재현되는 방식과 결혼이 성립되어 한국으로 입국하기까지의 과정에서 이루어지는 타자화에 집중할 것이다. 분석 자료는 인터넷에서 접속 가능한 두 개의 결혼 중개회사 홈페이지를 집중적으로 살펴보았고, 다른 홈페이지들을 참고로 했다. 먼저 결혼 이주 여성의 타자화를 이론적으로 살펴보고 분석틀로 삼기 위해 탈식민주의 문화 이론에서 타자적 존재로서의 이주 여성과 문화혼종성을 사스키아 사센Saskia Sassen, 호미 바바Homi K. Bhabha, 프란츠 파농Frantz Fanon, 트린 민하Trin T. Minh-ha의 이론을 중심으로 살펴보았다. 타자의 철학적 담론을 페미니즘 이론으로 발전시킨 로지 브라이도티Rosi Braidotti와 뤼스 이리가라이Luce Irigaray의 이론을 엠마뉴엘 레비나스Emmanuel Levinas의 타자론과 대비시키면서 분석에 적용 가능한 방식으로 논의했다. 실제 분석에서는 한국의 결혼 중개회사가 인터넷을 이용해 중개하는 방식과 매우 유사한 '우편 주문 신부mail-order-bride'[3]에 대한 니콜 콘스터블Nicole Constable의 분석을 비교하기로 한다.

## 2. 지구화 파동 위의 스킨: 원주민과 이주민, 그 사이

다문화 사회를, 여러 문화가 뒤섞여 있고 공존하는 방식을 지향하는 사회라고 한다면 문화 간의 위계는 당연히 전제되지 말아야 할 것이다. 그런데 탈식민주의 관점에서 볼 때 문화의 공존이 표면화되어 있는 사회에서도 여전히 완전히 평등한 둘 또는 그 이상의 문화의 공존은 불가능해

3 '우편 주문 신부mail-order-bride'란 카탈로그에 수록된 신부 후보감들을 보고 처음에는 펜팔로 서로 소통하다가 결혼까지 이르게 되는 방식의, 일종의 결혼중개업을 통해 결혼하는 신부를 일컫는다. 콘스터블은 주로 필리핀 여성과 미국 남성 간의 결혼을 중심으로 분석했다.

보인다. 지구화 시대의 문화적 파동은 결국 글로벌 문화 환경 속에서 이루어지는 사회 관계를 통해 만들어지고 전달되는, 지구화의 핵심적인 효과(Beck, 1997: 31)라고 규정할 수 있으며, 이 파동은 결국 이주민에 의해 발생하는 다양한 문화 접변을 통해 더욱 구체화된다. 이 과정에서 이주민 사회의 문화혼종성이 주요 논제로 부상했고, 지난 10여 년 간의 탈식민주의 문화 이론과 문화 번역의 담론 형성은 이를 중심으로 이루어져 왔다.

사센은 글로벌 도시로 이주하는 외국인들이 계층적으로 상반된 두 가지 회로를 통해 이동한다는 점을 이론화해서 제시하고 있다(Sassen, 2005: 1). 글로벌 시티는 글로벌 경제를 원활하게 하는 데 필요한 조정과 중재의 역할을 하러 이동하는 고소득 전문직 종사자들이 중심이 된다. 이들을 흔히 '데니즌denizen'이라 부르는데 이는 '특권화된 외국인들'이다(Cohen, 1998: 168; 김현미, 2005: 23에서 재인용). 사센이 개념화한 다른 한 흐름은 생존 회로survival circuits로 이동하는 사람들로 경제적 · 사회적 생존을 위해 다른 나라로 이주하는 외국인과 여성들이며, 이들은 빈곤에서 벗어나기 위해 새로운 기회를 찾아 본국을 떠나 진출국에서 '주변적 존재'로 살아간다. 부유한 유럽 사회의 주변적 존재로 살아가는 이런 종류의 이주자들을 마르코 마르티니엘로Marco Martiniello는 '마지즌margizen' 즉 주변인으로 부른다(Martiniello, 1994; 김현미, 2005: 24에서 재인용). 사센의 글로벌 시티와 생존 회로 논의와 유사하게 도린 메세이Doreen Massey는 국제 성별 분업에 의해 이주 여성이 도시의 공간을 점유하는 방식에 대해 논의함으로써 주변인으로서 비가시적 이주 여성의 문제를 문화지리학적 논의로 이끌고 있다. 이러한 논의에 의하면 이주 여성의 이동 경로와 이주해 간 지역에서의 공간적 위치가 보여 주는 주변인으로서의 상징적 의미가 드러나면서 결국 전 지구적 차원에서 보면 변방periphery에서 변방으로 이동함을 알 수 있다. 출신국에서도 대도시보다는 변방 지역에서 출발해 한국에도 대부분 한국 여성들이 꺼려하는 결혼 상대들이 거주하는 농촌으로, 또는 도시의 변두리로 이동함으로써 지구의 표면에 새로운 인종의 분포도를 형성하면서 지도를 그리며 이로써 지구의 표면을 인종에 따른 피부색의 다양한 분포로 구성하고 있다.

디아스포라가 내포하고 있는 문화혼종성은 그 형태에서는 떠나온 고향과 거주하는 타향 사이에 존재하는 문화적 차이를 사이에 두고 일어나는, 문화의 접속과 교섭, 적응과 갈등, 수용과 배제의 역학이다. 결과적으로 혼종성은, 이주민의 정체성이 형성되거나 변형하면서 다양한 주체를 만들어 가는 과정에서 그 동력이자 기반을 제공하는 역할을 하게 된다. 이로써 디아스포라는 탈영토화된 상태에서 단일한 민족 국가의 본질적 토양이 아니라 이질성과 다양성의 자기화 과정을 경험하면서 형성된다.

바바는, 식민 담론이 피식민 주체에게 갖는 힘의 방향은 일방적인 것이 아니라 양가적인 것으로 이해되어야 한다고 보고 있다. 이로써 바바는 서구 제국주의의 식민 지배가 야기한 서로 다른 인종 간의 만남과 충돌이 구성해 온 두 문화의 혼성 상태hybridity를 인식할 필요성을 제기하면서 이제 단일 정체성 형성이 더 이상 불가능한 상태라는 점을 부각시키고 있다. 이에 따르면 인종 차별적 세계의 양가적인 정체성 형성은 소외된 이미지로서 인간에 대한 개념, 즉 자아와 타자가 아니라 식민지적 정체성의 왜곡된 양피지 사본palimpsest에 각인된 자아의 타자성the otherness of the Self임을 보여 준다. 식민지적 관계의 심층심리적 불확실성을 바바는 파농의 다음과 같은 표현, 즉 "흔히 흑인의 영혼이라고 불리는 것은 백인의 가공품"(Fanon, 1967: 16)을 들어 설명하고 있다. 즉 분열된 표상들은 정체성이라는 고안품을 실행하는 육체와 정신의 분리division, 개인적 · 사회적 권위의 부서지기 쉬운 피부—흑과 백—를 가로지르는 분리를 공연한다고 설명한다(Bhabha, 1994: 44). 여기서 '정체성 형성 과정'에 대한 이해를 강조하면서 다음과 같이 세 가지 조건을 들고 있다.

> 첫째, 존재한다는 것은 타자, 즉 타자의 시선이나 위치와의 관계 속에서 성립되는 것으로 이는 원주민과 식민정착자settler 간의 시선의 교환으로 가시화된다고 본다. …… 둘째, 요구demand와 욕망desire의 긴장 속에 사로잡힌 정체성 형성의 위치 자체는 분열의 공간이다. 즉 '검은 피부 하얀 가면'은 식민자의 자아나 피식민자의 타자가 아니며 식민지적 타자성의 형상(흑인의 신체에 각인된 백인의 가공물artefact)을 구성하는 그 둘(식민자의 자아와 피식민자의 타자) 사이에 낀 방해적인 거리다. 마지막으로, 정체성의 문제는 결코 미리 주어진 정체성의 승인이나 '자기' 충족적인 예언이 아니다. 오히려 그것은 항상 정체성의 이미지와 그 이미지를 가장하는 주체의 변형의 생산물이다. …… 정체성의 형성 과정은 항상 그것이 경유하는 타자의 위치에 분열의 표지를 지니는 정체성 이미지의 귀환이다(Bhabha, 1994: 44-45).

파농은 『검은 피부, 하얀 가면*Black Skin, White Mask*』을 통해 자신과 타자의 관계가 인정과 승인의 문제로 얽혀 있음을 헤겔[4]의 『정신현상학』을 인용하면서 다음과 같이 역설하고 있다.

> 인간은 그가 그 자신의 존재를 타인을 통해 승인받고자 노출한다는 점에서 인간이다. 그 자신이 타인에 의해 효과적으로 승인받지 못하는 한, 그 자

4 파농이 근거로 삼는 헤겔의 자의식의 성립에 대한 설명은 다음과 같이 요약된다. "자의식은 즉자적으로도 대자적으로도 존재하며 그것은 자의식이 또 다른 자의식을 위해서도 존재할 수 있음을 의미한다. 다시 말해 자의식이란 인정과 승인을 통해서만 존재할 수 있는 것이다"(헤겔, 『정신현상학』, Fanon, 1967: 216에서 재인용).

> 신의 행동을 주관하는 주체는 타인이 된다. 인간이 그 자신의 인간적 가치와 실체를 의탁하는 대상은 바로 타자라는 존재이고 타자의 승인이기 때문이다. 그런 타자를 통해 인간 그 자신의 삶도 하나의 의미로 응축된다.

즉, 자아와 타자의 성립은 상호 의존적이며 이를 관통하는 행위인 승인이 없이는 주체와 타자의 관계도 성립할 수 없다는 논리다. 이는 결국 주체에 의해 구분되는 것이 아니라 대자적으로 인정하는 행위 여부에 따라 그 존재의 의미가 구성된다는 점을 일깨워 준다. 이러한 관점에서 보면 이주 여성의 정체성은 원주민 대 새롭게 유입된 정착민의 관계에서 주체와 타자의 관계로 치환되면서 변형과 차이를 전제로 한 교섭을 통해 형성된다. 민하는 근대적 개념인 주관성에 대한 인식론에서 제기된 내부자/외부자의 이분법을 거부함으로써 제3세계 여성으로서 타자의 정치학을 제의한다. 남성의 타자로서 여성, 서구의 타자로서 원주민에 대한 논의는 정체성의 식민화를 드러내지만 이 또한 내부자/외부자 이분법에 따른 것이기 때문에 이 경계를 해체하는 것이 중요하다.

민하는 비서구인들을 '원주민'이라고 언술화하는 것은 그들이 열등하게 태어난 것과 '비유럽인'이라는 점에 초점이 맞추어진 것이라고 전제하면서 한편으로는 역설적이게도 입장에 따라, 장소에 따라 '우리'도 '원주민'이고 '그들'도 '원주민'으로서 이 경우 두 개의 '원주민natives'은 동음이의어로서, 때로는 서로 동화되고, 다른 때는 서로에게서 아무것도 듣지 않는 관계에 놓임을 역설한다. 정체성에 대한 근원적인 고민을 하면서 민하는 "인종적인 나는 어디에? 타자는 어디에?"라는 질문을 던지고 있다(Minh-ha, 1989: 52).

타자성otherness을 위협하는 것은 그러므로 결정적 이미지 레퍼토리에 속하는 형상으로 전환되어야 한다는 점을 들어 이름짓기, 또는 정체성 획

등이 타자성을 극복하는 하나의 방법이 된다는 점을 상기시킨다(Minh-ha, 1989: 54). 민하에 따르면 타자를 재현하는 문제에서, 다시 말하자면 타자가 자신 고유의 이미지를 만드는 방식에서 객관성과 주관성 간의 결합, 아웃사이더의 투입input과 인사이더의 방출output 간의 결합(Minh-ha, 1991: 68)이 필연적으로 요구된다는 것이다. 이로써 타자의 심정을 추구하고 만질 수 없는 것을 재정의하는 '인간적'인 일이 이루어지면서 행간 사이에 있는 동일자the same와 타자the other 간의 'Be like us'로 표현되는 집단적 동일화가 가능할 것으로 본다. 서구와 원주민, 남성과 여성, 인사이더와 아웃사이더, 동일자와 타자 이분법의 해체는 결혼이주라는 과정을 거치면서 성적으로, 문화적으로 타자화되는 여성들을 더 이상 타자화하지 않는 방법을 모색하는 데 중요한 시사점을 준다. 이를 위해서는 일차적으로 타자로 재현되고 있는 사실을 분명히 인식해야만 다음 단계로 이분법의 해체를 꾀할 수 있을 것이다.

## 3. 페미니즘적 유목주의의 맥락에서 본 타자성의 중층적 의미

페미니즘이 여성 정체성이라는 개념에 기초해 모든 면에서 해체와 탈본질화를 요구하는 개념에 기대고 있다는 입장에서 출발하는 브라이도티는 여성 정체성과 주체성의 핵심 쟁점을 '차이'에서 찾으면서 주체가 성, 인종, 계급, 나이, 삶의 스타일 등등과 같은 다양한 변수들을 따라 상이한 시간대에서 다양하고 가능한 입장들을 차지한다는 것을 보여 준다. 브라이도티는 변화와, 자아에 관해 변화 중인 구성물들을 생각하도록 도와 줄 수 있는 사유의 새로운 이미지들을 어떻게 만들어낼 것인가를 고민하면서, “공식화된 진리들의 정체성이나 쉽사리 써먹을 수 있는 대항 정체성들이 아니라 자아와 타자의 변형들이라는 살아 있는 과정”이 중요하다고 보고 있다. 샌드라 하딩Sandra Harding은 이를 “자신을 타자로 다시 만들어내는” 과정이라고 정의한다(Braidotti, 1994: 157).

한편 브라이도티가 주목하는 두 페미니스트 이론가인 제시카 벤저민Jessica Benjamin과 제인 플랙스Jane Flax는 자아와 타자 간의 상호 주체적 연결에 주목한다. 벤저민의 경우 “자아와 타자가 뒤엉킨 채 관련되어 있으며 내가 가장 심오한 자아감을 경험하는 것은 바로 타자와 함께 하는 속에서”라고 주장한다. 이는 플랙스의 “주체성 구성을 허용하는 것은 바로 상호적이며 호혜적인 상호 주체적인 연결 능력”이라는 주장과 연결된다. 페미니스트 정신분석학적 관점에서 벤저민은 플랙스의 논의를 더 멀리 끌고가면서, “여성 욕망이, 잘못된 이분법적 구분에 의해 분열될 수도 없고, 그래서도 안 되며, 여성 욕망은 타자 속으로 자아가 끊임없이 흘러 들어가는 속에서, 안과 밖을 연결하는 안-사이 공간으로 개념화되어야 한다”고 주장함으로써 ‘이행 공간’, 즉 신체의 공감적 표면들 사이의 거리와 근접성 둘 다를 표시하는 접면에 자아와 타자가 존재하는 것으로 이해되어야 한다는 것이다(Braidotti, 1994: 201). 그러므로 ‘이행 공간’이란 “경계를 형성하면서도 끝없는 가능성을 향해 열려 있는 그 무엇”(Benjamin, 1988: 94)이며 그것은 타자 수용 공간일 뿐만 아니라 타자성이 그렇게 인식되는 조건인 수용성의 공간이기도 하다. 주체의 존재론적 구조에 있는 그 무엇은 그러므로 타자의 현존과 밀접히 관련되는 것이다.

브라이도티는 유목적 주체가 정체성의 층위, 주체성의 층위, 그리고 여성들 사이의 차이들의 층위 모두에서 행동의 필요성을 강조하는 형상화임을 천명하고 있다. 브라이도티의 관점에서 정체성이란 자아의 복수적이고 균열된 측면들의 유희다(Braidotti, 1994: 166). 정체성은 그것이

'타자'와의 결속을 요구한다는 점에서 관계적이며 그것이 기억들과 회상들을 통해 계보적 과정 속에 고착된다는 점에서 자아는 회고적이라는 것이다. 또한 정체성이란 연속적인 동일시, 즉 합리적인 통제를 빠져나기는 무의식적이고 내면화된 이미지들로 만들어지며 여기서 여성 정체성의 합리성과의 정면 배치가 감지되고 있다. 이로써 새로운 종류의 욕망하는 주체들을 분자적이고 유목적이고 복수적인 것으로 구성하지 않고서는 사회적 변화가 있을 수 없다고 보는 브라이도티는 실험, 탐색, 이행의 공간들을 열어 놓음으로써 '유목민 되기becoming-nomads'(Braidotti, 1994: 171)를 제안하는 것이다.

지금까지 살펴본 이론적 프레임을 토대로 하여 이를 적용할 수 있는 일종의 사례로서 다음과 같은 분석을 시도한다. 결혼 이주 여성이 신붓감으로 제시되는 결혼 과정에서 재현되는 이미지와 이들의 타자성에 주목함으로써 이들이 문화혼종적 상황에서 과연 타자성을 극복할 수 있는 가능성이 있는지 타진해 보는 근거로 삼고자 한다.

## 4. 한국 여성의 보충 인력으로서 존재 양식

이주 여성의 존재 양식은 외형적 유형화를 통해 규정될 수 있고, 이는 다시 체류와 관련한 법적 자격이나 지위, 실질적인 이주 과정에서 문화 적응 등 내용적으로 다양한 변수를 매개로 하여 유형화된다. 한국에서 이주 여성의 외형적 존재 양식은 크게 세 가지로 유형화할 수 있다. 우선 공장에서부터 식당 등 서비스업, 그리고 가사도우미 등 돌봄 노동에 종사하는 노동자로서 입국 당시에는 산업연수생으로 들어와 기간이 지나고 불법 체류자가 되는 경우에 각종 서비스업에 봉사하게 된다. 두 번째, 엔터 테이너 비자로 댄서 등의 활동을 위해 입국하는 여성들이다. 이들은 대부분 클럽 등 성산업으로 유입되어 활동한다. 세 번째, 결혼 이주 여성이다. 이들은 다시 세분화되는데, 처음부터 결혼을 전제로 이주해 오는 여성과 한국에 노동자나 기타 다른 신분으로 이주해 왔다가 한국 남성과 결혼함으로써 이주, 안착하게 되는 경우다.

이들의 이주 양상은 매우 다양하지만 이들의 존재 양식의 특징은 일종의 '보충재' 특히 내국인 여성 대 외국인 여성 관계에서는 국제 성별 분업상 보충재로서 역할을 담당해 토착민의 결여를 채워 주는 방식으로 존재한다. 즉 공장 노동 등 육체적으로 힘든 일(3D산업)에 종사하는 노동력으로서, 또는 가사 도우미, 식당일 등 서비스 산업에 무한정 보충 가능한 노동력으로 존재한다. 넘쳐나는 잉여로서 지그문트 바우만Zygmunt Bauman의 표현에 따르면 자본주의의 주변에서 "쓰레기가 되는 삶들"(Bauman, 2008: 33)의 전형이 되고 한편으로는 "세계화의 하인들"(파레냐스, 2009)이 되는데, 그 생존 조건이 서비스 산업에 필요한 노동력과 섹슈얼리티로 구성되는 보충재로서 역할이 주어지면서 이주의 동기가 된 적극적 주체로서 삶이 보장되지 못하는 실정이다.

이주 여성의 정체성은 이주의 형태와 목적에 따라 포함과 배제의 궤적을 달리한다. 즉 산업연수생으로 이주한 여성은 일정 기간 노동력을 제공하고 경제 활동을 한 후 출국함으로써 진정한 의미에서 이주로 간주되지 않을뿐더러 그만큼 지속적인 타자로서 한 사회의 구성원으로서 정체성을 갖는 과정에서 배제된다. 그러나 결혼 이주 여성의 경우에는 신붓감으로 선택되어 비록 현지에서나마 결혼식을 올리는 순간 한국 사회의 구성원으로서 정체성을 갖도록 포함되는 것이다. 그렇지만 이 경우에도 외연적으로만 포함되는 것이지 실제로 타자적 정체성을 완전히 벗어나기까지는 법적으로는 2년이라는 기간을, 그리고 진정한 사회 구성원으로서 소속감을 갖기까지의 기간은 그보다 훨씬 오랜 기간을 필요로 한다.

## 5. 스킨 서핑: 재현된 타자의 이미지

한국에서뿐 아니라 외국에서 오는 결혼 상대자를 만나는 것이 전 세계적으로 새로운 일이 아님에도 불구하고 인터넷은 글로벌 이미지네이션으로 가득 채워지고 세계의 다양한 지역으로부터 남성과 여성 사이의 소개와 커뮤니케이션의 범위와 효율성이 매우 증가하는 시간 · 공간의 압축을 창출해내고 있다. 이것이 미국에서는 '우편 주문 신부'를 만들어내고, 한국에서는 인터넷을 통해 결혼 중개를 시작해 현지에서 직접 대면으로 신붓감을 선택한다. 이 과정에서 다양한 형태의 이미지가 생산되고 여성들의 특성이 담론화되고 재현된다.

탈식민주의적 관점에서 볼 때 대상, 사람, 현상 간에 의미가 생산되고 교환되는 과정인 재현은 타자에 대한 상투적이며 고정된 이미지를 만들어내는데, 이것이 정형화stereotype 작업 또는 고정 관념 만들기다. 예를 들면 동양은 이국적이며, 동양 여성은 신비롭고 관능적이고, 동양 남성은 열등하다는 식으로 고정 관념을 생산한다(박종성, 2006: 31). 이러한 고정 관념적 이미지는 바로 오랫동안 형성되어 온 동양을 바라보는 서구의 시선, 여성을 바라보는 남성의 시선의 결과다. 이미지는 '본다seeing'는 행위와 결합된 사유 방식에 의해 형상화된다. '본다'는 행위 자체가 보는 자신 이외의 이미지나 시각 매체 및 그와 결부된 사회적 힘들에 의해 일정한 방식으로 유도되거나 구조화되고 있음은 존 버거John Berger의 이론에 의해 잘 설명된다. 인간이 보는 행위는 그가 속한 사회의 문화적 내용들에 의해 매개되며 이에 따라 특정한 시대와 특정한 사회는 사람들로

하여금 일상 생활 속에서 세계를 바라보는 일정한 '보는 방식ways of seeing'을 규정하게 된다(주은우, 2003: 19). 버거는 우리가 선택적으로 보고 해석하는 과정에서 주체와 객체, 즉 '보는 사람'과 '보여지는 사람' 간의 젠더 관계가 형성되고 응시의 권력이 생겨난다는 점을 지적함으로써 이미지 형성의 권력 관계에 대한 논의를 가능하게 한다.

버거의 이론을 응용해 응시의 권력 관계에 주목하는 로라 멀버Laura Mulver 등에 의해 페미니즘 문화 이론에서 이미지와 시각 문화의 새로운 해석의 장이 열렸음은 주지의 사실이다. 더욱이 민하 등 탈식민주의 페미니스트 문화이론가의 시각이 추가 적용되면서 어떻게 서구에서 또는 좀 더 권력이 있는 그 어느 지역적 특성을 가진 곳에서 타자로서 여성 이미지가 형성되어 왔는가가 주요 이론적 쟁점이 되고 있다.

이 글에서 주목하고자 하는 이미지는 결혼을 통해 한국으로 이주해 오는 여성들의 타자화되고 대상화된 '여성적' 이미지다. 이들이 문화적 경계를 넘는 과정에서 형상화되는 방식을 통해 이들을 타자화하는 시선의 구성과 이를 둘러싼 담론을 문화 텍스트로 규정하고 이를 분석해 타자로서 존재 방식을 드러내 보이고자 한다. 이 과정에서 탈식민주의 문화 이론과 버거와 멀버에 의해 제시되었던 응시의 권력이 어떻게 이들 결혼 이주 여성들을 타자화하고 대상화하는지에 주목하고 이를 결혼 중개회사의 홈페이지를 중심으로 분석한다.

국제 결혼을 희망해 결혼 중개회사의 인터넷 홈페이지에 접속해서 결혼까지 이르는 동안 신부 후보의 타자화 단계는 크게 세 가지로 분류된다. 첫째로 홈페이지의 스킨 이미지의 불특정 다수로 일괄 처리되는 과정에서 시각 체계적으로 이루어지는 대상화, 둘째는 현지에서의 맞선[5] 과정

5 결혼 중개회사의 표현에 의하면 '맞선'이지만 엄밀히 말하자면 이는 양쪽이 의사를 가지고 1 대 1

에서 한 명의 신랑 후보에게 수십 명의 신부 후보를 보여 주는 방식으로 남성적 응시를 매개로 한 일방적 인터뷰, 마지막으로 맞선 후 급속히 진행된 결혼의 징표로서의 첫날밤의 급조된 로맨스 분위기와 성적 관계의 일방성 등이 그것이다. 이 중에서 첫 번째 단계는 앞에서 분석한 바와 같고, 여기에서는 두 번째와 세 번째 단계에 대해 매스미디어에 소개된 내용들과 결혼 중개회사의 홈페이지에 올라와 있는 결혼 후기를 사례로 분석해 보고자 한다.

### 홈페이지 스킨 서핑: 남성적 응시를 통한 시각적 타자화

한국에서 국제 결혼이 본격화되기 시작한 것은 1988년 올림픽 개최 이후 우선적으로 중국 동포 여성과 한국 농촌 남성 간의 결혼이 급격히 많아지면서다. 한국에서도 결혼 중개는 미국의 '우편 주문 신부mail-order-bride'와 매우 유사한 방식으로 진행되어 오고 있다. 외국 여성들의 경우에는 가난한 자국을 떠나는 가장 안전하다고 생각되는 방법이 결혼을 통한 것이다. 글로벌 하이퍼가미global hypergamy[6](Constable, 2003: 11) 현상은 말 그대로 자본주의 사회의 보편화된 전 지구적 현상임이 역사적으로 등장했던 여러 형태의 국제적 중매 결혼에서 특히 잘 드러나고 있다. 여기서는 이렇게 성적으로 대상화와 타자화된 존재 양식을 결혼 중개회사의 이미지와 이의 재현을 통해 가시화해 보는 데 초점을 둔다.

J국제결혼 중개회사의 홈페이지를 클릭하면 우선 첫 번째 화면에 수많

로 만나서 서로의 의중을 묻고 결혼 의사를 정하게 되는 맞선이 아니어서 철저하게 불공정한 일방적 인터뷰다.

6 하이퍼가미(상승 결혼)는 (구어체로 말해 상층으로 결혼해 가는 것)는 자기와 같거나 더 높은 사회경제적 지위, 또는 계급적 지위의 배우자를 찾는 행위나 현상을 말한다(위키백과). (http://www.wikipedia.org)

은 신부 후보의 얼굴을 맞닥뜨리게 된다. 홈페이지 초기 화면에 떠오르는 신부 후보들의 얼굴은 나라별로 분류되고 얼굴 사진 밑에 성 없이 이름만 소개되어 있다. 마우스를 내리면 계속해서 160명씩 구성된 화면 5개가 올라간다. 총 800명의 여성들 사진이 한 화면에서 물결처럼 흘러간다. 여기서 회원 로그인을 하면 러시아를 비롯한 7개국의 여성들이 국가별로 소개된다. 이 화면에 소개되는 사진은 좀 더 현실감 있는 사진들이다. 홈페이지에 있는 정보에 의하면 현재 등록되어 있는 여성 회원들은, 중국 여성 180명, 백인 여성(러시아/우즈벡 등) 140명, 고려인 여성 150명, 필리핀 여성 100명, 베트남 여성 110명 등 총 680명으로 되어 있다. H사의 홈페이지 초기 화면에 떠 있는 여성 이미지는 총 35개다. 홈페이지의 정보에 의하면 등록되어 있는 여성 회원의 수는 7개국 총 1,259명으로 되어 있다. 신부 후보들의 넘쳐나는 얼굴 이미지들은 이들이 무궁무진한 보충재로서 언제나 대체 가능한 잉여적 존재로서의 여성을 명시적으로 보여 줌과 동시에 이들 개개인의 자아는 호명되지 않고 다만 무수히 많은 대상 중 하나로 제시되고 있다. 즉 민하의 표현대로 타자의 자아는 드러나지 않은 상태로 결코 좁혀지지 않는 거리만큼 떨어져 있는 타자로 존재한다.

이들의 사진을 클릭하면 이들 개개인의 소개가 구체적으로 나오는 것이 아니며, 연령 · 학력 · 나이 정도의 내용이 소개되는 신부 후보들의 사진은 홈페이지 스킨의 위쪽에 따로 제공된다. 이들의 세부 소개를 보려면 일단 회원으로 가입해야 하는데 이 과정은 결혼 중개에 적극적인 의사가 있음을 전제로 하여 이를 승인받는 절차로서 가입과 동시에 오프라인으로 확인하고 결혼 중개를 적극적으로 시작하는 과정의 온라인 승인 절차라고 보면 된다.

모든 결혼 중개회사의 홈페이지에서 공통적으로 보는 사람, 즉 남성(신랑 후보)은 자신은 은폐되어 있는 상태에서 모든 이미지를 제공받고 여성은 전면에 전시됨으로써 이들 홈페이지가 남성에게 보여 주기 위해 구성되어 있다는 점을 쉽게 알 수 있다. 즉 남성은 화면을 통해 여성을 바라보는 응시의 주체로서, 여성은 그 대상으로 철저하게 응시의 성별 권력 체계를 보여 줌으로써 버거의 이론이 철저하게 현실화되고 있음을 알 수 있다. 또한 화면 위의 여성들을 적나라하게 등장시켜놓고 그 화면을 응시하는 남성의 시선은 미셸 푸코Michel Foucault의 파놉티콘panopticon에서 감시자의 시선을 연상케 한다. 더욱이 그 시선은 신붓감을 찾는, 선별을 위한 시선이며, 이 시선의 철저한 남성 우위성은 이 중 몇 명의 후보를 선택한 후 현지에 가서 보는 맞선에서 극대화된다.

맞선은 나라에 따라 조금씩 다르기는 하지만 베트남 같은 경우에는 신랑 후보 한 명당 20여 명씩 몇 차례에 걸쳐 보는 방식으로 인해 문제가 된 적도 있었다. 인터넷 화면에서 넘쳐흐르던 이미지는 현지에서 실제 사람real person으로 대체되면서 선택 과정에서 끊임없이 단 하나의 선택을 위해 수없이 폐기되는 것이다. 그런데 여기서 특기할 사항은 이 홈페이지의 구성상 이 여성들이 누구인지는, 즉 이들의 신원은 사실 그리 중요한 것이 아니라는 점이다. 마우스를 내리면서 보면 화면에 넘쳐흐를 듯이 이어지는 여성 이미지 아래에 이들의 이름이 함께 기입되어 있지만 엄밀히 말하자면 이들은 익명적 존재다. 어느 특정 남성의 시선에 포획되기 전에는 그들의 성도 없이 씌어진 이름은 무의미하기 때문이다. 여기서 재미있는 전제는, 외국 여성들은 적극적인 결혼 의사가 있음이 이미지 제공으로 암묵적으로 표현되는데 반해 한국 남성들은 자신을 드러내지 않고, 사실은 상대적으로 더 적극적인 상황이면서도 여성들만큼 이미지로 자신을 드러내는 일이 없다는 점이다. 이들이 그나마 적극적으로 자신을 드러내는 코너는 결혼 과정에 대한 후기를 쓰는 게시판인데 여기서도 이들은 가명으로, 모자이크 처리되어 가려진 얼굴로 등장한다. 그런데 이 게시판의 결혼 수기를 통해 이들이 결혼에 이르는 전반적인 과정을 비교적 자세히 들여다볼 수 있다.

또한 이 홈페이지에 제시되어 있는 여성들에 대한 설명은 이들 여성의 출신 국가의 여성상이나 생활상과 100퍼센트 일치한다기보다는 홍보를 위한 일종의 재현된 이미지다. 따라서 이 이미지와 실제의 그 나라 여성들의 기질은 차이가 있을 수 있다. 그리고 그 차이는 엄청난 결과를 가져올 수 있는 문화적 차이를 내포할 수도 있는데 이를 간과하고 실제로 외국인 신붓감migrant brides에게 이러한 차이를 설명할 수 있는 기회는 주어지지 않는다. 즉 그 여성들은 자신들 고유의 목소리가 제거된 채 다만 소개되는 방식을 통해 신붓감을 찾는 한국 남성들의 응시를 거쳐 시각적 타자가 된다.

홈페이지의 스킨을 통해 제공되는 이미지는 선택을 위해 대기하는 '보충재'로서의 이미지로 읽혀질 수밖에 없는 형태로 제공되며, 이는 인터넷 포르노그래피의 익명의 셀 수 없는 여성 이미지와 너무도 닮아 있다. 물론 포르노그래피의 여성 이미지는 거의 벌거벗은 모습으로 오로지 성적인 면을 강조한 것이 다르기는 하지만 여성을 대상화해 진열하는 방식은 매우 흡사하다.

## 유형화되는 기질과 순응하는 몸

여성의, 성적으로 대상화 내지 타자화된 존재 양식을 결혼 중개회사의 이미지와 이의 재현을 통해 가시화해 보는 데 초점을 둔다. J사의 홈페이지를 클릭하면 팝업 창에서 "나와 가장 잘 어울리는 국제 결혼 여성은 누구인가?"라는 질문과 함께 '미혼 · 재혼 남성분들을 위한 국제 결혼 여성

테스트'라고 하면서 MAN TEST라는 단추가 나온다. 이를 따라가 보면 OX를 하게 되어 있는데 그 질문에 제시되는 선호 여성형은 '서구적인 체형', '대가족 제도에 익숙한 여성', '생활력이 강한 여성', '농촌 생활에 익숙한 여성', '한국 문화에 익숙한 여성', '가정적인 여성', '한국 문화에 관심이 높은 여성'으로 요약된다. 이 질문은 요식 행위로 이루어지며 질문의 끝에 가서는 회원 가입 창으로 넘어간다. 이 질문들이 한국 남성 개인이 요구하는 일반화된 외국인 신붓감의 조건이라고 한다면 국가별 여성들의 특질과 기질을 유형화stereotype하여 소개하는 것이 홈페이지의 넘칠 듯 소개되는 여성 이미지들 중간에 있는 배너다.

대체로 한국 여성들의 결혼 상대자로서 조건을 충족시키지 못한다고 여겨지는—스스로이든 주변의 다른 사람들이든—가난한 농촌 지역 남성, 장애인 등 조건이 좋지 않은 한국 남성들의 배우자로서 더 이상 내국인(토착민) 여성들로서 채워지지 않는 결핍된 수요를 충족하는, 무한정으로 대체 가능한 여성들로서 특성을 지닌다. 이들은 불특정하기 때문에 조금씩 기준 미달이거나 불충분한 조건을 가졌더라도 '섹슈얼리티'라는 단 한 가지 조건이 충족되면 되는 상대인 것이다. 여기서 섹슈얼리티란 되도록 어린 나이여서 순결성이 유지되었을 가능성이 상대적으로 높으면서도 성적 매력을 풍겨야 하고 동시에 건강한 몸을 가져서 2세 생산 능력을 보유하는 조건을 충족하는 것을 뜻한다. 이 조건들은 결혼 중개회사의 홈페이지에 각국의 문화에 대한 일반적인 소개와 여성들의 결혼관, 그리고 여성들의 배우자로서 장점 등을 소개하는 정보에 표기되어 있는 표현에서 암시적으로 드러난다. '처녀성을 중시', '정조 관념 투철', '일부종사', '결혼 전 순결 중시', '순결 증표', '혼전 이성 교제 안 함' 등이 그것이다.

'한국 여성'이라는 절대적innate 기준에는 태생적으로 도달할 수 없지만 그 밖의 결혼 상대자로서 필요 조건들은 결코 뒤지지 않는, 어쩌면 이를 충분히 상쇄할 만하다고 보이는 조건들, 즉 성적 관계의 상대자로서 여성이면서 동시에 상대적으로 순결할 가능성이 높은, 그렇기 때문에 푸코와 수전 보르도Susan Bordo의 표현대로 유순한 몸docile body이 보장된 여성으로 몸과 섹슈얼리티를 통해 대상화되고 타자화되는 존재 양식의 전형을 보여 준다. 즉 가장 한국 여성에 가까운 여성을 찾는 신랑 후보들의 기준이 의미하는 바는 결국 이들 외국인 여성을 그들 고유의 정체성을 가진 존재로 보기보다는 끊임없이 한국 여성의 대체 상대로서 타자화하는 것이다. 이는 결국 이들이 나중에 결혼 이주 여성으로 한국이라는 다문화 사회의 구성원으로서 적극적으로 적응하면서 살아가는 데에 보이지 않지만 지속적인 장애로 작용하는 계기가 된다. 가장 한국 여성을 닮은 외국인을 선택한다는 것은 은연중에 한국 여성의 대체로서 자신이 기대하고 있는 기준에 맞게, 가장 한국 여성에 가깝게 행동하고 적응하기를 요구하게 되며, 이는 완전히 한국 사람으로 적응하고 흡수되기를 바라게 된다. 이는 달리 말하자면 외국 여성들의 고유의 문화를 포기하기를 기대한다는 것이다. 남성의 국가에 동화되어야 할 아내, 며느리, 엄마 역할을 가장 한국적 가치에 맞게 수행할 수 있는 여성으로 선택해 사회에 동화되고, 이로써 사회 통합을 가장 도달해야 할 다문화 사회의 가치로 삼는 토대로서 피부와 피부색이 작용하는 것이다.

'한국 여성의 보충 또는 대체'라는 점은 외모 특징을 표현하면서 유난히 '한국 여성과 생김새가 비슷하다'거나 '한국 여성과 똑같아 이질감이 없다'는 점을 들어 태어날 2세의 생김새를 위해 되도록 한국 여성과 가장 많이 닮은 국가의 여성과 결혼하고자 하는 고객들의 요구를 충족시킨다. 이는 신문 기사에서도 자주 나타나는데, 한국 남성이 중국 여성 다음으로 선호하는 신붓감이 베트남 여성이라는 것도 그 기준을 '가장 한국인 같은 외모'에 두기 때문이다.

H사에서 설명하는 각국 여성들의 특징은 좀 더 구체적이어서 한국 남성들이 궁금해할 만한 항목을 잘 설명하고 있다. 가령 농촌 출신 남성들이 가장 우려하는, 또 그 조건 때문에 한국 여성과의 결혼이 거의 불가능했던 부분인 부모님을 모시고 사는 결혼 형태에 대해 '전통적이고 보수적인 가족관'을 강조함으로써 해소시켜 주고 있다. '여필종부', '대가족 제도 선호', '남편과 자식에 대한 충실도가 높음', '시부모와 남편에게 순종' 등의 표현은 결국 한국 농촌 남성들을 겨냥한 것이라고 하겠다. 나아가 '남자는 나이가 들수록 이해심이 많고 자상하다고 생각해 나이 많은 노총각에 대한 우호적 감정을 가지고 있다', '인구의 70%가 농촌에 거주해 한국의 농촌에 적응을 잘한다'고 소개함으로써 나이 많은 농촌 남성들의 선택을 유도하고 있다.

국제 결혼에서 여성들의 정형화(스테레오타입화)는 일종의 신붓감에 대한 기준으로 작용하고 이는 미국의 '우편 주문 신부'에서도 마찬가지다. 미국의 신문, 잡지, 토크 쇼, 그리고 일반인들 사이에서 '우편 주문 신부'의 이미지는 크게 두 가지 스테레오타입으로 반향을 일으키고 있다. 하나는 부드럽고sweet, 순진하며innocent, 성적으로 로맨틱한 '동양 인형' 또는 '연꽃'이라는 이미지이고, 다른 하나는 의뭉스럽고conniving, 솔직하지 않고devious, 잔소리 심한shrewd "드래곤 레이디dragon lady[7]"라는 것이다. 이는 현재의 아시아 신부들로부터 유래했다기보다는 오랫동안 아시아 여성의 스테레오타입으로부터 뿌리내린 것이다(Tajima, 1989: 309). 아시아 여성들은 "완전히 여성답고 섬세해서, 때로는 목소리 크고 독립심 강한 그들의 미국 상대자들(미국 여성들)로부터의 기꺼운 휴식처"

7 미국 만화 〈Terry and the Pirates〉의 등장 인물로서 무자비하고 사악한 힘을 행사하는 글래머 여성을 비유적으로 일컬을 때 쓰인다. 스테레오타입으로 사용할 때는 유혹적이며 배반하는 여성, 특히 아시아 여성, 또는 거만하거나 포악한 여성을 가리킨다(위키피디아).

로 보인다. 이러한 이미지들은 군림하는 서구 남성들의 자발적이고 무력한 희생자로나 또는 순진한 미국 남성을 속이는 결혼 사기와 이민 도주를 통한 영주권과 무료 식량 티켓을 타려는 잔소리 심한 외국인의 극단적으로 단순화한 이중적 이미지를 기초로 하고 있다(Constable, 2005: 13).

이 경우는 아시아 여성과 미국 남성 간의 '우편 주문 결혼'이어서 동남아시아 여성과 한국 남성 간의 국제 결혼과 차이가 있다면 서양 남성에 의한 동양 여성의 정형화와 같은 동양이면서도 이주해 오고자 하는 나라의, 결혼 상대자를 선택할 수 있는 우월적 지위에 있는 남성들에게 어필할 수 있는 정형화에 차이가 있다. 결국 경제적으로 불평등한 나라 간의, 중매에 의한 국제 결혼의 경우 식민 시대의 원주민 여성/정착민settler 남성의 등식과는 정반대로 대비되는 원주민 남성과 이방인migrant 여성의, 자아와 타자적 관계로 그 간격을 좁히지 못하는 예가 많다. 이는 민하가 지적했듯이 서구의 타자로서 동양, 남성의 타자로서 여성이라는 등식에서 경제적인 변수가 끼어들면 바로 변형이 가능하다는 점을 보여 주는 것이라고 하겠다.

### 결혼 과정에서 성적 타자화

결혼 과정에서 결혼 이주 희망 여성들이 특히 섹슈얼리티에 초점이 주어지면서 타자화되는 단계는 현지에서의 맞선 직후 이어지는 성혼에서부터 첫날밤까지 일어나는 일련의 과정에서 발견된다. 이는 비교적 자세하게 결혼 과정이 기술되어 있는 후기에서 살펴볼 수 있다. J사의 홈페이지에는 2002년 2월부터 2009년 8월까지 총 412건의 결혼 후기가 '결혼 이야기'라는 게시판에 올려져 있고, 이 중 41개의 사례를 무작위로 분석했다.

몇 해 전에 다큐멘터리 형식으로 보도된 〈베트남 국제 결혼, 속전속결 '5박 6일'〉(2003년 12월 7일 MBC 방영)이라는 제목의 한 TV 프로그램에 의하면 한 자리에서 100명 이상의 여성을 5명 정도씩 조를 짜서 소개시키고 그 중에서 6명 정도를 선택해 외형적인 건강을 점검한 후 마지막으로 선발되는 여성은 알선 업체 주선에 의해 산부인과 검진을 받게 한다는 것이다. 여기서 확인하려는 내용은 성병 유무와 출산 능력 등이다. 이는 결혼 후기 사례에서도 확인되었다. 방송이 나간 후 베트남 사회에서도 문제 제기가 많아 시정되었다고는 하나 결혼 후기에서도 특히 베트남에서 많게는 이틀 동안 60여 명의 여성을 만난 사례가 있는 것을 보면 베트남에서 다른 나라에 비해 많은 여성을 단시간 내에 만나게 하는 이유는 앞에서도 언급했듯이 한국 남성들이 베트남 여성들을 가장 선호하기 때문에 그만큼 확보된 여성들이 많기 때문인 것으로 파악된다. 35세의 비교적 젊은 나이의 한 남성은 필리핀에서 이틀 동안 총 21명의 여성을 만난 끝에 이틀째 되는 날 결혼식을 올리기도 했다. 이들은 공통적으로 결혼이 결정되면 바로 신붓감의 부모님을 만나 허락을 받는 형식을 취하고 필수 절차로 신붓감의 건강 검진을 의뢰한다. 이 과정에서 산부인과적 진료를 거쳐 성병 여부를 비롯해 일반적인 건강 검진을 하게 된다.

결혼 중개회사는 중개료뿐 아니라 결혼의 전 과정과 신부를 한국에 데리고 올 때까지 들어가는 모든 비용을 한국 남성, 즉 신랑 측으로부터 받는다. 그 과정에서 체결하는 계약에서 보증보험을 들도록 하는 한편, '구매', '경험', '피해 보상', '반품', '환불 가능' 등의 용어를 사용해 한국 남성에게 일체의 '소비자로서 권리'가 부여되고 있다.[8] 이로써 사실상 이

8 http://imnews.imbc.com/boomup/ful_review/2414287_5465.html. 김현미, "결혼 이주 여성의 사회통합." 2009. 8. 13.

결혼이 매매혼임이 드러나고 있을 뿐 아니라 신부 후보들이 철저하게 상품화, 대상화되고 있음이 명백해지고 있다.

몇몇 나라, 예를 들어 우즈베키스탄 같은 경우에는 관청에 혼인 신고를 해야 결혼식을 치를 수 있지만 대부분의 경우 신붓감의 결정에 신부 부모가 추인하는 정도로 결혼식을 치른다. 따라서 한국에서 일반적으로 양쪽 집안이 합의하는 과정인 상견례와 기타 신랑 신부가 양쪽 집안 가족들과 친밀해지는 과정을 거치는 결혼 관행과는 기본적으로 다르며, 지리적 조건 때문에 사실상 시부모나 신랑 친지들은 신붓감이나 그들 가족을 전혀 보지도 못한 상태에서 결혼식을 치르게 되는 것이다. 이 점이 결과적으로 시집 식구들과 함께 살게 되는 경우 그렇지 않아도 문화적으로 다르고 언어 소통이 안 되는 상황에서 길고도 어려운 적응 기간을 요구하게 된다.

이 총체적인 일련의 과정을 가장 확실하게 매듭짓는 단계가 결혼식과 이어진 신혼 여행 내지 첫날밤 의식이다. 대부분의 사례에서 여성의 나이가 20대 초반이어서 여성들은 성적인 접촉에 매우 민감할 뿐 아니라 혹시 첫날밤을 치르고 한국으로 가지 못하게 될까봐 걱정하는 경우도 눈에 띈다. 그러나 대부분은 신랑에 의해 의무적으로 첫날밤을 함께하게 된다. 많은 경우 처녀성을 한국에서의 결혼 생활과 맞바꾸게 되는 형태를 띤다.

사실상 이들 미래의 결혼 이주 여성들에게 첫날밤 의식이 이들로 하여금 성적인 면에서 극명하게 타자화되게 하는 경험이다. 본인의 의사에 따라 신부 후보가 되었지만 경제적인 이유가 가장 큰 배경이며 생면부지의 남성의 선택에 의해 부부가 되었으니 사실상 성적인 결합은 지극히 의무적인 사항이 되는 셈이다. 신랑의 입장에서는 1천만 원 가까운 돈을 지불해 맞게 된 신부이므로 첫날밤을 치름으로써 순결을 중시하는 어린 여성들에게 확실하게 배우자로서 확인을 해놓고 귀국해야 하는 입장인 것이다. 보통은 이로부터 30일 내지 90일 후에 신부를 한국으로 불러들일 수 있게 된다. 이는 전통적인 한국 사회에서 '순결을 바친', 다시 말하자면 여성의 입장에서 성적인 첫 경험을 한 상대자와—자신의 적극적 동의가 없거나 심지어 자신의 의사에 반反한 경우라도—결혼을 해야 한다고 생각했던 것과 비슷한 가치관을 가진 여성들을 확실하게 부부로 묶어 주는 방법이 되는 것이다.

전반적인 결혼 과정에서 앞에서 분석한 홈페이지의 타자화된 이미지, 맞선 과정과 더불어 이들 결혼 이주 여성들을 성적으로 타자화하는 과정의 정점은 바로 첫날밤의 첫 번째 성적 결합 의식이다. 이 여성들에게는 현지에서의 결혼식 이후 사실상 이민자로서 한국으로 입국할 수 있는 어떠한 법적 보장도 결여된 채로 바로 법적 보장을 얻기 위한 관문으로 첫날밤을 보내야 하는 것이다.

따라서 결혼 과정에서 남성은 여성에게 한국행 티켓, 즉 한국의 결혼 이민자로서의 통로를 제공하는 한편 여성은 이를 자신들의 섹슈얼리티와 2세 출산, 그리고 미래에 제공하게 될 가사 노동으로 맞교환하게 되는 것이며, 이로써 몸을 통한 타자성을 극명하게 드러내 준다.

## 6. 서핑을 끝내며

짧게 이루어지는 성혼 과정에서 형식적으로나마 하루 정도의 데이트가 있고 이때에 이들은 이른바 '사랑'을 가꾼다. 결혼식 이후 한국으로 오기까지 길게는 3개월까지의 기간 동안 이들은 '연애'를 시작한다. 대부분은 현지에서 결혼식이 끝난 후 신부와 신부 가족에게 일종의 지참금을 포함한 각종 선물을 해 주는데 이 중 첫 번째 품목이 휴대폰이다. 서로의 관계를 유지시키고 연애를 지속시키는 미디어인 것이다. 이로부터 시작되는 것이 급조된 로맨스이자 콘스터블의 표현에 의하면 글로벌 로맨스다. 결혼의 성립과 함께 스킨 서핑은 끝이 나고 이미지로 떠돌던 신부 후보들은 결혼 이주 여성이라는 타이틀을 가지고 현실 세계인 한국 사회로 유입된다. 앤서니 기든스Anthony Giddens는 '열정적 사랑passionate love'은 어쨌든 '보편적'이지만 낭만적 사랑은 '훨씬 더 문화적으로 특수하다'고 주장한 바 있다(Giddens, 1992: 38). 한국으로 오는 결혼 이주 여성들이 그들의 한국인 남편과 결혼식을 치른 이후부터 시작하는 사랑은 외형적으로는 낭만적으로 보이지만 진정한 낭만적 사랑이라기에는 복잡한 내면이 있다. 한국 내의 결혼 시장에서는 일종의 패자looser로서 어쩔 수 없이 외국인 신부를 맞이하게 된 남성의 입장을 고려해 볼 때 미묘한 심리적 정황이 포착된다. 즉 두 사람 간의 내면으로부터 형성된 로맨스이기보다는 한국인 남편들이 스스로의 결혼을 낭만적 사랑으로 포장해, 과정이야 어떻든 간에 서로 사랑을 키우는 커플로서 타인에게 '보이는' 것, 그리고 또한 자신들에게 그렇게 확인하는 것이 중요하기 때문에 형성되는 사랑의 요식 행위다. 따라서 기든스가 말하듯 이들의 낭만적 사랑은 문화적으로 특수하게 형성되고 해석되는 사랑인 것이다.

콘스터블은 자신의 연구에서 '우편 주문 신부' 연구가 카탈로그를 중심으로 이루어졌다는 점에서 한계가 있음을 토로하면서 윌슨의 권유를 예로 들고 있다: "인류학적 시선은 우편 주문 신부의 카탈로그 페이지로부터 눈을 들어 미국 남성들과 재현의 뒤에 있는 동남아시아 여성들을 대면해야 한다"(Constable, 2005: 124). 비슷하게 이른바 '우편 주문 신부'와의 관계 속의 시장 은유에 대한 탁월한 비판에서 캐스린 로빈슨Kathryn Robinson은 "여성들 자신: 그들의 동기와 포부, 어떻게 그들이 웹사이트 광고로 오게 되었는지, 또는 결혼 계약이 맺어졌을 때 그들의 어떤 경험들이 있는지"에 초점을 맞춘 연구는 거의 없었다고 인정한다(Robinson,

2001: 3). 엘리자베스 홀트Elizabeth Holt 또한 필리핀 신부에 대한 호주의 담론에 대한 분석에서 또한 여성의 목소리 부재와 무엇보다도 일상적 스테레오타입 외에는 어떤 것도 없는 것을 지적한다. 안나 싱Anna Tsing은 "카탈로그를 읽는 다른 방법이 있음을, 그리고 윌슨과 로빈슨은 카탈로그와 텍스트의 분석이 우리로 하여금 그 목록 뒤에 '진짜 사람real people'이 있다는 것에 놀라게 한다는 점을 상기시킨다.

이 연구에서 밝혀졌듯이 한국의 남편 후보들이 결혼 중개회사를 통해 소개받는 신붓감은 각국 여성들에 대한 정형 안에서 선택된 여성이다. 그러나 이러한 정형화는 기존의 통념을 중심으로 결혼 중개회사에서 지극히 일방적으로 만들어낸 것이다. 또한 한국의 전통적인 가족관과 여성관이 반영되면서 더욱 보수적인 '결혼 상대자 기준에 대한 욕망'으로 제시되고 있는 것이라고 볼 수 있다. 특히 육체적 순결을 강조하고 대가족 제도에 대한 순응이 일반적인 것처럼 제시함으로써 한국 사회에서는 한국의 신부 후보들에게서 더 이상 실현하기 어렵지만 한국 남성들이 아직도 내면적으로 가지고 있는 가부장적 권위와 욕망을 충족시킬 수 있는 상대라는 점을 강조함으로써 이들 신랑 후보들의 양가적인 감정을 충족시키고 있다. 한국 여성에게서 선택받지 못하는 자신들의 열악한 사회적 · 신체적 조건 때문에 외국 여성을 신부로 맞이하게 되면서 기왕에 이러한 결혼을 하게 될 바에야 순결이나 가부장적 복종을 통해 충분히 보상받고자 하는 이들 남성의 심리적 상태를 결혼 중개회사들이 잘 포착해 이 여성들의 정형을 상품화하는 것이다. 즉 이들 남성들이 원하는 바가 무엇인지 파악해 가장 구미에 맞는 최적의 결혼 상품을 만들어낸 것이다. 그렇지만 이는 철저하게 한국 남성들의 요구 사항에 맞추어진 것이기 때문에 실제로 이들 외국인 신부가 결혼 상대자에게 요구하는 점이 무엇인지, 이들의 결혼관이 어떤 것인지는 전혀 고려되지 않는다. 다만 선택되기만 하는 것이다. 이 과정에서 외국인 신부들은 철저하게 타자화되며 이로써 이들이 결혼식 이후 한국 사회로 편입해 적응하는 과정은 매우 험난하게 됨을 암시한다.

결혼 이주 여성이 이 연구에서 분석한 바와 같이 타자화되는 것을 최소화하는 방법은 다음의 네 가지로 생각해 볼 수 있다. 먼저 이들의 떠나온 고향 나라와 정착하는 이주국의 문화가 그 차이를 인정받으면서 동등한 문화로 평가되고 받아들여지는 사회적 인식의 전환이 필요하다. 이로써 문화혼종성을 매개로 새로운 문화가 생산되는 과정이 자연스럽게 받아들여져야 할 것이다. 두 번째로 결혼 과정에서 여성들의 좀 더 적극적인 선택이 보장되어야 한다. 지금처럼 극대화된 이윤을 목표로 하는 결혼 중개회사가 중개하는 일종의 매매혼 형태가 아닌, 주체적으로 결혼 상대자를 선택할 수 있는 통로가 필요하다. 세 번째로, 이주해 온 여성들이 이루는 다문화 가족을 일방적으로 한국 문화에 통합하는 방식의 다문화 정책이 수정되어 진정한 문화적 다양성이 존중되는 사회 의식 확산에 초석이 되어야 할 것이다. 마지막으로, 이러한 사회적 실천을 이끌어내기 위해 정책적 지원과 더불어 여성들의 주체적 노력 또한 필요하다. 비록 결혼 과정에서 중개회사를 통해 산포되어 있는 개인으로서 타자화 과정을 거쳐 이주해 왔으나 한국 사회에서 이주 여성으로서의 문화적 정체성을 획득할 수 있는 사회적 장치, 예를 들면 커뮤니티 형성 등을 통해 '영원한 이방인'으로서 타자적 위치로부터 주체적 위치를 찾아야 할 것이다. 이는 아마도 지난한 과정을 거치면서 가능하게 될 것이지만 이를 위해 브라이도티의 페미니즘적 유목주의로부터 하나의 실마리를 찾을 수 있을 것이다.

이상과 같이 분석의 결과를 요약하면서 주목할 점은 여성 주체를 또 다른 주권적이고 위계적이며 배타적인 주체로서가 아니라 복수적이고 개방적이며 상호 연결된 실체로 다시 코드화 혹은 다시 명명할 필요성을 부각시키는 브라이도티의 문제 의식이 우리에게 의미있는 시사를 하고 있다는 점이다(Braidotti, 1994: 248). 왜냐하면 오늘날 페미니즘 사상에서 변화 및 변화 중인 조건들을 구성적으로 사유하기 위해서는 인식하는 사유 주체를 하나가 아닌 것이 아니라 아직 코드화되지는 않았으면서도 너무도 아름다운 가능성들의 무지개 속에서 거듭 분열되는 것으로서 강조할 필요가 있기 때문이다. 브라이도티는 이러한 주체성이야말로 페미니즘적 유목주의 기획의 핵심이라고 보고 있다. 이주 여성의 주체적 위치찾기는 이 연구에서 중점적으로 살펴본 결혼 성립 과정 이후에 이루어져야 할 과제로서 이를 위한 사회적 노력의 내용면에서 이방인에 대한 배려의 차원보다는 민하가 제안했던 바 여성으로서의 집단적 동일화 과정이 이들 이주 여성에게 좀 더 힘을 실어 주게 될 것이다.

## 참고 문헌


김현미, 『글로벌 시대의 문화 번역』, 도서출판 또하나의 문화, 2005.

바우만, 지그문트. 『쓰레기가 되는 삶들』, 정일준 옮김, 새물결, 2004.

레비나스, 엠마뉴엘, 『시간과 타자』, 강영안 옮김, 문예출판사, 1996.

박종성, 『탈식민주의에 대한 성찰』, 살림. 2006.

주은우, 『시각과 현대성』, 도서출판 한나래. 2003.

파레냐스, 라셀 살라자르, 『세계화의 하인들』, 문현아 옮김, 도서출판 여이연. 2009.

한건수 · 설동훈, "결혼중계업체 실태조사 및 관리방안 연구," 보건복지부, 2006 (미간행).

Beck, Ulrich, *Was ist Globalisierung?*. Frankfurt a. M.: Suhrkamp, 1997.

Benjamin, Jessica, *The Bonds of Love*, New York: Pantheon, 1988.

Benthien, Claudia, *Skin: on the cultural border between self and the world.* trans. Thomas Dunlap, New York: Columbia University Press, 2002.

Berger, John, *Ways of Seeing*, London: BBC Broadcasting Corporation, 1972.

Bhabha, Homi K., *The Location of Culture*, London:, New York: Routledge, 1994.

Braidotti, Rosi, *Nomadic Subjects: Embodiment and Sexual Difference in Contemporary Feminist Theory*, New York: Columbia University Press, 1994.

Constable, Nicole, *Romance on a global stage.* Berkeley, Los Angeles, California: University of California Press, 2003.

_____ (ed.), *Cross-Border Marriage-Gender and Mobility in Transnational Asia.* Philadelphia: University of Pennsylvania Press, 2005.

Fanon, Frantz, *Black Skin White Masks*, New York: Grove Press, 1967.

Giddens, Anthony, *The Transformation of Intimacy: Sexuality, Love and Eroticism in Modern Societies.* Stanford: Stanford University Press, 1992.

Holt, Elisabeth, " Writing Filipina-Australian Bodies: The Discourse on Brides," *Philippine Sociological Review* 44, 1996.

Kaplan, Caren, "Deterritorialization: The Rewriting of Home and Exile in Western Feminist Discourse," *Cultural Critique* 6, Spring 1987.

Minh-ha, Trinh T., *Woman, Native, Other*, Bloomington & Indianapolis: Imdiana University Press, 1989.

_____, *When the Moon Waxes Red: Representation, Gender and Cultural Politics*. New York & London: Routledge, 1991.

Mulver, Laura, "Visual Pleasure and Narrative Cinema," *Screen*, 16(3), 6-18, 1975.

Parreñas, Rhacel Salazar, *Servants of Globalization: Women, Migration and Domestic Work*, California: Stanford University Press, 2001.

Robinson, Kathryn, " Marriage, Migration, Family Values, and the Global," Paper presented at the Migration and the Globalising World Conference, Singapore, 2001.

Sassen, Saskia, " Stragetic Instantiations of Gendering: Global Cities and Survival Circuits," 2005. http://portal.unesco.org/shs/en/ev.php-URL_ID=7374&URL_DO=DO_PRINTPAGE&URL_SECTION=201.html

Tajima, Renee, "Lotus Blossoms Don't Bleed: Images of Asian Women," ed. Women United of California. *Making Waves: An Anthology of by and about Asian American Women*. Boston: Beacon, 1989.

| 찾아보기 |

| 저자 소개 |

**강소영** : 이화여대 대학원에서 국어학을 전공하고, 「명사구보문 구성의 문법화 연구」로 박사학위를 받았다. 주요 논문으로는 「기생의 은유화 방식을 통해 본 기생의 현실과 그들의 욕망」, 「성별대상어의 의미와 성별 분포와의 상관관계」, 「은유 표현을 통해 본 신여성의 사회적 위치」 등이 있다. 현재 이화여대 한국문화연구원 HK연구교수로 1910-1930년대 근대 잡지를 중심으로 서구 개념의 수용사, 젠더 관련 연구를 하고 있다.

**김애령** : 이화여대 철학과와 동 대학원에서 철학을 공부하고, 독일 베를린 자유대학교에서 철학 박사학위를 받았다. 주요 저서로는 『*Metapher und Mimesis: Über das Lesen des geschriebenen Textes*』, 『예술 : 세계 이해를 향한 도전』, 『경계의 차이, 사이, 틈새 : 성매매 공간의 다면성과 여성의 권리』(공저) 등이 있고, 역서로는 『여성주의 철학 1, 2』(공역), 논문으로 「'여성', 타자의 은유 : 레비나스의 경우」, 「데리다의 여성 은유」, 「이방인과 환대의 윤리」 등이 있다. 현재 이화여대 이화인문과학원 HK연구교수로 여성주의 철학, 소수자 언어 해석학 연구를 진행하고 있다.

**이경란** : 이화여대 대학원에서 미국문학을 전공하고 「케이트 쇼팬과 새러 오언 쥬엇에 나타난 여성 정체성 연구」로 박사학위를 받았다. 저서로 『젠더와 문학 : 19세기 미국 여성문학 연구』, 『19세기 미국소설 강의』(공저), 『영미문학의 길잡이 2 : 미국문학과 비평이론』(공저)이 있고, 역서로 『한 권으로 읽

는 근대미국단편선』(공역), 『한 권으로 읽는 현대영미단편선』(공역) 등이 있다. 최근 논문으로는 「아시아계 미국문학의 경계에 대한 필리핀계 미국문학의 도전」, 「초국가적 이주와 인종화된 포스트식민정체성의 정치학: 미셸 클리프의 〈하늘로 통하는 전화는 없다〉」 등이 있다. 현재 이화여대 인문과학원 HK연구교수로 젠더와 소수민족문학, 포스트식민주의와 초국가주성, 문화혼종성 관련 연구를 하고 있다.

김진희: 이화여대 대학원에서 현대 문학을 전공하고 「생명파시의 현대성 연구」로 박사학위를 받았다. 저서로 『근대문학의 장(場)과 시인의 선택』, 『기억의 수사학』, 『시에 관한 각서』, 『불우한, 불후의 노래』, 『행복한 시인의 사회』(공저), 『시대를 건너는 시의 힘』(공저) 등이 있다. 현재 이화여대 한국문화연구원 HK교수이자 문학평론가로 1930년대 식민지 문화를 중심으로 근대문학과 젠더 관련 연구를 하고 있다.

박경: 이화여대 대학원 사학과에서 조선 시대를 전공하고 「조선 전기 收養·侍養의 실태와 立後法의 정착」으로 박사학위를 받았다. 주요 논문으로 「刑政 운용을 통해 본 조선 전기의 가족 정책: 夫妻 간의 폭력에 대한 처벌 실태 분석을 중심으로」, 「15세기 王子女·權勢家子女 入養의 성격」, 「조선 초기 왕실 가족 질서 정비의 특징」 등이 있다. 현재 이화여대 한국문화연구원 HK 연구교수로 여성사 연구를 하고 있다.

김경미: 이화여대 대학원에서 고전문학을 전공하고 「조선후기소설론 연구」로 박사학위를 받았다. 저서로 『소설의 매혹』, 『조선의 여성들』(공저), 역서로 『19세기 서울의 사랑』(공역), 『17세기 여성생활사 자료집』(공역), 『18세기 여성생활사 자료집』(공역)등이 있다. 현재 이화여대 한국문화연구원 HK연구교수로 여성문학, 여성사 관련 연구를 하고 있다.

김영숙: 이화여대 중문과를 졸업하고 중국북경사범대학과 남경대학에서 중국희곡으로 석사와 박사학위를 받았다. 저서로 『琵琶記版本流變研究』가 있고,

「중국 전통극 경극에서의 남성 '단' 역 정체성에 대한 문화적 고찰」 등 다수의 논문이 있다. 현재 이화여대 이화인문과학원 HK연구교수로 젠더 관련 연구를 하고 있다.

**오윤호**: 서강대학교 국문과에서 현대소설을 전공하고 「한국 근대소설의 식민지 경험과 서사전략연구 : 염상섭과 최인훈을 중심으로」로 박사학위를 받았다. 주요 논저로 『깨어진 역사 비평적 진실』, 「〈화두〉와 20세기 식민지 지식인의 탈이데올로기적 저항」, 「디아스포라의 플롯 : 2000년대 소설에 형상화된 다문화사회의 외국인 이주자」 등이 있다. 현재 이화여대 이화인문과학원 HK교수로 탈식민주의, 서사학 관련 연구를 하고 있다.

**이수안**: 독일 프랑크푸르트대학교 사회학과에서 〈젠더 체계와 문화〉를 세부 전공으로 하여 박사학위를 받았다. 저서로 『후기 근대의 페미니즘 담론』이 있고, 역서로 『여성과 이원론』이 있다. 성신여대 대학원 여성학과 교수를 거쳐 2008년부터 이화여대 이화인문과학원에 HK교수로 재직 중이며 여성문화이론을 심화시키면서 〈탈경계인문학〉으로서의 젠더 연구를 수행하고 있다.